强根固魂　勇毅前行

——中核集团全面从严治党工作理论与实践成果

李清堂　主编

中国原子能出版社

图书在版编目（CIP）数据

强根固魂　勇毅前行：中核集团全面从严治党工作理论与实践成果 / 李清堂主编. —北京：中国原子能出版社，2022.2

ISBN 978-7-5221-1735-5

Ⅰ. ①强… Ⅱ. ①李… Ⅲ. ①中国共产党–核电工业–党的建设–研究 Ⅳ. ①D267.1

中国版本图书馆 CIP 数据核字（2022）第 029085 号

强根固魂　勇毅前行——中核集团全面从严治党工作理论与实践成果

出版发行　中国原子能出版社（北京市海淀区阜成路 43 号　100048）
责任编辑　王　青　田镇瑜
装帧设计　北京金玉森林广告有限公司
责任校对　宋　巍
责任印制　赵　明
印　　刷　北京金港印刷有限公司
经　　销　全国新华书店
开　　本　710 mm×1000 mm　1/16
印　　张　15.5
字　　数　322 千字
版　　次　2022 年 2 月第 1 版　2022 年 2 月第 1 次印刷
书　　号　ISBN 978-7-5221-1735-5　　**定　价**　**58.00** 元

发行电话：010-68452845

强根固魂　勇毅前行

——中核集团全面从严治党工作理论与实践成果

序言

党的十九届六中全会指出，党的十八大以来，经过坚决斗争，全面从严治党的政治引领和政治保障作用充分发挥，党的自我净化、自我完善、自我革新、自我提高能力显著增强，管党治党宽松软状况得到根本扭转，反腐败斗争取得压倒性胜利并全面巩固，消除了党、国家、军队内部存在的严重隐患，党在革命性锻造中更加坚强。

习近平总书记强调，国有企业是中国特色社会主义的重要物质基础和政治基础，是我们党执政兴国的重要支柱和依靠力量，是党领导的国家治理体系的重要组成部分。全国国有企业党的建设工作会议召开以来，中核集团通过“落实中央企业党建工作落实年、党建质量提升年、基层党建推进年、党建巩固深化年、党建创新拓展年”5 个专项行动，根本扭转了党建弱化、淡化、虚化、边缘化问题。中核集团深入学习贯彻习近平新时代中国特色社会主义思想，深刻领悟“两个确立”的决定性意义，不断增强“四个意识”，坚定“四个自信”，坚决做到“两个维护”，牢牢把握新时代党的建设总要求和新时代党的组织路线，全面落实全国国有企业党的建设工作会议精神和国资委党委党建工作要求，按照“大党建、强体系、重质量、聚人心、创价值”的工作思路，把坚持党的领导、加强党的建设贯穿企业改革发展全过程。在国家重大工程主战场、在科技攻关最前沿、在改革发展第一线、在脱贫攻坚最基层、在抗疫斗争最前端，党组织战斗堡垒作用更加彰显，“关键少数”示范引领作用更加突出，党员先锋模范作用更加显著。

新的征程上，我们要牢记打铁必须自身硬的道理，增强全面从严治党永远在路上的政治自觉，以党的政治建设为统领，继续推进新时代党的建设新的伟大工程，不断严密党的组织体系，着力建设德才兼备的高素质干部队伍，坚定不移推进党风廉政建设和反腐败斗争，坚决清除一切损害党的先进性和纯洁性的因素，清除一切侵蚀党的健康肌体的病毒，确保党不变质、不变色、不变味，确保党在新时代坚持和发展中国特色社会主义的历史进程中始终成为坚强领导核心。

“十四五”时期，我国进入新发展阶段，这是全面建设社会主义现代化国家、向第二个百年奋斗目标进军的阶段，在我国发展进程中具有里程碑意义。当今世界正经历百年未有之大变局，在新冠肺炎疫情的严重冲击下，我国发展的外部环境严峻复杂，国内改革发展稳定任务艰巨繁重。面对新形势和新挑战，我们必须铭记生于忧患、死于安乐，常怀远虑、居安思危，坚持全面从严治党，勇敢面对党面临的长期执政考验、改革开放考验、市场经济考验、外部环境考验，坚决战胜精神懈怠的危险、能力不足的危险、脱离群众的危险、消极腐败的危险；必须巩固拓展党史学习教育成果，发扬历史主动精神，保持越是艰险越向前的英雄气概，敢于斗争、善于斗争，逢山开道、遇水架桥，做到难不住、压不垮，劈波斩浪、一往无前，奋进新征程，建功新时代。

为了系统总结中核集团全面从严治党工作引领和保障高质量发展的经验，把全面从严治党工作成果进一步转化为新发展阶段推动高质量发展的持久动力，中核集团承接了国资委党委“以全面从严治党引领和保障国有企业高质量发展”重点课题，并组织开展了全系统“以全面从严治党引领和保障国有企业高质量发展”主题征文活动，结合政研课题等成果，遴选了 36 篇具有鲜明中核特色的理论文章，这些作品围绕聚焦“国之大者”、弘扬伟大精神、抓好意识形态、加强基层党建、严密组织体系、深化整治工作、健全监督体系等方面进行论述，是可借鉴、可推广的经验总结和创新实践，对进一步开展全面从严治党工作具有良好的参考价值和积极的指导意义。

时序更替育新机，华章日新谋远航。站在“两个一百年”的历史交汇点，中核集团全系统要切实发挥全面从严治党引领和保障高质量发展作用，强根固魂，勇毅前行，以新作为新成效推动企业改革发展和党的建设不断取得新进步，为推动核工业加快发展、实现中核集团新时代“三位一体”奋斗目标凝聚磅礴力量，以实际行动和优异成绩迎接党的二十大胜利召开。

中国核工业集团有限公司
党组书记、董事长 余剑锋

目录

第一部分　聚焦“国之大者”　坚定“两个维护”

第二部分　弘扬伟大精神　传承红色基因

第三部分　抓好意识形态　强化舆论导向

第四部分　加强基层党建　融入中心工作

第五部分　严密组织体系　凝聚各方力量

第六部分　深化整治工作　持续惩治腐败

第七部分　健全监督体系　提升治理效能

第一部分

聚焦『国之大者』坚定『两个维护』

统筹八大关系 推进院所全面从严治党工作研究

——以中国核动力研究设计院为例

摘　要：全面从严治党首先要从政治上看，不断提高政治判断力、政治领悟力、政治执行力。本文在总结中国核动力研究设计院全面从严治党工作经验基础上，分析阐述了新发展阶段院所贯彻落实好全面从严治党方针，推动全面从严治党向纵深发展，需要正确认识和统筹处理好的八大关系，旨在为科研院所推进全面从严治党工作提供相关借鉴。

关键词：全面从严治党；院所；八大关系

在十九届中央纪委五次全会上，习近平总书记深刻阐述了全面从严治党新形势新任务，为推进全面从严治党向纵深发展提供了重要遵循。当前，站在“两个一百年”奋斗目标的历史交汇点以及中国核动力研究设计院（以下简称“核动力院”）全面开启“第四次”创业和开局“十四五”规划的关键节点，院所深入贯彻全面从严治党方针，推动全面从严治党向纵深发展，充分发挥全面从严治党引领保障作用，就必须以系统思维正确认识和妥善处理院所全面从严治党中的各项重大关系。从院所当前实际来讲，关键是要统筹处理好八大关系。

一、统筹好全面从严治党与院所高质量发展的关系

全面从严治党对院所高质量发展起引领和保障作用。实现院所高质量发展是院所贯彻全面从严治党方针的重要出发点、落脚点以及重要成果体现。没有全面从严治党，院所高质量发展就会因缺少思想政治引领、组织人才保障和纪律作风保障而难以落地实现；而院所高质量发展的能力与水平又可以检验院所全面从严治党的成效与不足，进而弥补短板弱项。核动力院坚持党对核动力事业的领导，发挥院党委“把方向、管大局、促落实”的作用，围绕实现高质量发展的目标，从讲政治的高度把全面从严治党方针作为院所治理的基本方针，与“十四五”规划、院所改革、

贯彻新发展理念、完善治理体系与提升治理水平贯通起来，同谋划、同部署、同落实，进一步强化政治监督，不断提高政治判断力、政治领悟力、政治执行力。坚持从基本组织、基本队伍和基本制度严起，严格落实“四同步”“四对接”要求，做到基层党组织应建尽建；以“四心”党建为抓手，发挥各党支部的战斗堡垒作用和党员先锋模范作用，深入推进基层党支部标准化、特色化；坚持党管干部原则，在急难险重等任务中强化对党员领导干部的思想淬炼、政治历练、党性锤炼、实践锻炼和纪律监督；修订完善院所“三重一大”决策制度、党委工作规则、纪委工作规则、党委书记办公会管理规定、干部选拔任用办法、党建工作办法等基本制度，把严的标准、严的措施贯穿于院所管党、治党、治院全过程和各方面。着力发挥“监督保障执行、促进完善发展”作用，强化对院所各项权力运行的制约与监督，加强和规范院所党内政治生活，通过院所改革、专项治理提升、专项监督和日常监督等，强化对采购、财资等重点领域监管和内部治理，营造风清气正的良好政治生态。

二、统筹好主体责任、监督责任、第一责任人责任与“一岗双责”的关系

完善全面从严治党责任落实体系，突出抓好责任落实，是推动院所全面从严治党落实落地的关键。院党委、纪委聚焦“清廉核动力院”建设，通过建立统一研究部署、分解落实任务、统筹联动监督、集体研判解决、督促整改落实、反馈跟踪评价、考核追责问责等机制，构筑起党委主体责任、纪委监督责任、党委书记第一责任人和班子成员“一岗双责”的“四责”协同机制，逐步构建完善院所全面从严治党“责任共同体”，压紧压实责任，推动各责任主体既履职尽责、落实好分工职责任务，又相互配合、相互提醒、相互监督，使主体责任、监督责任、第一责任人责任与“一岗双责”贯通联动，紧紧压实管党治党政治责任。

三、统筹好不敢腐、不能腐、不想腐的关系

习近平总书记提出，一体推进不敢腐、不能腐、不想腐，不仅是反腐败斗争的基本方针，也是新时代全面从严治党的重要方略。不敢腐、不能腐、不想腐是相互依存、相互促进、标本兼治的有机整体，要以系统思维强化融合协同、统筹联动、一体推进。院所在推进“不敢腐”时，继续保持反腐败高压态势，加强对采购等重点领域腐败问题的严格执纪执法，同时注重挖掘“不能腐”“不想腐”的功能，以严厉惩治强化“不敢腐”的震慑；在推进“不能腐”时注重吸收“不敢腐”“不想腐”的有效做法，认

真分析总结相关案件，做深做实以案为鉴、以案促改、以案促治，推动弥补管理漏洞和制度空缺，建立了院属单位要事报告、信访举报处置工作报告等机制，强化监督约束，不断扎牢“不能腐”的笼子；在推进“不想腐”时注重运用“不敢腐”的震慑和“不能腐”的制度约束，每年坚持开展典型案件警示教育，用身边人身边事警示提醒，配合纪法教育、党性教育，引导干部职工增强“不想腐”的自觉，最终实现自律与他律、治标与治本、思想建党与制度治党贯通融合，放大“三不”一体推进叠加效果，实现“1+1+1>3”的总体效果。

四、统筹好全面覆盖与突出重点的关系

习近平总书记指出，全面从严治党的基础在全面，关键在严。核动力院在全面从严治党工作中始终坚持两点论与重点论的辩证统一。既注重全面覆盖各级党组织、各级党员领导干部和各战线党员，又注重涵盖院所党组织的政治建设、思想建设、组织建设、作风建设、纪律建设、制度建设和反腐倡廉建设各个领域；既把严的标准、严的措施贯穿于院所管党、治党、治院和党的建设活动的全周期，又贯穿于党员领导干部思想、学习、工作、生活的全时段；围绕全面从严治党工作机制、负面清单、责任落实体系、监督体系、执纪问责体系、廉洁文化建设体系和纪检干部队伍建设体系等，全面抓、经常抓、长期抓，推动核动力院全面从严治党工作体系建设不断完善，形成常态化、制度化和长效化。注重突出重点，聚焦抓好政治建设，强化政治监督，抓好党和国家交付的重大工程、重大任务、重大战略和中核集团安排的重大任务，确保按时高质量完成任务，不断筑牢国家安全基石；聚焦抓好“关键少数”，强化对院所各级“一把手”和领导班子的监督，强化对组织、人力、采购、财务等关键岗位人员的监督，督促其履职尽责、廉洁自律，做好表率，牢固树立“四个意识”，坚定“四个自信”，做到“两个维护”；聚焦抓好党的十八大尤其十九大以来不收敛不收手、问题线索反映集中、群众反映强烈、政治问题和经济问题交织的腐败案件，突出整治院所职工群众身边腐败和作风问题，着力纠治选人用人、工程建设、采购、财资等领域腐败和不正之风，保障职工群众合法权益，促进单位公平正义，让职工群众深刻感受到全面从严治党就在身边，推动全面从严治党向院所“最后一公里”延伸。

五、统筹好“树木”与“森林”的关系

“树木”组成“森林”，而“森林”离不开“树木”，二者是个体与整体、局部与全局的关系。核动力院党委、纪委站在政治高度统筹好全面从严治党治院“树木”与

“森林”的关系，既关注个体与局部，又着眼整体与全局，做到既见“树木”，又见“森林”，既严治标，又善治本。一方面，高度重视发现并解决好个别党员、具体案件、具体部门等个别问题、局部问题，精准用好“四种形态”，坚决扶正“歪树”、治疗“病树”、拔掉“烂树”。另一方面，站在院所全局高度对个别问题、局部问题进行综合分析，多次组织召开专题分析研判会，培养提升“草摇叶响知鹿过、松风一起知虎来、一叶易色而知天下秋”的见微知著能力，及时从个性问题发现共性问题，准确研判相关部门、单位和院政治生态整体状况，包括干部队伍整体状况、贯彻党中央重大决策部署情况、遵守党章党规党纪情况、落实中央“八项规定”精神情况、落实管党治党责任情况、选人用人情况等。

六、统筹好政治监督与日常监督的关系

政治监督重在强调监督任务内容的政治性、首要性和方向性，日常监督重在强调监督工作的常态化、基础性和长期性。院所政治监督与日常监督既紧密联系、目标一致、相互贯通，又有所区别、各有侧重。政治监督是院所首要监督任务，为日常监督指引方向、明确重点，避免日常监督舍本逐末、“眉毛胡子一把抓”。对核动力院而言，就是通过政治监督，及时发现和纠正政治偏差，不折不扣贯彻落实党中央重大决策部署和习近平总书记重要批示指示精神，通过贯彻新发展理念，构建新发展格局，不断推动核动力事业高质量发展。由于院所政治监督内容丰富、点多面广、要求高，例如，对重大工程的政治监督重点涵盖了进度、质量、安全、环保、资金、采购等重要领域和关键环节，因此，院所政治监督除了开展专项监督、纪检专员派驻监督外，更多贯穿于内部日常监督、政治巡察、案件审查调查、联动监督等全过程各方面。日常监督为政治监督提供重要载体和具体抓手。院纪委在日常监督中不断提高政治判断力、政治领悟力、政治执行力，通过抓实监督责任、完善监督机制、创新监督形式强化政治监督，增强日常监督的政治效果，推动院所政治监督具体化、常态化和长效化，最终实现政治监督与日常监督有机统一于院所监督工作的具体实践。

七、统筹好党内监督与其他监督的关系

中共中央政治局常委、中央纪委书记赵乐际在中央纪委五次全会上作工作报告，对促进各类监督贯通融合、不断增强监督治理效能作出了具体部署。党内监督在院所各种监督形式中是最基本的、第一位的，其他监督则是不可或缺的、有益的，如果缺乏统筹、各自为战，则无法形成监督合力。院所只有以党内监督为主导，统筹贯通协

同职工民主监督、群众监督、舆论监督，以及审计监督、财会监督等各类业务监督工作，有效运用信息化、数字化手段对各类监督信息资源进行分析研判、提醒预警，才能形成更大的监督合力，最大化发挥监督效能。核动力院通过建立组织指导党内监督和其他监督协作配合工作的议事机构——监督工作联席会议，压实职能监督、业务监督，构建了由党内监督（党委全面监督、纪委专责监督和党的工作部门职能监督、党支部日常监督、党员民主监督）为主导、各项业务监督组成的“1+N”多方联动的院所监督体系，形成“党委统一指挥、全面覆盖、权威高效、资源联合、信息联通、监督联动、问题联查、成果联用”的“大监督”网络，从而大大增强各类监督贯通融合治理效能。

八、统筹好长远目标和阶段任务的关系

习近平总书记强调，全面从严治党永远在路上。院所全面从严治党的长远目标和阶段任务是辩证统一的。长远目标在不同的阶段有不同的具体表现形式和阶段性任务。一方面，面临各种长期复杂严峻的内外部考验，面临自身存在的短板、差距和能力不足，核动力院深刻认识到全面从严治党是必须长期抓好的战略任务，坚持以战略思维、系统思维统筹谋划，坚持目标导向，着力打基础、强根本、谋长远，不搞“短视”行为、“应景”行为，明确全面从严治党长远目标和“十四五”规划目标，建立健全机构机制，完善制度体系，加强队伍建设，坚定不移推进院所全面从严治党向纵深发展。另一方面，立足党中央和上级单位要求，坚持问题导向和结果导向，结合实际，与时俱进深入分析，研判在全面从严治党工作中面临的突出考验、突出风险、突出问题，准确把握院所全面从严治党阶段任务和长远目标的平衡点，确定不同时期、不同阶段的工作任务和工作要求，以“钉钉子”精神抓好解决院所突出问题整治，做到态度不变、决心不减、尺度不松，努力确保最终取得工作整体长期推进、阶段成效显著、全面系统发展的良好效果。

以上八个方面关系的统筹各有侧重，缺一不可，共同构成正确认识和妥善处理院所全面从严治党过程中各种重大关系的现实着力点。院所在推动全面从严治党的过程中，要坚持系统思维，把握好统筹兼顾的方法，坚持两点论与重点论、“树木”与“森林”的辩证统一，学会“弹钢琴”、护“森林”，真正实现以高质量全面从严治党引领、保障、促进院所高质量发展。

（作者：吴开平）

参考文献

[1] 习近平. 习近平在十九届中央纪委五次全会上发表重要讲话 [N/OL]. 新华社，2021-01-23.

[2] 习近平. 习近平谈治国理政（第二卷）[M]. 北京：外文出版社，2017.

[3] 习近平. 习近平谈治国理政（第三卷）[M]. 北京：外文出版社，2020.

[4] 张西立. 深刻理解全面从严治党的“全面”内涵 [OL]. 人民网，2016-11-25.

[5] 白广磊. 既见“树木”又见“森林”才能维护好政治生态 [J]. 中国纪检监察杂志，2017.

从讲政治的高度
全力办好重大活动的经验启示

——以中俄核能合作项目开工仪式为例

摘　要：本文以中俄核能合作项目开工仪式为例，从提高政治站位、运用科学方法、弘扬核工业精神等角度，系统总结了全力办好重大活动的四点启示，为高水平举办各类重大活动提供实践借鉴。

关键词：政治意识；重大活动；组织协调；经验启示

2021 年 5 月 19 日，习近平总书记在人民大会堂通过视频连线，同俄罗斯总统普京共同见证了中俄核能合作项目田湾核电 7、8 号机组和徐大堡核电 3、4 号机组开工仪式。在外交部、国家能源局的指导和支持下，中核集团综合部牵头承办了此次仪式。习近平总书记在仪式上发表重要讲话，充分肯定了中核集团的工作，对核工业建设者表达了亲切慰问和关怀，对核工业发展、科技创新、对俄合作等提出了新的更高要求，全体中核人备受鼓舞、备感振奋。在仪式筹办过程中，我们始终坚持思想引领，强化责任落实，确保了工作有序开展和仪式顺利举行。仪式的成功举办为我们从讲政治的高度全力组织好重大活动带来了新的经验和启示。

一、提高政治站位，始终站在践行“两个维护”高度开展筹办工作

“两个维护”是具体的不是抽象的，筹办两国元首见证出席的仪式是一项重大的政治任务，参与筹办工作的全体同志将其作为一项光荣而神圣的职责，把强烈的使命感、责任感转化为“两个维护”的具体行动，为活动成功举办提供了根本保障。

（一）高度重视，组织引领统筹推进

中核集团党组听取专题汇报，提出明确要求。第一时间成立工作专班，由余剑锋董事长任组长，顾军总经理任常务副组长，申彦锋副总经理、刘敬副总经理、潘建明董事会秘书任副组长，综合部牵头，总部相关部门、宣传文化中心、中国核电、项目

单位人员为专班成员，按照职责分工有序协同，做好各项工作。

（二）激发热情，党员带头凝聚合力

此次仪式层次高、要求高，筹办工作时间紧、任务重，专班从有关单位抽调党员充当骨干力量。党员同志们自觉强化政治责任，带头开启“5+2”“白加黑”工作模式，带动全体同志高效开展筹办工作。负责连线技术的同志克服中俄时差、俄方“胜利日”休假等困难，按计划提前实现线路成功接入俄方主会场，为仪式如期举行赢得了宝贵时间。筹办工作期间两名青年入党积极分子顺利通过考察成为党员发展对象，向党组织进一步靠拢。

（三）胸怀大局，携手共创双赢局面

在方案策划阶段，我方从仪式效果出发按照广播电视转播系统设计了屏幕分割显示和控制方案，但俄方提出因资源受限只能采用视频会议系统。为了实现我方既定目标，专班从大局出发，立即调动技术人员重新进行方案论证，与俄方筹办团队开展务实合作，经过 30 余次测试，最终通过在中方增加设备，实现了双方不同控制系统之间的互联，体现了中方的责任担当。

二、坚持科学管理，始终以系统思维和方法高效开展筹办工作

仪式以“两国六地”视频连线方式举办，工作条线多，接口错综复杂。专班参照核电工程管理模式，坚持运用系统思维推动各项筹办工作，形成了“三张清单”。专班领导依据清单加强统筹协调、指导把关、督促落实，各主线工作均按时间节点高质量完成，确保了筹办工作始终有序高效开展。

（一）抓任务清单

将整个筹办工作分解为文案材料、展览宣传、建造许可、现场准备、流程彩排、连线保障六大工作主线，将各主线任务进一步细化分解，明确为 9 大类、32 个主要任务、114 个工作节点，列出清单，挂图作战。

（二）抓责任清单

在厘清与上级部委、俄方工作接口，以及与供应商权责界面的基础上，专班内部明确各自分工，组织、策划、文稿、宣传、通信、翻译等专业人员密切配合，通过清单责任到人、具体到事、各负其责。

（三）抓问题清单

随时梳理需要协调解决的事项，专班定期开会研究协调，启动彩排后每天晚上进行“复盘”，并采用闭环管理的方式，对列入清单的问题专人跟踪、定时汇报、逐项销号。

三、注重打磨细节，始终将“严格细致”的精神融入筹办工作

中俄核能合作项目开工仪式是推进两国能源合作、推进核能事业发展的一个重要载体，仪式的政治性很强，事关重大，容不得有半点闪失。全体参与筹办的同志心怀“国之大者”，秉承“两弹一星”精神和“四个一切”核工业精神，尤其是把“严细融入一切”的精神体现到筹办工作中，确保了稳妥可靠、万无一失。

（一）仪式流程反复优化、反复演练

专班经过无数次推演，将30分钟的仪式流程细化为长达20多页的执行脚本，每个画面、每个环节时间精确到秒，相互顺畅衔接。为确保混凝土浇筑画面直播效果，20余次反复模拟拍摄，确定了最佳机位、最佳视角。正式仪式开始前，密集进行10余次全流程彩排，精益求精，逐一打磨细节，逐项关闭问题。

（二）传输线路有主有备，确保安全

采用双路国际地面光纤专线加互联网专线冗余技术方案，针对主链路、备用链路、专用设备、应急情况等实施20余个调试项目和40余场调试演练，确保连线信号质量和视频画面品质。

（三）现场措施扎实稳妥，全面覆盖

田湾、徐大堡项目现场细化形成400余个行动项，涵盖了工程开工准备、周边环境布置、方阵列队组织、疫情防控措施等方方面面。针对通信设备、电力供应、施工机械、安全保卫、沿线交通、医疗保障等分别形成专项应急预案，切实做到未雨绸缪，有备无患。

四、凝聚精神力量，始终以担当奉献的品质保障筹办工作

外交部、国家能源局领导率先垂范，带队赴主会场和两个工程项目现场调研指导，现场办公解决实际问题；中核集团领导亲自部署、亲自指导、现场监督。中核集团上

下联动、集中攻关，专班同志全力投入，勇担重任，以实际行动践行“强核报国、创新奉献”的新时代核工业精神，为活动成功举办注入了强大的精神力量。

（一）在追求卓越中践行使命

担任专班组长、副组长的各位中核集团领导专题开会研究筹办工作，深入项目现场调研指导，亲力亲为参与和指导排练，要求专班高标准、高质量抓好筹办工作。为确保各项保障措施及时到位，现场执行负责人住进值班宿舍，与职工一起奋斗在工程现场。专班同志以追求完美、打造精品的态度对待每一个细节，仪式现场播放的视频短片数易其稿，最终精彩呈现中俄核能合作项目重大成果。

（二）在急难险重中彰显本色

专班同志两个多月全身心投入筹办工作，主动放弃节假日，“五一”长假也没休息。这其中有早出晚归半个月未能与孩子见面的工作人员，有每次排练都高度紧张、每 1 分钟就通过即时通信软件向俄方询问确认的翻译员，有两天内往返三地协调直播画面的宣传干部，有不惧狂风沙暴日夜扑在项目现场的执行人员，他们的表现充分彰显出新时代核工业人的精神风貌。

（三）在勇担重任中实现价值

专班中有多位从项目单位抽调来京的“90 后”青年，分别承担着展板设计、文稿起草、对俄翻译等重要工作，他们自发成立“青年突击队”，经常在讨论方案、修改材料、整理与俄方沟通纪要等工作中忙到深夜，甚至是通宵达旦，只为高质量完成本职工作。“青年突击队”的同志们在勇挑重担过程中，善于结合编制参阅材料等工作任务开展集体讨论学习，切实锤炼了作风，提高了能力，真正发挥了“生力军”作用。

对于举办重大活动的认识不能只停留在活动本身，而要善于把握活动的政治意义。这次仪式成功举办的经验启示中，最根本的一条就是增强政治意识，把践行“两个维护”贯穿于筹办工作的始终。只要政治站位提高了，就能充分调动筹办队伍的积极性，激发创造力，从而采取更加科学高效的手段，以更加饱满的热情高质量完成筹办工作。

（**作者：**王　博、陈金星、孙荣忠）

深化政治监督 保障重大任务落地的实践研究

——以中国原子能工业有限公司为例

摘　要：深入贯彻习近平总书记关于全面从严治党首先要从政治上看的要求，深化政治监督，强化央企的政治属性，推动谋划发展要提高政治站位、项目实施要贯彻政治要求，监督管理要站稳政治立场，选人用人要突出政治标准，攻坚克难要坚守政治情怀，化解矛盾要考虑政治影响。深化政治监督，要明晰监督内容，创新监督方法，着力解决“能不能、会不会、敢不敢”监督的问题。

关键词：政治监督；监督内容；方式方法

习近平总书记在十九届中央纪委五次全会上强调，所有工作都要围绕开好局、起好步来展开，全面从严治党首先要从政治上看，以强有力的政治监督，确保党中央重大决策部署贯彻落实到位；强化政治监督，根本是要防范化解思想涣散、纪律松弛风险；要以党内监督为主导，不断完善权力监督制度体系，各种监督协调贯通，形成常态长效的监督合力。习近平总书记的重要讲话，高屋建瓴、思想深邃、内涵丰富，为中国原子能工业有限公司（以下简称“中国原子能”）纪委深化政治监督，确保重大任务后墙不倒，提供了遵循，指明了方向。

一、深化政治监督是践行首责意识的内在要求

战略核能力是大国力量对比的定盘星、是国家战略安全的压舱石。中国原子能是国家核燃料产业的独生子、是国家战略核能力的排头兵，面对国际国内形势的深刻变化，必须旗帜鲜明讲政治。必须深化政治监督，推动全系统党员干部胸怀“两个大局”，心系“国之大者”，切实提高政治站位、保持政治定力、强化政治担当，深入贯彻党中央和中核集团党组的各项决策部署，高质量、高效率推进重大任务，确保后墙不倒；必须推动广大干部职工践行“强核报国、创新奉献”的新时代核工业精神，强化使命

感、责任感和紧迫感，凝心聚力、履职尽责。

“十四五”时期，中国原子能承担的重大任务多，时间紧、任务重、要求高，开好局、起好步至关重要。当前，在科研攻关上，政治站位还不够高，选题主要以基层科研人员申报为主，战略性、前瞻性、系统性还不够强，还存在利己主义、本位主义倾向；在项目实施上，协同性、计划性、经济性还不够强，还存在惯性思维、个人主义倾向。因此，要深刻领悟全面从严治党首先要从政治上看的要求，着力强化央企的政治属性、政治地位；推动谋划发展要提高政治站位、项目投资要把准政治方向、项目实施要贯彻政治要求、监督管理要站稳政治立场、选人用人要突出政治标准、攻坚克难要坚守政治情怀、化解矛盾要考虑政治影响。推动重大任务负责人、实施者心系“国之大者”，抢抓“时间窗口”，坚定政治方向、坚守廉洁底线，不折不扣落实中央要求、践行职责使命。

二、明确监督内容是深化政治监督的根本前提

十九届中央纪委五次全会指出：必须加强政治监督，防范化解思想涣散、纪律松弛风险；要以党内监督为主导，不断完善权力监督制度和执纪执法体系，各种监督协调贯通，形成常态长效的监督合力。深化政治监督要从大处着眼、小处着手，具体化、常态化。

（一）督促谋划发展要提高政治站位

督促各级党组织落实第一议题制度、理论中心组学习及“三会一课”制度，深入学习贯彻习近平总书记的重要指示批示精神，推动全系统党员干部胸怀“两个大局”，心系“国之大者”，做到“两个维护”；全面贯彻落实党中央重大决策部署、中核集团党组各项要求，科学编制“十四五”规划。围绕中核集团党组重大战略落地和中国原子能战略安排，推动完善考核激励和利益共享机制，推动成熟经验应用推广、先进工艺板块共享、科研选题系统谋划，技术成果加快转化，着力破除利己主义、本位主义，着力增强战略谋划的政治性、系统性和前瞻性，切实增强产业链、供应链自主可控能力，不断提升核燃料产业的核心竞争力，不断强化国家战略核科技力量。

（二）监督经营管理要站稳政治立场

央企姓党、国资姓国。要提醒党员干部珍惜央企“主人翁”身份，在经营管理上必须坚持人民至上、国家利益至上，切实站稳政治立场。要组织制度评估，推动完善制度体系，强化对权力运行的制约和监督。要监督决策程序是否规范，项目投资是否

符合中核集团战略；重点关注深化改革和企业改制、资产处置和投资项目是否存在国有资产流失风险，采购和工程建设领域是否存在利益输送问题，选人用人是否公平公正，确保公权不滥用、公款不乱花、国有资产不流失、国家利益不受损。

（三）监督管党治党要落实政治责任

督促公司党委建立健全公司治理体系，监督各级党组织严格落实请示报告制度、严明政治纪律和政治规矩、严肃政治生活；监督全面推进巡视巡察整改、着力深化国企改革、加强作风建设，强化用人导向，涵养风清气正的政治生态。要对照中核集团党组《全面从严治党主体责任清单》，结合实际，建立健全落实全面从严治党主体责任和监督责任清单。督促制定工作计划、分解任务目标、明确责任主体。健全落实党风廉政建设责任制，细化责任内容，监督落实“一岗双责”，探索破解同级监督难题。坚决防止管党治党宽松软、提质增效不给力、履职尽责不担当。

（四）督导项目实施要贯彻政治要求

监督贯彻重大任务后墙不倒的要求，推动重大任务负责人、实施者抢抓“时间窗口”，不折不扣落实中央要求，高质量推进重大任务。监督重大项目采购方式、价格、程序、结果和供应商管理等“异常”行为，确保供应链稳定和廉洁风险受控。监督贯彻安全环保和保密要求，督促职能部门履行监管责任，倒查事故（事件）背后的腐败和作风问题。监督贯彻资源集约节约的要求，严肃追究虚报冒领、挤占挪用、违规决策、浪费资源等责任。

（五）保障选人用人要突出政治标准

监督党员干部对党的创新理论是否真学真信、真懂真用，是否自觉运用马克思主义立场观点和方法解决工作中的实际问题；是否如实向组织说明情况、报告个人有关事项；是否严格落实保密制度、保守国家秘密；领导干部是否坚持民主集中制、坚持党性原则、敢于较真碰硬、勇于攻坚克难。重点关注是否“爱惜羽毛”、明哲保身，是否患得患失、投机取巧。通过日常监督，推动把好选人用人的政治关。

（六）推动攻坚克难要彰显政治情怀

大力弘扬“强核报国、创新奉献”的新时代核工业精神。着力纠正一味要工资总额、单纯靠物质激励的倾向，坚决纠正热衷做表面文章、搞形式主义的行为，坚决破除追名逐利、斤斤计较的思想；坚决抵制干点事就向组织讲条件、要待遇的做法；坚决查处弄虚作假、靠企吃企、损公肥私的行为。

三、创新方式方法是深化政治监督的重要途径

重大任务大多涉密，资金密集、权力集中、采购量大，深化政治监督必须把握重点、盯住难点、打通堵点，着力解决监督资源不集约、信息不对称、地位不对等、能力不适应、激励不相容等突出问题。通过调研督导、专项检查、挂牌督办、责令整改、谈心谈话、约谈提醒、纪律建议、纪律处分等形式，做实做细政治监督。

（一）主动作为，探索开展标准化清单式监督

着力解决"能不能、会不会、敢不敢"监督的问题。结合核燃料产业实际，统筹安全和发展，着眼政治安全和战略安全、产业发展和经济发展，聚焦首责意识、自主可控、战略落地、降本增效、风险排查、信访维稳、意识形态、安全环保，针对重大任务、重大科研、技术改造、工程建设、股权投资、重大改革、巡视巡察整改等，建立政治监督重点关注清单，细化实化监督内容和程序，强化对思想认识、管理决策、招标采购、履职待遇、合同管理、计划执行和工作作风的监督，推动加强政治学习、严肃政治生活、提高政治站位、把准政治方向、压实政治责任、净化政治生态、严明政治纪律和政治规矩。

（二）找准定位，全面推进模块化嵌入式监督

着力破解重大任务涉密导致的"监督信息不对称、监督地位不对等"难题；着力强化纪委再监督的职能定位。把廉洁理念、权力制衡、流程制约，嵌入"选人用人、项目管理、招标采购、生产经营、资金使用、安全环保、质量控制"等管理模块，推动职能部门各司其职，加强业务监管。纪委定期跟踪职能监督情况，及时查处违纪违规问题，强化对重点关注清单事项的再监督。

（三）统筹资源，深入推进集约化协同式监督

着力解决"监督资源不集约、监督能力不适应"的问题。统筹科研、安环、质量、财务、经管、审计、巡察等监督资源，由纪委牵头或派员参加，实施综合监督、联合监督、专项监督，充分发挥各自专业优势、业务特长，同向发力，同频共振，实现信息共享、监督协同、结果共用。

（四）靶向纠治，严肃开展个性化点穴式监督

着力防范重点关注清单事项的政治风险、质量风险、廉洁风险、滞期风险。针对监督检查、巡视巡察等发现或群众反映的政治偏差、作风问题、廉洁问题，组织核查，

靶向纠治。针对问题端倪、苗头倾向，开展约谈提醒，防患于未然。

（五）技术防控，着力推进信息化程序式监督

着力强化制度的刚性、监督的时效性。推进完善原子能系统项目、财务、采购等信息系统建设，利用信息技术提高工作效率、减少人为因素干扰，把制度的分权制衡与技术的程序制约有机结合起来，让权力制约“程序控制”、权力行使“自动监控”、权力运行“留痕存迹”。

（**作者：**姚　航）

国有企业党委巡察工作实践与思考

——以中核陕西铀浓缩有限公司为例

摘　要：国有企业作为党执政兴国的重要力量，如何高质量开展巡视巡察工作，保障国有资产保值增值，值得研究和探索。本文以中核陕西铀浓缩有限公司为例，分析国有企业开展内部巡察工作的现实意义、实践做法、存在的难点，并提出解决措施，强化成果运用，促使企业不断深化改革发展、完善内控机制。

关键词：国有企业；巡察；实践

巡察工作是巡视工作在基层的延伸和拓展，是完善党内监督的重要途径。国有企业开展常态化巡察，是新形势下贯彻落实党中央全面从严治党向基层延伸的重大举措和重要抓手，是促进企业健康发展的重要保证。中核陕西铀浓缩有限公司（以下简称“中核陕铀”）党委下设基层党委1个、党总支8个、直属党支部21个，共有党员888名。为强化公司党组织建设，加强党员教育、监督和管理，根据《中国共产党章程》《中国共产党支部工作条例（试行）》等规定，公司按照上级单位工作要求，结合实际，开展内部巡察和巡察“回头看”，在实践中取得了一些成效，总结了一些经验。

一、开展内部巡察工作的现实意义

习近平总书记指出要深化政治巡视，坚持发现问题和形成威慑不动摇，形成上下联动的巡视巡察监督网络。作为党领导国家治理体系的一个重要部分，国有企业必须坚持党的领导，加强党的建设。对于铀浓缩企业而言，开展内部巡察工作主要有三方面的意义：是企业坚持党的领导，加强党的建设，以全面从严治党保障党中央和中核集团重大决策部署落地见效的重要举措；是在持续深化全面从严治党工作的前提下，企业发现和推动纠正政治偏差，维护党规党纪严肃性，严惩违法违纪行为的坚强保障；是紧扣政治监督职能，推进政治监督具体化、常态化，强化干部队伍建设，激发企业动力的有效抓手。

二、中核陕铀开展内部巡察工作的实践探索

中核陕铀党委按照中核集团党组关于巡视巡察工作统一部署要求，2019 年选取了 4 家单位作为试点开展巡察；2020 年，公司党委积极对标巡视工作，结合实际，以实现同一目标、落实两个责任、三步四盯工作法，实现了巡察“全覆盖”目标；2021 年，以更高的标准，推动实现巡察“回头看”“全覆盖”。公司党委坚定不移深化政治巡察，以巡察和巡察“回头看”“两个全覆盖”为重要抓手，推动和解决公司改革和发展中的各类问题，“利剑”作用初显，成效明显，为公司的高质量发展提供了坚强的政治保障。

（一）注重谋篇布局，坚持保障先行

公司党委积极落实主体责任，紧抓顶层设计，高位推动巡察保障，做到“三个到位”：机构编制落实到位，强化组织领导，成立了巡察工作领导小组；组建了党委巡察办公室，组成了 6 个巡察组，任命了 3 名经验丰富的专职巡察组组长，3 名兼职巡察组组长，11 名综合管理部门的年轻科级干部为巡察组副组长，形成了党委负总责，纪委担主责，巡察办全面履责的工作格局；巡察人才库建设到位，抽调精兵强将，把严守政治纪律和政治规矩摆在首位，公司抽调政治素质过硬，在组织、人力、财务、审计、纪检工作部门敢于和善于发现问题的党员干部，组成 40 多人的巡察人才队伍，为巡察工作提供了有力的人才保障；巡察成员教育培训到位，坚持集中培训、自主学习和交流研讨相结合，适时组织开展业务培训，从政治站位、思想武装、方式方法，程序纪律等方面对巡察组员强化培训，提高巡察干部综合素养和业务能力。

（二）突出前期准备，做实巡察基础

完善规章制度，发布《党委巡察工作规则》和《党委巡察组管理细则》；制定巡察方案和巡察计划，针对被巡察单位职能和业务特点，根据《中国共产党巡视工作条例》和中核集团党组关于开展巡察工作指导文件，制定了“个性化”巡察方案，统筹安排巡察工作计划；制作各类巡察用表格和模板、规范巡察流程，党委巡察办根据实际编写的《党委巡察工作手册》《巡察经验汇编》《巡察“回头看”工作手册》成为巡察工作的宝典，确保了巡察规范、高效、有节奏推进；设计好调查问卷及被巡察党组织要准备的资料清单，提前 5 天发出巡察通知，各组在进驻前制定好巡察实施方案和谈话提纲等，做好巡察前的准备工作，并与被巡察单位做好对接，及时指导被巡察单位准备好汇报材料和要提供的资料，为巡察工作提供最有力的准备。

（三）坚持靶向聚焦，提高巡察质效

质量是巡察的核心，坚持问题导向，紧抓发现问题的数量和质量，做到统筹落实与自身实际相结合。拓宽发现问题的路径，有针对性地“察”，通过走访组织、财务、人力、纪检、审计、经营管理、保卫保密、安全质量等职能部门，收集问题，梳理分析、突出重点、有的放矢，综合分析被巡察单位已发现问题的焦点、经营发展应关注的重点、问题整改的着力点，从而确定巡察方向和巡察重点。灵活运用巡察方法，事半功倍地“察”，巡察组结合前期掌握的情况，坚持查问题和重分析相结合，每天工作结束后对发现的问题及时交流探讨、分析研判，有力提高巡察工作的质量和效率。巧用谈话，重点突破地“察”，确定好谈话对象，把握谈话主题，围绕巡察内容，聚焦监督检查的重点，创新谈话方式，对个别谈话内容及时汇总，梳理出有价值的信息。

（四）把握总体要求，确保报告质量

巡察报告是巡察工作最主要的成果，也是有效应用巡察成果的基础，巡察报告撰写必须符合求真、求实、求准的总体要求：发现的问题必须符合实际；反映问题必须精确；发现的问题定性必须客观；问题责任认定必须准确不错位；提出的意见建议必须符合党中央精神，符合现阶段特征，符合被巡察单位实际，且可操作、可落地；报告要多次研究把关，定稿后应及时提交巡察工作领导小组会审核，结合审核意见，修改后及时向党委会汇报，最后根据党委会意见继续修改完善。

（五）坚持以质取胜，用好巡察成果

切实强化巡察成果的落地应用，发挥巡察监督治本作用，紧抓整改落实，做到强化监督与管理实效“双提升”。巡察整改要举一反三，以点带面，推进成果应用，被巡单位要提升对巡察整改的认识，巡察整改绝不能“头疼医头，脚疼医脚”，要举一反三，以点带面，以巡察整改为抓手，以促进单位管理提升为落脚点，推动工作水平总体提升；要把在一个部门或单位发现的具体问题延伸开来，通过巡察发现问题的系统整改，提升整个单位的管理水平；巡察整改要树立先进典型，评选出整改先进，在问题全面整改的基础上，要把巡察整改的成果进一步体现在推广应用上，被巡单位在问题整改的过程中不能降低标准，要自我加压，通过巡察整改实现制度完善、标准清晰、执行规范、记录准确、成效显著的良好效果。企业党委、巡察组要和被巡察单位党组织共同选树巡察整改先进典型，力争通过先进典型的示范作用，推进企业各项管理工作更加规范、更加高效。

（六）落实跟踪问效，开展巡察再监督

巡察“回头看”既有必要，也很关键，其本质就是政治复查，对前一批巡察开展“回头看”，对照巡察反馈意见和整改情况报告及相关台账资料，逐条核实，针对整改不到位的问题和发现的新问题及时整改，延伸巡察效果。巡察“回头看”不仅要看问题，还要看成效；不仅要看整改，也要看漏洞。“回头看”既要留有足够时间以整改和建章立制，推动形成长效化机制，又要避免因空档期太长，造成整改虚化。

三、铀浓缩企业开展内部巡察工作的难点与不足

（一）巡察尺度难把握，巡察精准度不够

虽然结合被巡察单位实际，巡察组在巡察前已经制定了侧重点不同的巡察方案，但是，在巡察工作中，还需要结合被巡察单位实际，进一步区分单位与单位之间的不同性质、不同业务，明确巡察尺度。除个性问题以外，在同类问题的深度和力度方面还需要进一步探索。

（二）方法应用不灵活，发现问题不深入

巡察工作主要是采取召开动员会、听取汇报、组织个别谈话、查阅资料、深入现场察看、接受信访举报等方法开展，它们在发挥作用的同时，也存在着一定的局限性和不适用性，只注重“面”上巡，而忽略“点”上察，特别是对获得的信息缺少深入细致的分析查证，以致深层次的问题难于发现。比如巡察组的谈话技巧单一，针对性不强，谈话流于形式，导致整个单位“谈完一圈却没有值得记录的问题”。

（三）保障力量有欠缺，巡察队伍能力需加强

巡察工作对巡察组长的综合能力以及阅历有较高的要求，但单个企业一般体量较小，存在熟人社会，人情困扰，加之巡察工作坚持问题导向，使得巡察干部会承受较大的压力，有些巡察组组长瞻前顾后，积极性不高；巡察组成员都是临时抽调，均未经过系统性、规范性培训，部分组员从未接触过巡察工作，在巡察工作中难以抓住重点，特别是对问题的分类，定性把握不够精准，一定程度上降低了巡察质量；对巡察人员的选拔标准、激励制度、培训机制等方面的保障规定尚不完备，部分巡察组组员在开展巡察工作的同时，仍需处理本职岗位工作，导致巡察人员精力被分散，很难完全投入。

（四）职工群众认识不到位，参与积极性不高

作为最基层的巡察单位，巡察组人员与被巡察单位人员存在“熟人查熟人”问题，尽管巡察组开展了巡察通知和巡察公告纸质张贴、OA办公网发布、设立意见箱、公布举报电话等“规定动作”，但职工群众认为“熟人不会动真碰硬”，主动来访及谈话反映问题较少，巡察参与率不高。

（五）整改跟踪不够，成果应用不到位

巡察重过程轻整改，对整改工作指导跟踪不够，个别巡察组“一巡了之”，只管巡察进驻，认为进驻完成了，巡察工作就完成了，忽视了巡察成果应用这个关键环节，对被巡察单位的整改不闻不问，收到方案和报告后不把关核实，对整改的跟踪监督指导不够；被巡察单位整改认知不到位，存在过关心态，认为巡察组离场即是巡察结束，有的被巡察单位整改避重就轻，对根本性问题不研究，只改浅层次问题，以表面问题整改代替深层次和共性问题整改；巡察整改与考核关联机制不完善，巡察成果与被巡察单位年度考核、干部考察、党风廉政建设责任制检查考核等机制结合还不够紧密，巡察整改未纳入绩效考评，通过绩效考核助推巡察提质增效还很欠缺。

四、铀浓缩企业开展内部巡察工作的思考与建议

（一）精准巡察，发挥巡察“利剑”作用

巡察组成员要熟悉巡察理论及相关规章制度，尤其是巡察基本概念、基本方针、基本内容、方式方法、纪律要求等，只有了解了什么是巡察，才能明白巡察的目的，找准方向；要因企施策，合理确定巡察内容，实行“差异化”管理，巡视不同单位，要结合各单位特点，各有侧重，有所区别；巡察过程中，时间、精力有限，要善于打井，避免到处挖渠，关注重点人、重点事，关注关键环节和关键领域，抓住几个突出问题重点突破。

（二）创新方法，提高巡察工作效率

要注重做足功课，带着问题进场，找准切入点，注重将巡察工作图形化、表格化、表单化，提升巡察工作标准化、规范化水平。要善于运用工作经验或过往案例总结经验，提倡大胆怀疑、多方核实、小心求证的工作风格，避免用自己单位惯例做法和思维去衡量被巡察单位。要善于协同作战，培育团结协作、同向发力的良好工作氛围，做到分工不分家。

（三）提炼总结，强化巡察结果应用

各巡察组要树立清单式思维，实行清单式管理，在问题清单的基础上查阅资料、发现问题，经过分析梳理、准确研判，保证问题查深查透、找准找实。建立巡察成果共享机制，在巡察期间和巡察结束后，多与职能管理部门沟通和联系，建立健全巡察成果运用的责任体系和组织网络，建立健全巡察成果共享机制，形成监督合力。要把巡察成果与被巡察单位年度考核、干部考察、党建考核等工作有机结合起来；建立交叉巡察机制，打破基层巡察“人头熟、巡不深、察不透”的壁垒。

（四）完善机制，确保“利剑”作用发挥

要建立“一巡一方案”的工作机制，针对不同被巡察单位总结归纳“特色”巡察方法，有效区分独立法人单位，党总支与党支部的不同的巡察侧重点，精准揭露和有力整治被巡察单位存在的问题。探索建立巡察组巡察反馈和巡察办督办机制，巡察反馈意见要原汁原味，不能含糊其词。要严格落实“一把手”责任，把巡察发现的问题面对面反馈给被巡察单位党委（总支、支部）书记，明确整改责任，提出整改要求。

（五）科学培养，选优配强巡察人员

组织学习培训会，邀请党建、财务、人力、纪检领域参加过巡视巡察工作的“老资历专家们”进行授课，帮助“巡察新人”迅速进入角色，在短时间内掌握巡察工作方式方法，提升巡察质量。以“老带新、传帮带”方式科学分组，“老队员”“新队员”合理搭配，不断提升巡察队伍素质；把巡察工作作为发现干部、锻炼干部、培养干部的平台，将是否参加巡察工作成为提拔干部、培养后备干部的依据之一，进一步完善巡察干部激励约束机制。

（**作者：**马小梅）

从“国之大者”视角
探索引领保障企业高质量发展途径的研究

——以中核环保有限公司为例

摘　要：习近平总书记在陕西考察时提出明确要求：对“国之大者”要心中有数，关注党中央在关心什么、强调什么，深刻领会什么是党和国家最重要的利益、什么是最需要坚定维护的立场。本文以中核环保为例，从“国之大者”视角，对如何引领保障国有企业高质量发展进行研究，从筑牢思想根基、加强政治监督、强化巡视巡察整改监督评估、突出“一把手”监督等四个方面进行思考，探索有效途径。

关键词：国之大者；全面从严治党；引领保障；高质量发展

进入新发展阶段，中核环保有限公司（以下简称“中核环保”）坚决落实党中央和中核集团党组决策部署，始终聚焦“国之大者”，践行“两个维护”，坚定正确政治方向；始终坚持把握大局、融入大势，聚焦中核环保承担的重大使命和重点任务，充分发挥全面从严治党引领保障作用，营造正气充盈、奋发有为的良好政治生态，为推动企业高质量发展保驾护航。

一、聚焦“国之大者”，从思想根基上引领保障企业高质量发展

中核环保作为核后端产业的主力军，“两弹一艇”延续工程的实施者，核能可持续发展和生态文明建设的重要力量，认真学习贯彻习近平新时代中国特色社会主义思想，坚定理想信念，厚植思想根基，不断提高政治判断力、政治领悟力、政治执行力，引领保障企业高质量发展。

（一）在理论武装头脑中凝聚发展共识

中核环保党委深入学习贯彻习近平总书记重要讲话和指示批示精神，深入学习党的十九届六中全会精神，围绕总书记在党史学习教育动员大会上的重要讲话、在庆祝

中国共产党成立100周年大会上的重要讲话、在全国生态环境保护大会上的重要讲话及关于安全生产重要论述等开展专题学习和研讨。特别是2021年5月19日总书记在中俄核能合作项目开工仪式上发表的“要以核环保、核医疗、核燃料、先进核电技术为重要抓手，为全球核能创新发展贡献更多智慧”重要讲话，将“核环保”放在了重要位置，中核环保党委第一时间认真学习并集中研讨，紧密结合核与非核环保产业现状，结合中核环保的改革发展实际谋划发展举措，对“国之大者”做到心中有数、脚下有路。

（二）在党史学习教育中汇聚发展动能

中核环保党委结合党史学习教育，传承红色基因，不断增强广大党员干部对党的理想信念以及核工业优良传统文化的高度认同，夯实中核环保人的精神高地，为企业实现高质量发展提供源源不断的精神动能。组织本部4个党支部先后赴嘉兴南湖、井冈山、延安、西柏坡开展“学党史、守初心、跟党走”主题党日活动；全体党员赴中国共产党历史展览馆接受革命传统教育；与学习时报党委共同开展“回望奋斗路、共创新征程”主题党日活动；组织本部青年党员参加中核集团“诗词中的党史”朗诵活动，荣获一等奖和最受欢迎奖。中核环保党委、纪委持续用心用力，督促中辐院两任领导班子彻底解决困扰242户职工群众10多年的集资房办证历史遗留问题，得到上下普遍好评。

（三）在谋划公司发展中强化政治担当

结合核后端产业在践行生态环境保护上发挥的重要作用，中核环保党委聚焦“国之大者”，自觉强化政治担当，研究确立了“1236”产业发展目标，大力推进退役治理、乏燃料后处理等项目建设。对玻璃固化项目高位推动，中核环保党委牵头成立联合指挥部，党委书记多次专题研究并持续现场指导，总经理兼任中核四川环保党委书记、董事长，全力推动国内首座玻璃固化工程圆满完成热式并顺利投运，人民日报点评：“这是我国核工业产业链后端标志性工程，其投入运行标志着我国已经实现高放废液处理能力零的突破，成为世界上少数几个具备高放废液玻璃固化技术的国家。”

二、聚焦“国之大者”，从政治监督上引领保障企业高质量发展

中核环保党委纪委聚焦“国之大者”，找准政治监督方向，落实好习近平总书记“党中央决策部署到哪里，监督检查就跟进到哪里”要求，做好政治监督常态化、具体化，推动党中央重大决策部署和中核环保承担的重要职责使命贯彻落实到位。

（一）早谋划，明确政治监督重点

中核环保党委、纪委做好顶层设计，年初结合重点工作任务，制定年度政治监督重点关注事项清单，对承担重要职责使命的党组织开展政治监督。紧紧围绕立足新发展阶段、贯彻新发展理念、构建新发展格局，推进高质量发展等重大决策部署，结合改革发展实际，重点对“十四五”规划编制、核安全环保风险防控、科技创新及成果转化、科研院所改革、“抓落实年”专项工作和“涉稳、涉核、金融、意识形态”等重点领域开展政治监督。督促承担重要职责使命的党组织准确领会党中央和中核集团党组重大决策部署的内涵和意图，努力提升从政治上观察和处理问题的能力，善于从一般事务中发现政治问题，善于从苗头性、倾向性问题中发现政治偏差。

（二）强措施，建立政治监督联系点

中核环保党委委员切实扛起党内监督“一岗双责”，纪委委员履行好监督责任，建立政治监督联系点，把强化政治监督作为全面从严治党的重要抓手，统筹协调各方监督力量、各种监督形式，形成常态长效监督合力。12 名党委委员、纪委委员结合传达精神、听取汇报、现场调研、专项检查等各种方式统筹开展政治监督，对发现的问题提出反馈意见，督促承担重要任务的党组织把讲政治的要求转化为行动自觉，有力推动科研成果转化、核电站废旧金属熔炼等重点任务进程。各成员单位党委、纪委开展政治监督 47 次，层层压实责任，形成上下一体联动的工作格局，确保政治监督“一盘棋”推进。

（三）见成效，推动重点任务落实

中核环保党委、纪委聚焦各级党组织承担的重要职责使命，开展政治监督，推动重点任务落地见效。党委书记挂帅牵头监督的中核环保“十四五”发展规划在中核集团有关决策会议上一次性审议通过；中核 100 号作为核工业 10 多年来的“老大难”问题，在中核环保的有力督导下，顺利通过工程验收，投入运行，以崭新面貌亮相；中核环保纪委牵头对中核清原党委进行政治监督，推动龙和近地表国家处置场项目建设按期推进。

三、聚焦“国之大者”，从巡视巡察整改上引领保障企业高质量发展

十九届中央纪委五次全会提出，强化党委（党组）巡视整改主体责任，认真履行整改监督责任，制定关于加强巡视巡察整改和成果运用的意见，探索建立整改促进机

制、评估机制。中核环保以系统观念探索建立巡视巡察整改的促进、评估机制，持续推动巡视巡察整改、治理的有机贯通，不断提升整改工作治理效能。

（一）创新整改机制

中核环保探索建立并完善集整改、监督、评估、关闭于一体的定星整改机制。关注党中央和中核集团重大决策部署的落实，明确把整改难度最大、“卡脖子”、制约改革发展、涉及重大风险等方面的问题列为三星问题；把整改难度中等、经营管理不合规不合理或屡改屡犯等方面的问题列为二星问题；把整改难度一般，涉及日常管理或可立行立改的问题列为一星问题。三星问题由各单位主要领导挂帅整改，二星问题由各单位分管领导牵头整改，一星问题由职能部门负责人落实整改，进一步夯实整改责任，推动整改工作落实。

（二）评估跟踪问效

中核环保对急需规范和可以立即整改的一星问题，督促立行立改、跟踪问效；对反复、顽固出现的二星问题和低级错误，督促做到全面梳理、举一反三、问责问效；对整改难度最大的三星问题，健全持续监督机制，将巡视巡察整改监督与日常监督、综合检查、专项检查等相结合，进行推动监督机制常态化长效化。对 2020 年巡视整改填写评估单 59 份，提出修改意见 100 多条；2021 年巡视“回头看”整改填写评估单 42 份，提出修改意见 66 条。持续对整改措施和整改成效进行监督评估、督促落实，确保问题“清仓见底”，交出“明白账”。通过建立监督评估整改和再监督、再评估、再整改的动态评估机制，切实提升巡视巡察整改监督工作质效。

（三）促进改革发展

将巡视巡察整改及评估工作与制定实施“十四五”规划、深化改革等有机结合起来，持续提升治理效能，切实推动了一批制约改革发展重点难点问题的解决。中核环保党委推动并帮助中辐院院所改革股权投资方案获得财政部批复，在中核集团科研院所改革满意度调查排名中位列前三；公海铁联运体系建设项目积极推进，首台国产容器已完成制造及工厂验收；落实中核集团与江苏省人民政府签订的战略合作协议，连云港碱渣治理项目取得较大进展，签订 66 亿元合同，中核集团给予 4 亿元资本金支持。

四、聚焦“国之大者”，从“一把手”监督上推动示范引领

“一把手”和领导班子是单位的“领头雁”，中核环保突出“关键少数”带动绝大

多数，对“关键少数”特别是“一把手”提出更高标准，进行更严监督，以强大“头雁效应”推动党的组织体系有效运转，引领保障高质量发展。

（一）建立健全制度体系

中核环保持续健全和完善监督制度体系，完善权力配置和运行制约机制，扎紧笼子。制定15条贯彻落实中央《加强对“一把手”和领导班子监督的意见》的具体措施，细化分解112项监督任务。明确“一把手”和领导班子责任，进一步明确党委权责范围，厘清与董事会、经理层之间的关系，制定权力清单、明确权责界限；完善党委主体责任清单，进一步明确党委、党委书记及其他党委班子成员的全面从严治党责任；抓好“三重一大”、人事、财务、资产、工程、采购等重点部位和关键环节制度的制定和完善，新建和修订相关制度20余个，保障制度体系系统、完整和有的放矢。

（二）强化权力运行监督

中核环保持续推动监督的具体化、常态化，将“一把手”和领导班子监督作为开展政治监督、日常监督、政治巡察、信访处置、列席指导民主生活会等重点，确保有权必有责，用权受监督，防范潜在的廉洁风险和经营风险。建立健全成员单位党委书记向上级单位述职机制，专题报告履行全面从严治党第一责任人责任情况。不断完善廉政档案，强化纪委书记对同级领导班子成员特别是“一把手”的精准画像。运用好监督联席会议机制，强化与审计、巡察、财务等监督主体的资源整合、信息共享，将“一把手”监督纳入巡察、审计重点。

（三）推动勇于担当作为

中核环保坚持抓“关键少数”，始终加强对“一把手”和领导班子的监督，全面掌握其思想、工作、作风、生活状况，督促其旗帜鲜明讲政治，主动作为敢担当，在不折不扣履行“一岗双责”的同时，围绕重要领域、重点工作、重大任务，着力发挥领导干部示范带头作用，以身作则，冲锋在前，带领所在团队协同攻关，不断激发广大干部职工干事创业精气神，持续强化企业高质量发展的内生动力。

（**作者：**吴秀江、董元莉、刘　宇）

第二部分

弘扬伟大精神 传承红色基因

在党史学习教育中弘扬和发展“两弹一星”精神

摘　要：我国核工业六十多年的奋斗史，是一部“两弹一星”精神的发展史，也是新中国成立以来党的建设在中国核工业发展中的具体体现。本文简要梳理了从“两弹一星”精神到“四个一切”核工业精神、新时代核工业精神的发展脉络，立足伟大精神就核工业发展的三个“三十年”进行了回顾和展望，并从坚持党的领导、坚持自立自强、坚持系统观念、坚持举国体制、坚持党建引领等五个方面，系统总结了中国核工业六十多年的发展经验，旨在从传承红色基因中，更加坚定中国道路自信，为筑牢国家安全基石谱写新时代核工业新篇章。

关键词：党史学习教育；“两弹一星”精神；弘扬和发展

学习党史是一场发扬优良传统、传承红色基因、坚定理想信念的精神之旅。在一百年的非凡奋斗历程中，一代代中国共产党人用生动实践凝聚成一系列伟大精神，构筑起鲜活的精神谱系。“两弹一星”精神作为中国共产党精神谱系的重要组成部分，是推动新时代核工业加快发展，建设核工业强国的精神动力。我们要在党史学习教育中弘扬伟大精神，坚定不移履行首业首责，推动核工业高质量发展，筑牢国家安全重要基石。

一、深刻把握“两弹一星”精神内涵，不断丰富和充实中国共产党精神谱系

中国共产党百年奋斗史，就是一部精神发展史。从新民主主义革命时期到社会主义建设时期，从改革开放到进入新时代，红船精神、长征精神、西柏坡精神、抗美援朝精神、“两弹一星”精神、小岗精神、抗疫精神等一系列精神构筑了中国共产党的精神谱系。

我国核工业六十多年的创业历程，培育了核工业精神，并与航天精神一道，共同构筑了“热爱祖国、无私奉献，自力更生、艰苦奋斗，大力协同、勇于登攀”的“两

弹一星”精神。“热爱祖国、无私奉献”蕴含了核工业人的家国情怀，“自力更生、艰苦奋斗”体现了核工业人的优良民族传统，“大力协同、勇于登攀”彰显了核工业人的团结创新精神。这种精神体现了社会主义核心价值观的思想内涵和价值取向。1955年1月15日，党中央审时度势、高瞻远瞩，作出发展我国原子能事业的战略决策。从诞生之日起，我国核工业就以保障国家安全、巩固社会主义政权为己任。在党中央的坚强领导下，中国核工业人从零开始，自力更生、艰苦奋斗，在较短时间内研制成功了第一颗原子弹、第一颗氢弹和第一艘核潜艇，创造了非凡的业绩。党的十八大以来，习近平总书记先后十多次谈到“两弹一星”精神及其时代价值，并指出，“两弹一星”精神激励和鼓舞了几代人，是中华民族的宝贵精神财富，一定要一代一代地传下去，使之转化为不可限量的物质创造力。

在推进核工业大国向核工业强国迈进的征程中，核工业人结合实际，提炼形成了“事业高于一切、责任重于一切、严细融入一切、进取成就一切”的“四个一切”核工业精神。“四个一切”核工业精神形成于第一次创业时期，发展于第二次创业时期，是“两弹一星”精神在中国核工业和中核集团的丰富和发展。“事业高于一切、责任重于一切”彰显核工业人的大局意识和责任担当，“严细融入一切、进取成就一切”显示核工业人的精益求精和创新奋进。“四个一切”核工业精神集中反映了“高科技战略产业”的两条文化本征线，一条是以强核报国为己任，以兴核强国为追求；另一条是以尖端科学为基础的理工文化，即以严格、细致、准确为行为准则，表现出高度科学性、严密性、精准性。张德江指出，“四个一切”精神不仅是核工业精神，也是我们党的精神，我们国家的精神，我们民族的精神。

进入新时代，核工业迎来了“两弹一艇”以来最重要的战略机遇期。习近平总书记指出，六十年来，几代核工业人艰苦创业、开拓创新，推动我国核工业从无到有、从小到大，取得了世人瞩目的成就，为国家安全和经济建设作出了突出贡献。核工业是高科技战略产业，是国家安全重要基石。要坚持安全发展、创新发展，坚持和平利用核能，全面提升核工业的核心竞争力，续写我国核工业新的辉煌篇章。中核集团紧密结合新时代核工业的新使命、新任务，适时凝练形成“强核报国、创新奉献”的新时代核工业精神，并于2021年2月1日正式发布。其中，强核是事业，报国是承诺，创新是法宝，奉献是境界。新时代核工业精神与“两弹一星”精神和“四个一切”核工业精神，既一脉相承又与时俱进，是“两弹一星”精神在新时代的传承和发展。

邓小平曾说过：“如果六十年代以来，中国没有原子弹、氢弹，没有发射卫星，中国就不能叫有重要影响的大国，就没有现在这样的国际地位。”“两弹一星”的成功研制使中国步入大国之列，为改革开放之路营造了安全环境，不仅标志着中国国防实现了现代化，提升了中国的地位和实力，也为中华民族创造了高贵的精神财富，彰显了中国共产党人动人的精神谱系。

二、传承红色基因，以伟大精神凝聚核工业人以身许国、接续奋斗的强大力量

习近平总书记指出，人无精神则不立，国无精神则不强，唯有精神上站得住、站得稳，一个民族才能在历史洪流中屹立不倒、挺立潮头。“两弹一星”精神贯穿中国核工业发展历程，是中国核工业持续发展的强大动力，激励着一代代核工业人凝聚精神力量，献身伟大事业。

20 世纪 50 年代，刚刚诞生的新中国百废待兴，面对当时的国际形势，党中央果断作出独立自主研制“两弹一星”的决策判断。在中央统一领导和全国大力协同下，我国核工业人白手起家、筚路蓝缕，自力更生，无私奉献，以“干惊天动地事，做隐姓埋名人”的思想自觉和行动自觉，克服苏联撤走专家、三年经济困难等危机，迎难而上建设核工业，谱写了凝聚“两弹一星”精神的鸿篇史诗。从 1955 年到 1985 年，核工业人白手起家完成创业，成功研制“两弹一艇”，并逐步建立起世界上只有少数几个国家才拥有的、完整的核科技工业体系，打破了超级大国的核讹诈和核垄断。

党的十一届三中全会后，核工业从国家利益出发，各级党组织坚决贯彻落实党中央、国务院、中央军委一系列重要指示，义无反顾地投入国民经济建设主战场。在调整转民初期，核工业多数企事业单位出现困难，有的甚至一度陷入困境。在面临严重生存困难的时候，广大共产党员和领导干部忍辱负重，披荆斩棘，带领职工踏上转民的道路。有的领导干部走南闯北去寻找转民项目；有的为了试制民品夜以继日倒在工作岗位上；有的专业技术人员主动放弃到沿海、民营企业或条件待遇更优越的地方，拿着和普通职工一样的低工资，坚持留下来和大家共同奋斗，一起渡过难关。二〇二厂在企业最困难的时候，为了维持生产运转，所有干部数月主动放弃领全额工资，每月只拿基本生活费。从 1985 年到 2015 年，核工业人用实际行动深刻践行“四个一切”核工业精神，以核电为标志，向市场化迈进，实现了中国大陆核电“零”的突破，从秦山核电“国之光荣”到打造“华龙一号”国家名片，完成了核电规模化发展，核电走出国门，助推新中国富起来。

进入新时代，中国核工业迎来“两弹一艇”以来最为重要的发展战略机遇期、重大工程建设的攻坚期、核科技工业能力体系建设的关键期、产业经济向高质量发展的转型期。新的时代培育新的精神，核工业人传承老一辈核工业人的抱负、骨气、胆识、操守，大力弘扬“两弹一星”精神、“四个一切”核工业精神和新时代核工业精神，以国家战略为先导，以强核报国为首要责任，健全创新体制机制，不断加强中国核工业能力体系建设，完成国家重大任务，努力掌握关键核心技术，推动高质量发展，成为全球唯一进入世界 500 强的核工业企业。

“伟大事业孕育伟大精神，伟大精神引领伟大事业。”新时代核工业人聚焦战略前

沿方向，加大科技攻关力度，科技自立自强的基础不断巩固。自主三代核电“华龙一号”取得成功，标志着我国在三代核电技术领域跻身世界前列，成为继美、法、俄等国之后真正掌握自主三代核电技术的国家，我国核电技术水平和综合实力已跻身世界第一方阵；中国环流器二号 M 装置建成并首次放电，受控核聚变研究实现重大突破；230 MeV 质子治疗加速器研制成功。面向未来，核工业人认真贯彻落实习近平总书记重要指示批示精神，确立了新时代“三位一体”奋斗目标，以“强核报国、创新奉献”的担当，在助推新中国强起来的道路上接续奋斗。

在核工业的各个发展时期，涌现出一批又一批优秀人物和先进典型，他们有践行“以身许国”诺言的王淦昌，有被国务院授予烈士称号的“两弹一星”功勋人物郭永怀，有被中央领导称为“当代科技工作者学习的楷模”的徐銤，有在核级管道焊接领域展现世界水平的“大国工匠”未晓朋，有“华龙一号”总设计师邢继，有潜心核动力科研工程 30 多年的陈炳德，有投身于戈壁荒漠“无人区”科研一线、被评为全国“最美科技工作者”的陈亮，有被誉为“全村人的好书记、贫困户的好亲戚”的刘满堂，有“倒在扶贫路上的第一书记”胡仁禄，等等。这些优秀人物和先进典型的事迹是“两弹一星”精神在中国核工业建设各个时期的具象展现和生动诠释，其中所体现的伟大精神激励着无数核工业人真诚奉献、忘我奋斗，为中国核工业的发展注入了无穷力量。

三、更加坚定中国道路自信，为筑牢国家安全基石谱写新时代核工业新篇章

习近平总书记指出，党的历史是最生动、最有说服力的教科书；学习党史、国史，是坚持和发展中国特色社会主义、把党和国家各项事业继续推向前进的必修课。坚持主责主业，在完成国家使命中弘扬伟大精神；坚持国家利益至上，牢牢把握战略核力量建设这一首要任务。回顾核工业人走过的历史，只有不忘初心，牢记使命，总结过去，展望未来，传承和弘扬以“两弹一星”精神为代表的伟大精神，更加坚定中国道路自信，才能做好今天的现实工作，承担起明天的历史重任。

（一）坚持党的领导，赓续伟大精神做到“两个维护”

核工业发展的历史表明，没有党的领导，就没有中国核工业的快速发展和一系列历史成就。核工业人要深入贯彻落实习近平总书记对核工业和中核集团重要指示批示精神和党中央重大决策部署，不断增强“四个意识”，坚定“四个自信”，坚决做到“两个维护”，不断完善和坚持党对核工业全面领导的体制机制，通过大力弘扬“两弹一星”精神、“四个一切”核工业精神和新时代核工业精神，坚定不移推动中国核工业

高质量发展。

（二）坚持自立自强，传承伟大精神推动科技创新

“两弹一星”的成功研制使中国步入大国之列，为改革开放之路营造了安全环境，不仅标志着中国国防实现了现代化，提升了中国的地位和实力，也为中华民族积蓄了新的精神力量。准确把握“两个大局”，面对新冠肺炎疫情冲击影响、世界经济严重衰退和严峻复杂的国际形势，核工业人必须心系“国之大者”，继续坚持独立自主、自力更生的发展之路，把自主创新能力作为伟大斗争的核心优势，瞄准“卡脖子”技术攻关，加大投入力度，加快赶超步伐，通过传承精神火炬，与时俱进筑牢新时代核工业人的精神高地，引导全体员工把个人理想与国家使命、个人选择与国家需要紧紧相连，把干部员工的思想认识统一起来、智慧力量凝聚起来，全力以赴完成国家重大战略任务，筑牢国家安全重要基石。

（三）坚持党建引领，弘扬伟大精神激发奋斗激情

当前，我国核工业与美国等先进国家的差距还很大，单纯比物质投入，还远远比不上美国，要完成国家赋予的使命，就必须更加重视精神的力量。中国核工业要通过深入挖掘选树先进典型，讲好核工业故事；组建在职职工宣讲团、老干部宣讲团、学校学生宣讲团，在全国巡回宣讲，通过音诗画等生动活泼的宣讲形式，使核工业精神“活”起来、“动”起来；要打造系列核工业题材影视作品，出版核工业百名优秀共产党员故事集、海外故事集、扶贫故事集、抗疫纪实等文学作品；加强核工业文化遗产保护，用好党性教育基地、爱国主义教育基地等核工业特色资源，与地方核工业红色教育基地开展共建。通过推动“两弹一星”精神、“四个一切”核工业精神和新时代核工业精神融入民众心理，形成血浓于水的普遍认同，激发奋进力量。

（四）坚持举国体制，凝聚伟大精神更好大力协同

核工业涉及的问题重大、复杂而敏感，涉及国家多个部门。20世纪五六十年代，为迅速研制核武器，与高度集中的计划经济相适应，在中央专委统一领导下，全国上下一盘棋，各相关部门、省市区、科研院所、工厂等集体参加攻关会战；各战线工作者众志成城，以目标为导向，攻克了一系列技术难关，取得了“两弹一艇”的伟大成就。当前核工业发展的迫切程度不亚于“两弹一艇”时期，做不好耽误的是党和国家的大事、中华民族伟大复兴的进程。面对部分产业链环节基础相对薄弱、产业配套能力不强、产业链协同效应不高等我国核工业体系能力建设突出问题，中国核工业需要进一步强化顶层设计，围绕核工业领域关键核心技术攻关，探索构建市场经济条件下的新型举国体制，通过大力协同，统筹各类资源，把各领域最强力量集聚起来，才能

进一步凝聚伟大精神，推动中国核工业创造新的辉煌。

（五）坚持系统观念，践行伟大精神推动改革发展

中国核工业要围绕工程建设、科技创新、提质增效、市场开发、人才成长等，探索有效的载体和抓手，把党的政治优势、组织优势、群众工作优势逐步转化为企业的创新优势、发展优势，形成党建深度融入中心工作的价值创造体系。尊重群众首创精神，发扬原子弹研制中大力协同的优良传统，群策群力，围绕核心技术突破开展集中攻关。学习李觉将军“把新建的房子让给科技人员，干部一律住帐篷”的精神，领导干部为科研生产一线人员当好“后勤部长”。持续开展“我为群众办实事”实践活动，通过党员下班组、结对子等形式，主动了解、解决职工重要关切问题，提高职工幸福感获得感。开展好“党旗在基层一线高高飘扬”活动，聚焦重大工程建设、关键核心技术攻关、重大改革任务等，激励广大职工鼓足干劲、奋勇争先，为核工业改革发展提供坚强保障。

（**作者：**董海鹏、朱毅强）

用“两弹一星”精神引领核工业创新发展的探索研究

摘　要：传承弘扬“两弹一星”精神，推动中核集团创新发展，必须全面了解“两弹一星”精神历史渊源和发展脉络，认真分析“两弹一星”精神底蕴内涵，准确把握“两弹一星”精神时代要求，科学规划新时代“两弹一星”精神传承路径。

关键词：“两弹一星”精神；核工业创新发展；探索研究

习近平总书记指出，“两弹一星”精神激励和鼓舞了几代人，是中华民族的宝贵精神财富。新的时代，新的征程，推动中核集团创新发展，续写我国核工业新的辉煌篇章，必须大力弘扬和传承“两弹一星”精神，引导和激励党员群众发扬光荣传统、赓续红色血脉、弘扬伟大精神，以一往无前的奋斗姿态和永不懈怠的精神状态，把我国核事业推向前进。

一、深刻领会党和国家领导人关于“两弹一星”精神重要论述，不断强化传承核工业红色基因的使命担当

党和国家历代领导人均对“两弹一星”精神作过重要论述，为我们弘扬和传承“两弹一星”精神、推动我国核工业健康可持续发展指明前进的方向。

（一）在世界格局深刻变化中感悟使命担当

1964 年 10 月 16 日，中国西北大漠深处传来惊天动地巨响，一朵蘑菇云冉冉升腾，世界为之震惊。当时，美国和苏联对世界的核讹诈、核垄断，犹如“达摩克利斯”之剑，高悬于热爱和平的世界人民头顶。中国第一颗原子弹成功爆炸，对平抑世界军事威胁，特别是美、苏的核威胁，起到至关重要的作用。中国政府当时郑重声明，在任何时候和任何情况下，都不率先使用核武器。中国的大国风范，让世界人民看到和平曙光和新生力量，世界也迎来难得的和平与稳定，减少和降低了战争灾难的可能。目前，伴随新冠肺炎疫情给全球经济和全球治理体系带来的巨大冲击，世界百年未有

之大变局加速演进，核科技领域竞争日趋激烈。习近平总书记深刻指出，科技创新成为国际战略博弈的主要战场，围绕科技制高点的竞争空前激烈。我们必须保持强烈的忧患意识，做好充分的思想准备和工作准备。新的时代，我们必须站在推动构筑人类命运共同体、推动共建“一带一路”高质量发展的使命高度，大力弘扬“两弹一星”精神，推动中国核工业高质量发展，努力为世界人民争取更大和平，为中国全球战略布局保驾护航。

（二）在国家安全战略全局中感悟使命担当

20 世纪 50 年代，新中国刚刚诞生，便面临恶劣的国际环境，经历抗美援朝战争，中美斗争日趋激烈。1958 年，中共八大二次会议上，毛泽东大手一挥，“我们也要搞人造卫星！”举国沸腾。此后，中苏矛盾激化，大国博弈加剧。为打破超级大国的核讹诈、核垄断，尽快增强国防实力，突破虎豹环伺危局，党中央坚定推进“两弹一星”研制工作，极大振奋了国威、军威，鼓舞了中国人民的志气，增强了中华民族凝聚力。从此，中国国际地位得到空前提升，中国人民挺直脊梁，中华民族更是赢得持久的和平发展空间。正如邓小平所说：“如果六十年代以来中国没有原子弹、氢弹，没有发射卫星，中国就不能叫有重要影响的大国，就没有现在这样的国际地位。”新的时代，我们必须站在保卫红色江山、维护民族尊严、保障人民生命财产安全，以及统筹中华民族伟大复兴战略全局和世界百年未有之大变局的使命高度，大力弘扬“两弹一星”精神，建设先进的核科技工业体系，为巩固国防铸剑持盾，坚决担负涉核企业使命责任。

（三）在核工业改革发展中感悟使命担当

习近平总书记在核工业创建 60 周年之际指出，核工业要坚持安全发展、创新发展。从新中国成立初期的“两弹一星”（原子弹、导弹、人造地球卫星）“两弹一艇”（原子弹、氢弹、核潜艇），到我国自主三代核电“华龙一号”等一批重大科研成果，中国科研工作者用聪明才智和勇于担当，清晰地描绘出核工业从维护国家安全，到支持国计民生的创新发展路径。新的时代，我们必须站在加强生态文明建设、落实“碳达峰、碳中和”要求、不断满足人民日益增长的美好生活需要、实现全体人民共同富裕的使命高度，弘扬“两弹一星”精神，推动核科技自立自强，建设更高水平核电站，推进受控核聚变研究，推动核技术辐照灭菌和核特色医疗应用等产业发展，推动核工业高质量发展，积极履行涉核企业政治责任、经济责任、社会责任。

二、深刻理解“两弹一星”精神的核心要义，不断凝聚争当新时代核工业传人的意志力量

“两弹一星”精神只有短短 24 个字，内涵却极为丰富，与中华民族天下大同、精忠报国、崇德向善、勤俭节约等悠久历史文化一脉相承，是中国共产党人精神谱系的重要组成部分，成为全党全国各族人民在社会主义现代化建设道路上奋勇开拓的强大精神力量，即使放之世界精神文明史，也会以其极致的忠诚无私、坚毅勇为和精益求精而独树一帜、鲜有匹敌。赓续红色血脉，弘扬“两弹一星”精神，加强涉核企业党的领导和党的建设，确保核安全工作万无一失，推动核科技创新和国家重大工程建设，需要深刻理解其内涵要义，做到真学、真懂、真信、真行。

（一）着眼“热爱祖国、无私奉献”，始终做到纯洁忠诚

“热爱祖国”是“两弹一星”精神的核心要求，是深深根植于科研工作者内心最真诚、最朴实的情感，既有政治属性，也有情感属性。“无私奉献”是“两弹一星”精神的力量之源，是高度纯化的崇高追求、情感归依和自我约束，既有情感属性，也有精神属性。钱学森面对美国政府和军方的百般阻挠，经过数年不屈不挠地斗争，毅然决然地回到祖国怀抱，投身研制“两弹一星”的伟大事业。邓稼先接受研制原子弹重任时，深情地对妻子说：“我的生命就要献给未来的工作了，做成了这件事，我的一生就会过得很有意义，就算死了也值得。”从此隐姓埋名 28 年。中国“核司令”程开甲隐姓埋名 40 年，多次冒着被核辐射、爆后塌方等危险，爬进核装置爆心、闯进核爆炸现场收集数据，完全将个人生死置之度外。他们身上迸发的思想光辉，是“热爱祖国、无私奉献”精神的深刻诠释。

当前，西方敌对势力对我西化分化日渐加剧，意识形态领域斗争尖锐复杂，历史虚无主义沉渣泛滥，要求我们必须学习传承“两弹一星”精神，认真学习参与“两弹一星”事业科研人员、工程技术人员和保障人员身上凝聚的祖国至上、人民至上，胸怀大者、爱民厚生的深厚家国情怀，不断提高政治判断力、政治领悟力、政治执行力，牢牢站稳政治立场，旗帜鲜明热爱党、热爱祖国、热爱人民。认真学习他们英勇无畏、不怕牺牲，隐姓埋名、默默付出的强烈使命担当，时刻保持“功成不必在我”的精神境界和“功成必定有我”的责任担当，面对重担敢负责，面对矛盾不回避，面对困难勇向前，在企业内部持续营造风清气正、扎根基层、干事创业的健康发展氛围。

（二）着眼“自力更生、艰苦奋斗”，始终做到勤奋敬业

“自力更生”是“两弹一星”精神的根本保证，是思想独立和技术自立的集中体

现，既有精神层面，也包含物质层面。“艰苦奋斗”是“两弹一星”精神的作风保证，是物质基础之上的思想力量和行动力量。1960 年，新中国核武器研制工作刚刚起步，由于中苏关系破裂，苏联撤走了所有专家。有人断言，工业科技基础薄弱的中国，20 年也搞不出原子弹。对此，毛泽东指示，要下定决心搞尖端技术，不能放松或下马。邓小平表示，国防尖端武器研制和试验不能下马，砸锅卖铁也要搞下去。陈毅说：“脱了裤子当当，也要把中国的尖端武器搞上去！”于是，大无畏、不信邪、不气馁的中国科研工作者，一头扎进苦寒大漠和深山密林，一边与恶劣气候环境作斗争，一边用算盘、笔头、旧电子元器件等简陋工具和设备，硬是搞出中国的“两弹一星”。1964 年 10 月，中国第一颗原子弹爆炸成功；1967 年 6 月，中国第一颗氢弹爆炸成功。从第一颗原子弹到第一颗氢弹试验成功，美国用了 7 年零 3 个月，苏联用了 4 年，中国只用了 2 年零 8 个月。西方科学家惊呼：“中国闪电般的进步，神话般不可思议。”

习近平总书记强调，不管条件如何变化，自力更生、艰苦奋斗的志气不能丢。当前，以美国为首的西方国家逆全球化浪潮而动，疯狂对我国实施战略围堵和技术封锁，意图阻遏中华民族伟大复兴进程。“征途漫漫，惟有奋斗”。面对严峻复杂的国际形势，必须学习传承“两弹一星”精神，认真学习他们事业至上、自强自立、坚忍不拔的政治品格，始终保持“千磨万击还坚劲，任尔东西南北风”的政治定力，增长立大志、行大道、做大事的志气，增强百折不挠、开拓创新、锐意进取的骨气，提升靠素质立身、靠实绩进步、靠产品立业的底气，坚持问题导向、找准短板、提升弱项，努力解决关键核心技术受制于人的“卡脖子”问题，实现高水平核工业科技自强自立。认真学习他们英勇无畏、战天斗地、攻坚克难的顽强毅力，深刻认识我们党面临的“四大考验”“四大危险”，牢记“苦以励志、俭以养德”的古训，不计名利、不讲价钱、不打折扣，甘于寂寞、勇于担当、锲而不舍，以“钉钉子”精神和“咬定青山不放松”的韧劲，扎扎实实做好本职工作，切实扛起落实全面从严治党的责任、改革发展的责任、科技攻关的责任、狠抓落实的责任、破解难题的责任。

（三）着眼“大力协同、勇于登攀”，始终做到顾全大局

“大力协同”是“两弹一星”精神的根本保障，是统筹各方、步调一致的具体体现。“勇于登攀”是“两弹一星”精神的目标引领，是与时俱进、超越自我的集中体现。20 世纪五六十年代，诞生不久的新中国百废待举，综合国力薄弱，人民生活困难，面对“两弹一星”这样规模浩大、技术复杂、系统综合的世界尖端科学技术，党中央统筹布局，充分发挥社会主义集中力量办大事的制度优势，全国一盘棋，当时 26 个部委、20 多个省区市、1000 多家单位的精兵强将和优势力量协调一致、集中攻关。正如参加原子弹研制的周光召说的，“制造原子弹，好比写一篇惊心动魄的文章。这文章是工人、解放军战士、工程和科学技术人员不下十万人谱写出来的”。今天，

戈壁沙丘下的主控室里，依然贴着“一定要在不远的将来，赶上和超过世界先进水平”醒目标语，就像一位时间老人，时刻激励和警醒后人，要戮力同心、勇往直前。

当前，我们发展仍然面临不少困难和挑战，全球产业链供应链循环受阻，贸易保护主义盛行，推进国家治理体系和治理能力现代化、深化供给侧结构性改革、构建“以国内大循环为主、国内国际双循环相互促进”新发展格局处于开局起步阶段，中梗阻的问题不同程度存在，迫切需要我们学习传承“两弹一星”精神，认真学习他们万众一心、一呼百应，群策群力、协同攻关的精诚团结，坚持党中央权威和集中统一领导，统一思想、统一意志、统一行动，做到心往一处想、劲往一处使、智往一起谋。学习他们追求卓越、敢为人先，迎难而上、敢打硬仗的奋斗精神，坚持与时俱进、走在前列，瞄准世界科技前沿，面向国家重大需要，攻克核领域关键核心技术，始终占领核工业科技制高点，不断提升涉核企业核心竞争力。

三、深刻把握核工业建设发展的实践要求，不断丰富拓展新时代核工业体系精神内涵

近年来，核工业人持续拓展“两弹一星”精神，先后凝练形成“事业高于一切、责任重于一切、严细融入一切、进取成就一切”的“四个一切”核工业精神和“强核报国、创新奉献”新时代核工业精神。新的时代，把握大势、抢占先机，加快建设科技强国，必须深入学习贯彻习近平新时代中国特色社会主义思想，丰富延伸“两弹一星”精神内涵，推动构建核工业体系精神子谱系。

（一）核工业历史源远流长，要在深入挖掘史料中丰富拓展

中国核工业六十多年的发展史，是一部风云跌宕、波澜壮阔、人才辈出的辉煌史，国际、国内局势相互作用，政治、社会因素相互交织，很多重大历史、重大事件、重要人物，人们耳熟能详，同样，还有很多不为人知的历史事件、英模事迹尘封在历史尘埃中，需要我们深入挖掘、总结提炼。丰富拓展新时代核工业体系精神内涵：一要加强队伍建设。组建一支由中央和国家机关、企业、研究机构、高校、媒体人员及公众参与的精干的研究团队，建立联合研究机制，深入发掘核工业创业过程中形成的许多具有历史价值、科技价值、文化价值和教育价值的核工业文化遗产，推进新时代传承和发展“两弹一星”精神实践研究。二要加强成果建设。强化各级发现典型、宣传典型、培育典型意识，组织编撰“两弹一星”精神案例集，深入挖掘“两弹一星”精神先进事迹，总结提炼实践做法，推广应用一批叫得响、推得开、立得住的重大典型和务实管用的案例。三要加强遗产保护。遵循“保护为主、抢救第一、合理利用、加强管理、传承发展”的原则，加强核工业文化遗产保护和利用工作，大力开展“两弹

一星”文化遗产评选活动，将“两弹一星”文化遗产纳入中央企业工业文化遗产名录和国家工业遗产名录。

（二）核工业红色底蕴深厚，要在强化理论武装中丰富拓展

“两弹一星”精神是庞大的系统性精神，如同源源不竭的核能量，不断地充盈着党的光辉历史，丰富着党的创新理论，引领和激励无数科技工作者爱国奉献、砥砺前行。丰富拓展新时代核工业体系精神内涵：一方面，要加强理论探索。通过建立专业研究机构、举办全国“两弹一星”精神高峰论坛等形式，探究“两弹一星”精神与伟大建党精神的内涵要义、内在联系和发展路径，推动“两弹一星”精神符合时代发展要求、契合历史发展规律、体现马克思主义立场观点方法，推动党的创新理论日新月盛、不断前进。另一方面，要强化理论灌输。严格落实党委（党组）理论学习中心组学习制度，突出研讨交流等环节，切实把学习贯彻“两弹一星”精神与学习习近平新时代中国特色社会主义思想、党史学习教育、落实“十四五”规划等紧密结合起来，引导党员领导干部筑牢信仰之基、补足精神之钙、把稳思想之舵，切实把理论学习成果转化为认清大势的思维眼界，转化为引领发展的创新理念，转化为破解难题的务实举措。

（三）核工业英模人才辈出，要在突出典型引领中丰富拓展

伟大精神源于伟大实践，伟大实践源自伟大人物。“两弹一星”精神是由一个个伟大生命铸造而成的，他们是中华民族优秀文化的先进代表。丰富拓展新时代核工业体系精神内涵：一要建立培塑机制。建立科技人才联合培养机制，由中组部、科技部、教育部、中国科学院等机构联合开展“两弹一星”高端人才培养。设立“国家核科学日”“两弹一星功勋奖章”“核工业功勋榜”，建立各层面“两弹一星”荣誉体系，全面形成尊重知识、崇尚科学、鼓励创新的生动格局。二要加强实践锻造。坚持把完成重大任务、技术攻关作为锤炼队伍、培养人才的“磨刀石”，交任务、压担子，扶上马、送一程，努力形成人尽其才、才尽其用、人才辈出的良好局面，切实带出一支有朝气、有本事、有成果的过硬队伍，让“两弹一星”队伍薪火相传、生生不息。三要发挥引领作用。通过举办“两弹一星”精神全国巡回报告、“两弹一星”精神展览等形式，让“两弹一星”科研工作者和亲历者深情讲述“两弹一星”精神感人故事和爱国情怀，用“两弹一星”先进模范的榜样力量浇灌心田、播种信念，在春风化雨、循循善诱中固化言行、引领风尚。

（四）核工业探索步履铿锵，要在加强宣传引导中丰富拓展

丰富拓展新时代核工业体系精神内涵：一要开展科普宣传。以中央党校（国家行

政学院）及各级干部管理学院、高校、中小学为重点，持续推动“两弹一星”精神进学校、进教材、进课堂，让“两弹一星”精神始终成为时代主旋律、最强音。二要加强文化熏陶。创作一批“两弹一星”题材优秀影视文学作品，在全社会全面掀起学习宣传贯彻“两弹一星”精神热潮，推动“两弹一星”精神深入人心、家喻户晓，进而达到学而知之、思而行之、知行合一的目的。三要建立示范基地。依托青海原子城纪念馆、四川梓潼两弹城、酒泉卫星发射中心、秦山核电科技馆、原子能院等平台，打造“两弹一星”精神爱国主义教育和红色旅游品牌，推动“两弹一星”精神铭刻脑海、扎根心田、融入血脉、激励终身。

（作者：刘　敏、李颖稚、屈　苗）

参考文献

［1］余剑锋．肩负起新时代强核强国的责任担当［N］．学习时报，2019-09-06.

［2］中国核工业集团有限公司．点燃心中那团火　为建设核工业强国凝聚磅礴动力［J］．中华魂，2021（5）：55-57.

［3］邱思扬．“两弹一星”精神融入大学生思想政治教育的价值与方法研究［D］．西南科技大学，2020.

［4］杨延霞．家国情怀：钱三强“原子梦”的精神力量［J］．今日科苑，2018（10）：41-52.

［5］本报评论员．弘扬“两弹一星”精神　主动肩负起历史重任［N］．人民日报，2021-08-28.

［6］邢邦志．新阶段发展论纲：把大局、谋新局、开好局［N］．联合时报，2021-09-03.

“两弹一星”精神谱系的宣传实践研究

摘　要：伟大的事业需要伟大的精神来引领，本文以“两弹一星”精神、“四个一切”核工业精神、新时代核工业精神等为研究对象，分析弘扬“两弹一星”精神谱系的现实意义，总结探讨其弘扬形式和路径，分析公众对相关活动的评价和意见，旨在传承国企红色基因，弘扬伟大精神。

关键词：“两弹一星”精神；谱系；宣传

“两弹一星”精神、“四个一切”核工业精神、新时代核工业精神从中国核工业发展中孕育而来，交相辉映、密切关联、高度凝练，形成核科技工业从业者完整的理想信念和思想精髓，是核工业人面对新形势新挑战的动力源泉，不断激励核工业人最大限度发挥主观能动性，为新的奋斗目标砥砺奋进、攻坚克难、建功立业。

一、弘扬“两弹一星”精神谱系的现实意义

习近平总书记指出，“两弹一星”精神是宝贵的精神财富，一定要一代一代地传下去，使之转化为不可限量的物质创造力。新时代，传承和弘扬“两弹一星”精神谱系具有重要的现实意义。

（一）是进行爱国主义教育的重要内容

党的十九大作出了在全党开展“不忘初心、牢记使命”主题教育的重大决策。核工业人不忘初心使命，以实际行动筑牢民族复兴、国家安全的基石。凭借“功成不必在我”“功成必定有我”的精神，“干惊天动地事，做隐姓埋名人”，把个人价值融入到对国家安全的大爱与奋斗之中，凝聚精神信仰，彰显家国情怀。面对新的机遇和挑战，将“两弹一星”精神谱系内化于心、外化于行，有助于引导核工业人夯实思想道德基础，践行社会主义核心价值观，照亮时代前进的道路。

（二）是提高在市场竞争中文化软实力的有效途径

在市场竞争尤其是国际市场竞争中，拥有文化软实力能够使企业保持更高更持久的核心竞争力。“两弹一星”精神谱系是蕴含在国防科技工业事业中的深层次文化，是核工业人追求的内心态度、思想境界和理想信念。面对国际形势风云变幻、经济体制深刻变革、思想观念深刻变化的大环境，唯有统一思想、凝聚共识，将精神文化融入企业发展战略、内化于企业员工情感意志，夯实文化软实力，才能推动企业可持续发展。

（三）是做强做优做大国企的内核动力

企业强则国家强。习近平总书记指出，国有企业是中国特色社会主义的重要物质基础和政治基础，是我们党执政兴国的重要支柱和依靠力量。当今时代，世界格局多极化、经济全球化，大国间竞争愈演愈烈。中国核工业的发展与战略国防力量的发展一脉相承，在新时期更与国家命脉、国家利益息息相关。弘扬“两弹一星”精神谱系，可以激励核工业人自主创新、艰苦奋斗，助力中核集团做强做优做大，向世界一流企业目标迈进。

二、弘扬“两弹一星”精神谱系的实践探索

新时代，中核集团创新宣传载体，通过多平台多形式，以点带面、广泛辐射，进行了“两弹一星”精神谱系弘扬实践，产生良好的政治效益和社会效益。

（一）实施路径

1. 在国家部委层面举办有影响力的主题活动

（1）全国宣讲活动。开展了以弘扬“两弹一星”精神和核工业精神全国宣讲、“时代楷模”彭士禄先进事迹宣讲、“‘两弹一星’精神永放光芒”主题宣讲、新时代核工业精神全国宣讲为代表的一系列具有较强影响力的主题宣讲教育活动。其中 2019—2020 年弘扬“两弹一星”精神和核工业精神全国宣讲共完成演出 38 场，遍布全国 20 余个省、市、自治区，100 余家单位，覆盖近 3 万名现场观众，演出行程约 4.5 万公里，宣讲舞台剧获第五届中央企业精神文明建设“五个一工程”优秀作品奖。2021 年，中核集团继续举办弘扬新时代核工业精神全国宣讲，“两弹一星”宣讲团获中宣部“全国基层理论宣讲先进集体”称号。

（2）举办中国核工业创建 60 周年成就展。2015 年 1 月，以“创新发展核工业、同心共筑中国梦”为主题的中国核工业创建 60 周年成就展开幕，展示了我国核工业发展

60 年来取得的辉煌成就。此后，以该成就展为基础布设的中国核工业科技馆 7 个展厅全面开放，截止到 2020 年底，共接待参观 1000 余场次、5 万余人次，其中省部级领导 200 余位，大中小学生约 2 万人次，中共中央政治局原常委、全国政协原主席贾庆林，原国务委员、十一届全国人大副委员长陈至立，时任总装备部部长张又侠，科技部部长王志刚等在参观中给予高度评价。

（3）中央企业工业遗产发布会。中国核工业六十多年的光辉历程，为国防建设和国民经济作出了重大贡献，也留存了大量设施、设备、生产工艺、企业文化等核工业文化遗产，具有重要的历史价值和教育意义。2018 年 6 月，国务院国资委举行发布会，首次对外公开发布中央企业工业文化遗产名录，发布中央企业工业文化遗产（核工业）名录 12 项，涉及原子能事业创建、核工业体系初步确立、核工业第一批厂矿选点与建设、“两弹一艇”研制、三线建设、保军转民、核能和平利用等核工业创业过程。

2. 在社会公众层面推出一系列知名品牌

中核集团 2017 年 6 月承办“科普中国——绿色核能主题科普活动”启动仪式，邀请李冠兴、王乃彦、杜祥琬、潘自强、叶奇蓁、徐銤院士等参加，并开展了系列特色活动，如“魅力之光”杯全国中学生核电科普知识竞赛夏令营活动等；每年开展“核你在一起”科普开放周活动，旗下几十家成员单位在活动周同时对社会公众开放，增强社会认同感和影响力；举办的全国高校学生课外“核+X”创意大赛是“核你在一起”科普战略系列活动之一，是一项具有探索性、科普性、创新性的课外实践活动，也是促进核科普与公众沟通的一种有效方式。

3. 创新宣传载体，形成文化产品

在创新载体方面，以项目为抓手，实现多种途径多载体的宣传手段创新尝试。在影视作品创作方面，组织拍摄了《激情的岁月》《钱三强》《中华之核》《解密中核》《军工记忆——三线风云》等一批引起社会强烈反响的优秀影视作品。在出版物方面，组织撰写了报告文学《核之魂》《国之光荣》，出版了《核电从这里起步》《核铸强国梦》《钱三强与原子能工业》《激情岁月讴歌》等系列书籍。在特色核展馆建设方面，以中国科技馆、军事博物馆、中国核工业科技馆、秦山核电科技馆等平台基地带动形成多样化的展馆结构布局。此外，在运用互联网思维、推动媒体融合发展、建设全媒体传播体系方面也进行了积极尝试，如在微信平台开设“党员故事”“V 观中核”“漫画核史”“‘核’心向党”等一系列话题专栏。

（二）心理维度调查弘扬效果——以弘扬“两弹一星”精神和核工业精神宣讲活动为例

在“两弹一星”精神谱系弘扬过程中，以需求为导向，重视公众反馈。以弘扬“两弹一星”精神和核工业精神宣讲活动为例，采访了 60 名现场观众，收集了他们对宣讲的评价和建议。采访对象男女性别比例 3:1，年龄结构合理（图 1）。任职管理岗位占比最高，为 53.3%；其次是科研生产岗位（图 2）。学历方面，本科及以上学历占大多数，为 88.4%。

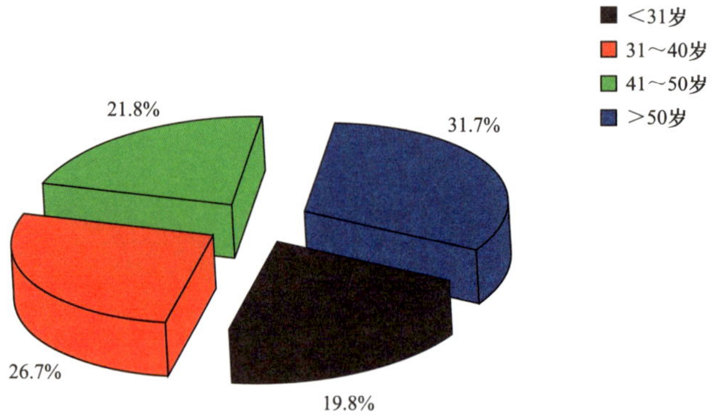

图 1　采访对象年龄分布情况

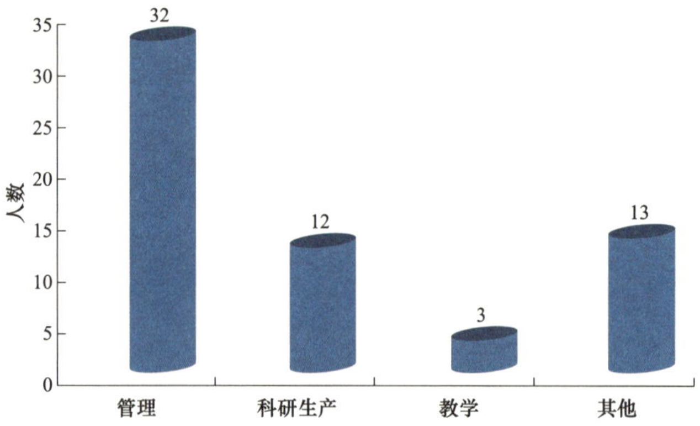

图 2　采访对象工作岗位情况

在宣讲活动亮点方面（图 3），大部分采访对象对老一辈科学家的事迹印象深刻，少部分采访对象对核工业艰苦创业历程、党中央英明决策或新时期优秀人物较为感兴趣；另有 15%的观众喜欢宣讲活动的原创情景剧《父亲的散文诗》，认为除了科学家之外，表现普通核工业人一生经历的《父亲的散文诗》同样令人感动。

在对宣讲活动的总体评价方面，93%的采访对象侧重于宣讲内容方面，认为演出感人、有教育作用；大多采访对象对内容和形式两方面都给予了高度评价，认为本次演出效果很好，内容感人，形式多样，是一场别开生面的视觉盛宴。在宣讲活动意义方面，领导干部及老同志在感动的同时认为这是对青年职工进行培养教育的一种生动形式。青年职工则在观看演出后很受感动或鼓舞，进一步下定决心传承和践行“两弹一星”精神和核工业精神。

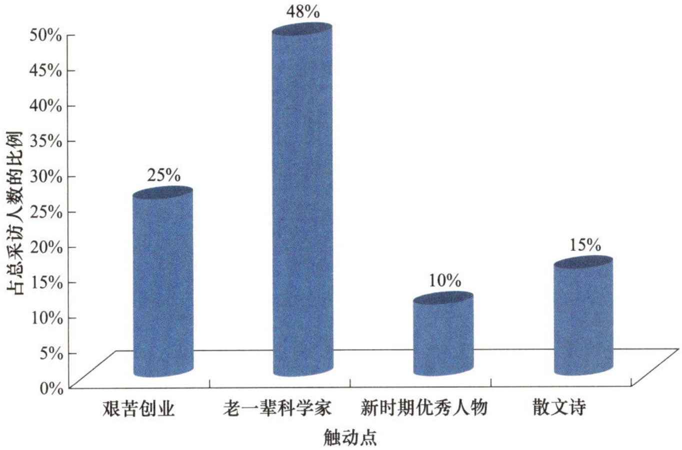

图 3　采访对象感触最深的情节或人物

在收获赞誉的同时，宣讲团也收集了采访对象对宣讲活动的意见和建议，以便在今后的活动中有的放矢，不断改进提高。约有一半的采访对象建议增加宣讲活动场次或者扩大宣讲范围，面向核工业以外的社会公众开展宣传，让更多人了解核工业，感受核工业精神；部分采访对象建议在宣讲内容中再增加一些相关历史、人物的情节，更加注重历史细节的演绎，同时增加对新时代核工业重要成果和新一代核工业人中先进典型的宣传；此外，还有采访对象对演出场景、灯光舞美和演员走位等细节提出了更高要求。

（三）活动经验总结——以弘扬“两弹一星”精神和核工业精神宣讲活动为例

总体而言，从采访对象反馈来看，宣讲活动达到了预期的效果，得到了上级单位、核工业系统及社会公众的一致认可。现将宣讲活动成功的经验总结如下。

1. 抓好组织活动的时机

古人作战讲究“天时地利人和”，也就是要找准时机，对于活动的组织也是同理，把活动的形式和主题与党中央在一定时期内的主题活动紧紧联系在一起，才能取得事半功倍的效果。以中核集团弘扬“两弹一星”精神和核工业精神宣讲活动为例，该活动是在落实习近平总书记等党和国家领导对二二一厂宣传的重要批示精神及中央巡视整改反馈意见的背景下开展的，围绕新中国成立 70 周年系列活动和“弘扬爱国奋斗精神、建功立业新时代”活动，紧密结合“不忘初心、牢记使命”主题教育，立足讲好国企故事和弘扬国企精神，从内容到形式紧扣时代发展方向，并随着主题教育的深化不断调整宣讲内容。由于内容紧跟时代主旋律，光明日报、中国青年报、人民网、央视新闻网、中新网、学习强国、今日头条、国资小新等主流媒体都对宣讲活动进行了深入报道和集中展播，学习强国、共青团中央微博等官方媒体也发布了宣讲视频，促进了“两弹一星”精神和核工业精神在全国范围进一步广泛深入宣传。

2. 形成较长的活动周期

为了持续保持公众对活动的关注度，不断加深公众对活动的印象，达到持久的宣传效果，可将活动周期拉长，对公众的记忆进行强化。宣讲活动在初期策划阶段，全国宣讲场次仅安排了不到 20 场，范围也只局限在少数单位，但随着一场场宣讲的进行，口碑和影响力不断扩大，更多单位向中核集团提出宣讲邀请，活动行程也随之不断拉长，最终宣讲团在全国各地区开展宣讲 38 场，加上前期准备造势及后期总结，形成了将近两年的活动周期。在这段时间中，每场宣讲结束后，地方媒体都会发布报道，宣讲团也会在核科技馆公号上进行新闻报道，并发布演员随笔感受，让观众对宣讲活动的印象进一步深化，也让没有到场的社会公众对活动有了进一步了解并产生兴趣，扩大了活动和“两弹一星”精神广泛传播的效果。

3. 选择适合目标受众的宣传内容和活动方式

习近平总书记指出，深刻道理要通过讲故事来打动人、说服人。可见对活动主题和内容的选择是一个活动成功与否的基础。针对宣讲受众的多元化，主创团队策划用通俗易懂的语言来讲述能引起普遍共鸣的故事，并重视细节和典型化，人物形象既有指引方向、做出决策的国家领导人，也有毅然归国、隐姓埋名的老一辈核科学家，更多的则是艰苦奋斗、抛家舍子的核工业普通员工。在形式上，则采用了讲解、朗诵、歌唱等多种语言形式，结合音视频、情景再现、舞台剧等手段，组织起一台小型晚会。早期的几场演出，观众还以为是传统的先进事迹报告会，开始提不起兴趣，观看后惊喜连连。许多观众在演出后对我们表达了意犹未尽之感，希望今后能有更多这样生动有趣的宣讲活动。

4. 打造作为记忆点的活动亮点

能给人留下深刻印象的活动总要有可供人记忆的活动亮点，如同故事的高潮或电影中的明星人物，令人一见难忘。活动亮点可以是一个明星人物，一个强有力的视觉冲击，一个富有创意的造型，或是一段情感共鸣，令人通过这个亮点记住整个活动，亮点要贵精不贵多。对于宣讲活动而言，情景剧《父亲的散文诗》是亮点之一。这段 5 分钟左右的情景剧用简单的布景展现了一位核工业普通科研人员的一生，从风华正茂到垂垂老矣，三尺书桌见证了他的奉献，也见证了他与妻儿的爱恨纠葛。当儿子终于理解了父亲深埋在心底的爱，与轮椅上的父亲重归于好时，台下的观众们也随之泪流满面。这段情景剧并无一句台词，而是改编了流行歌曲《父亲的散文诗》的歌词，用歌声讲述了这段核工业人令人感慨的故事，令观众为之动容。宣讲活动结束后，这段情景剧在网上获取了 300 万以上的点击率，还参加了中国科协庆祝新中国成立 70 周年“不忘初心、牢记使命、建功新时代”党建强会文艺展演，产生了较为持久的影响力。

5. 使用丰富多彩的辅助手段

如今我们生活在一个视觉图像的时代，观众的视觉期待也对各类活动中的有声语言视觉化创作提出了挑战。使用丰富多彩的辅助手段可以让传播的思想和精神“活”起来。宣讲活动在这方面使用了舞台灯光与背景音视频相配合的方式。每场演出前，工作人员会根据现场条件调整舞台灯光，在条件允许的情况下，宣讲活动会根据情节的推进，使用追光、面光、定点灯、染色灯等不同的灯光效果渲染气氛，营造良好的舞台效果。为了让观众更直观地感受宣讲中体现的精神内涵，中核集团新闻中心根据宣讲内容制作了背景视频，并根据剧情的需要配上不同的音乐，成功渲染了现场气氛。观众们听着核工业艰苦创业的故事，看着同时期各个基地保留下来的老照片，配合悲壮的背景音乐，对老一辈核工业人面对的艰难险阻有了更加深入的感受。在讲述与新婚妻子分别的年轻人的故事时，背景正是他与妻子的结婚照片，当我们到中核陕铀宣讲时，照片中的男主角就坐在台下，看到照片的一瞬间，老人泣不成声。在之后的采访中，老人情绪极为激动，回忆起当年的激情岁月，让宣讲团成员和当地职工都跟着红了眼眶。

三、对弘扬“两弹一星”精神谱系的思考与体会

党的十八大以来，习近平总书记多次谈到“两弹一星”精神及其时代价值，指出要发扬光大“两弹一星”精神，形成良好的精神面貌。新时代弘扬“两弹一星”精神谱系，首先要始终坚持拥护中国共产党的领导，始终坚定理想信仰，要注重老中青几代人的薪火相传，不断继承和学习中华民族的优良传统，还要广泛号召、激发全社会各行各业的创新意识和奋斗激情，在面向新时代和全球化进程中，为推动构建人类命运共同体贡献中国力量。

（一）坚定方向，始终坚持拥护中国共产党的领导

国家和民族成长于精神，失去精神支撑的物质文明难以得到长期维系。大国崛起的历史规律显示，每个国家和民族的崛起都与其拥有超越其他国家和民族的生产力相关，而拥有强大生产力的源泉在于精神的力量。如若信仰缺失、精神弱化，一个国家即便经济总量处于全球之冠，在产生各种摩擦和冲撞之后同样也会走向衰落和灭亡。一个精神衰落的民族不会是一个强大的民族，一个不能构成自身精神内核的民族也不会成为屹立于世界民族之林的民族。在中国，中国共产党领导的中华民族奋斗史证明，强大的精神力量总能克服看似不可逾越的艰难险阻，最终获取胜利。“两弹一星”精神谱系以及其他以国防科技工业为主体的精神，之所以能一代一代被发展传承，并在新的时代不断被注入新的内涵，正是因为这些精神始终坚持拥护中国共产党的领导。

（二）薪火相传，不断继承和学习中华民族的优良传统

中华民族能够发展到今天，与民族的优良传统和无数英雄儿女身上所体现的优秀品质密不可分。“两弹一星”精神是对“两弹一星”事业中民族传统的提炼和总结；“四个一切”核工业精神和新时代核工业精神以核领域为特色，是传统文化在核工业人身上的集中体现，也是“两弹一星”精神在核行业中的进一步深化。如“热爱祖国、无私奉献”“事业高于一切”“强核报国”“以身许国”等作为广大核工业建设者的高贵品质和精神支柱，集中反映了勤劳勇敢的核工业人热爱本职工作、甘当无名英雄、献身普通岗位的品质风貌，也是视国家利益高于一切的当代社会主义建设者世界观、价值观、人生观和事业心、责任心的具体体现。“严细融入一切”“责任重于一切”“创新奉献”“敢为人先、严谨求实”等是广大核工业建设者的科学态度和事业取得成功的重要保证，这些精神品质凝聚着核工业人自强拼搏的智慧和汗水，同时，也适应了时代发展的要求，成为促进中国特色社会主义事业的巨大精神力量。

（三）求真务实，培养青年干部的政治品格和求是态度

“两弹一星”精神、“四个一切”核工业精神、新时代核工业精神的传承，要靠青年一代核科技工业从业者。目前，中核集团35周岁以下青年员工占总人数一半，是核工业的希望所在。近几年来，中核集团积极推进干部年轻化，在任用标准上注重德才兼备、以德为先，注重选拔政治坚定、有真才实学、实绩突出、群众公认的优秀年轻干部。下一步，还要继续强化精神引领，发挥“两弹一星”精神谱系作用，培养一批具有忠诚干净担当的政治品格和求真务实的工作态度的青年干部，培养一批深刻认识和把握新时代历史使命、战略机遇和重大责任的青年干部，培养一批在国家需要的地方勇挑重担、冲锋在前、迎难而上、无私奉献的青年干部，为贯彻新发展理念、构建新发展格局、推动高质量发展提供坚强有力的人才支撑。

（四）凝魂聚气，增强基层党建的引导力和实效性

弘扬“两弹一星”精神、“四个一切”核工业精神、新时代核工业精神是思想政治工作的重要范畴。中核集团始终把思想政治工作作为基层党建的重要任务，坚持守正创新，增强党建引领力和实效性，以高质量党建引领企业高质量发展。大力弘扬“两弹一星”精神谱系，开展特色党建活动，打造核特色企业文化品牌，如组织撰写的《弘扬科研人员爱国奋斗精神路径探究》政研课题获中央企业党建思想政治工作研究会优秀课题一等奖；策划实施的弘扬“两弹一星”精神和核工业精神全国巡回宣讲报告会《点燃心中的那团火》获第五届中央企业精神文明建设“五个一工程”优秀作品奖；组织谋划的核工业创建60周年成就展得到中央及部委领导的高度评价。

（五）广泛号召，激发全社会的创新意识和奋斗激情

创新是第一生产力，创新能力决定了一个国家的发展。新中国成立伊始，在党的号召下，全国上下艰苦奋斗、大力协同，仅用了十余年时间，就取得了“两弹一星”的历史成就，建立起了只有极少数国家才拥有的完整核科技工业体系，确立了中国的大国地位。当前，中国正处于近代以来最好的发展时期，世界处于百年未有之大变局，对科技创新能力和优秀人才的渴求比以往任何一个时代都更加强烈。党的十八大以来，习近平总书记向全党全国发出“建设世界科技强国”的伟大号召。弘扬“两弹一星”精神谱系，对于充分调动核工业人的创新意识和奋斗激情、广泛动员和组织全社会力量、激发各行各业的优秀人才投入创新和奋斗的行动中来起到了积极的推动作用。

（**作者：**李枭雄、范淳钰、王茂枝）

从中核华建的改革发展实践谈红色基因的时代价值

摘　要： 国有企业作为新时期维护社会稳定、推进经济建设、增进人民幸福的主力军，其发展过程中始终体现传承红色基因的重要特点。本文以中核华建视角，梳理红色基因在国有企业、核工业、中核华建传承发展的脉络，探寻传承红色基因的实践经验，旨在挖掘传承和发扬红色基因的时代价值和实现途径，为企业高质量发展凝聚精神力量。

关键词： 改革发展实践；红色基因；时代价值；中核华建

国有企业脱胎于中国共产党红色革命斗争的伟大历程中，是经济建设时期党执政兴国的重要支柱和依靠力量。国有企业的历史渊源与发展历程，决定了其必然具有鲜明的红色特征，必然传承着鲜明的红色基因。在中国共产党成立100周年之际，习近平总书记指出，一百年前，中国共产党的先驱们创建了中国共产党，形成了坚持真理、坚守理想，践行初心、担当使命，不怕牺牲、英勇斗争，对党忠诚、不负人民的伟大建党精神，这是中国共产党的精神之源。这既是对伟大建党精神的高度概括，也是对红色基因与文化的高度提炼。红色基因就是我们党在长期奋斗中练就的先进本质、思想路线、光荣传统和优良作风的总称。中核华建资产管理有限公司（以下简称“中核华建”）作为中核集团的资产管理平台，在破解实际难题、持续改革创新、推动高质量发展的生动实践中，始终把传承红色基因、弘扬伟大精神作为重要力量源泉，以实际发展成效诠释红色基因的强大生命力，积累了较好的传承红色基因、扛起责任使命、搏击时代浪潮的宝贵经验。

一、红色基因在国有企业与核工业的传承发展

（一）红色是国有企业最鲜亮的底色

和平建设时期，国有企业成为红色基因的重要传承和发展之地。在国有企业这片热土，红色基因展现出了强大的生命活力。无数国企人，循着红色基因的精神指引，

在科技创新、改革发展，乃至履行防疫救灾、脱贫攻坚等社会责任中，发挥了至关重要的作用。广大国企人甘于奉献、不计得失、坚持以人民为中心，创造出了无数发展奇迹，留下了无数感人事迹，为中华民族实现跨越式发展贡献出磅礴力量。

（二）“两弹一星”精神是国有企业精神的典型代表

以红色基因为内核，国有企业在发展过程中创造了众多的宝贵精神财富，“两弹一星”精神正是其中的重要组成部分和典型代表。在核工业第一次创业时期，核工业人与航天人共同孕育了“两弹一星”精神，凝聚着科技工作者和建设者报效祖国的满腔热血和赤胆忠心，彰显了坚定的理想信念和崇高的精神境界。“热爱祖国、无私奉献，自力更生、艰苦奋斗，大力协同、勇于登攀”，读来让人热血澎湃，油然而生敬意，至今仍具有很强的指引价值，是广大核工业人奉为圭臬的行动指南，更是国企人在 20 世纪为中华民族创造的宝贵精神财富中的一颗明珠。

（三）核工业精神在改革发展实践中不断传承和创新

“两弹一星”精神是核工业人在艰苦创业、勇攀科技高峰的过程中形成的，是红色基因熔铸入核工业人血脉，在实践中的丰富与发展。“四个一切”核工业精神是“两弹一星”精神在核工业的具体展现。“事业高于一切、责任重于一切、严细融入一切、进取成就一切”是对核工业红色基因的概括和浓缩，核工业人“干惊天动地事，做隐姓埋名人”的优良传统和“以身许党、以身许国”的家国情怀熠熠生辉。进入新时代，核工业人攻坚克难、砥砺奋进，进一步提炼形成了“强核报国、创新奉献”的新时代核工业精神，鼓舞新一代核工业人在建功立业中更加奋进向上。不论是“两弹一星”精神、“四个一切”核工业精神还是新时代核工业精神，都是红色基因在不同时代背景与条件下，在核工业这片沃土上的生动演绎与具体体现。

二、红色基因在中核华建的传承与时代价值体现

中核华建作为中核集团的重要成员单位，成立之日起就肩负着中核集团赋予的特殊历史使命和政治责任，直接服务和管理着众多的核工业老基地以及 1 万余户离退休职工和家属。发展历程中，“两弹一星”精神、“四个一切”核工业精神和新时代核工业精神中的红色基因是中核华建企业文化的根本，责任、安全、创新、协同、奉献等元素在中核华建全体职工身上得到了充分的传承和弘扬，并不断转化为企业转型升级、持续发展的精神力量。

面对维稳压力大、资金压力大、历史遗留问题多、安全隐患多等实际困难，自成立以来，中核华建党委始终发挥好“把方向、管大局、促落实”的领导作用，坚持党

对国有企业党组织的职能定位，坚持党的领导和加强党的建设，把传承和发扬好红色基因，作为肩负的重要政治任务，推动企业摆脱政策性亏损，实现历史性扭亏为盈。在企业改革发展实践中，中核华建党委愈发认识到，只有不断传承红色基因，发扬“两弹一星”精神、“四个一切”核工业精神和新时代核工业精神，企业的政治功能才能得到更好彰显，才能源源不断获得发展的动力。

（一）坚持党的领导，加强党的建设

中核华建党委始终坚持和加强党的全面领导，坚决贯彻落实党中央和中核集团党组的各项决策部署，深入学习党的创新理论，学习党的路线、方针、政策和决议，学习党章、党纪、党史等党的基本知识，以党的政治建设为根本出发点，不断强化班子建设。坚持“第一议题”制度，高度重视班子政治理论学习。以党委理论学习中心组学习为重要载体，开展高质量学习研讨，始终把思想和行动统一到以习近平同志为核心的党中央的部署上来，不断增强“四个意识”，坚定“四个自信”，做到“两个维护”。高质量开展党的组织生活，增进团结进步。把民主生活会和组织生活会作为加强班子团结、革故鼎新的重要契机，严肃开展批评与自我批评，加强民主集中制，永葆班子的活力、团结与战斗力。

（二）坚守初心使命，强化主动担当

始终保持鲜明的为民服务情怀。中核华建成立的初衷既是为了解决历史遗留问题，集中管理非主业资产，也是为了服务好为核工业强国事业作出贡献的老一辈核工业人。中核华建始终坚持为民情怀，全心全意为广大职工群众谋福祉。中核华建的“一二三”发展思路中的“一个基础”就是“改善民生、维护稳定”，高度凸显中核华建党委为民服务的红色禀赋。始终把保障中核集团稳定发展大局作为政治责任。坚持深入一线、深入基层，主动解决问题，勇于担当，坚决做到“后墙不倒”；在实践中聚焦所属单位具体实际，精准发力，突破难点，以完成重大专项任务部署为牵引，领导班子挂帅出征，强化组织系统协同，各级组织闻令而动，均按照计划节点如期完成任务目标；为确保不出现恶性上访事件，公司主要领导长期驻扎现场，多措并举，创立“包片负责制、领导下访制、深度排查制、快速反馈制”四项工作机制，成立社会事务部，建强专班力量，努力化解信访维稳重点难点问题，全力保障后方稳定，确保了中核集团稳定发展的大局。

（三）坚持深化改革，推动创新发展

清醒认识时代变化，不断革新发展思路与理念。中核华建党委顺应时代变化和中核集团战略布局，对企业“一二三”发展思路进行了再定义，提出了“一个基础、两

个重点、三个平台”，显示出敢于自我革新、紧跟时代的发展意识。同时，积极创新发展方式与手段，稳步推进混改、三项制度改革等工作，推动企业高质量发展。敢于动真碰硬，打造精干团队。不断释放人力资源管理潜能，系统谋划本部的“三定”（定岗、定编、定员）工作，全面梳理并重新制定本部岗位和编制，对不适应业务发展的岗位和冗余人员进行缩减，精简后编制由 62 个减到 48 个，精简率达 23%。加大薪酬差异化分配，同职级浮动薪酬差异化为 20%～35%，打破“大锅饭”，有效激发了员工工作积极性和人才活力。落实国企改革三年行动工作计划，推进任期制和契约化管理，为公司“十四五”开好局、起好步奠定了坚实的人才基础。

（四）坚持攻坚克难，勇于开拓进取

中核华建自成立伊始就处于政策性亏损、历史欠账多、沉积问题多的现状。面对发展难题，中核华建秉承越是艰苦越向前的红色精神，发扬老一辈核工业人艰苦创业的优良传统，迎难而上、攻坚克难，闯出了一条可持续发展的新路。全面完成国资委 3 家“僵尸企业”处置和 2 家特困企业专项治理工作，完成下属 4 家全民所有制企业公司制改制工作，实现 9 家法人压减；全面完成 9029 名退休人员社会化移交工作；全面完成“三供一业”分离移交，涉及移交项目 38 个，总户数 21721 户，分布在全国 7 省 9 市；顺利完成中核勘察院、深圳华泰、燕宁公司等单位 639 名非在岗人员分流安置工作，中核华建长期大规模人员待岗的历史基本结束。2021 年，中核华建荣获中核集团“剥离企业办社会职能和解决历史遗留问题先进单位”荣誉称号。

（五）坚持团结群众，善于服务为民

中核华建党委坚持群众路线，注重发动广大干部职工传承弘扬伟大精神，深入开展企业文化年活动，深化对“两弹一星”精神、“四个一切”核工业精神和新时代核工业精神的宣传推广和普遍认同，牢牢把握意识形态工作主动权，推动企业文化理念入脑入心。注重先进典型选树，开展梁业渝、贺兴茂等优秀典型人物选树，事迹被中核集团收录在“百名优秀共产党员故事集”和“百名离退休党员事迹集”；其中，《贺兴茂：用百岁人生刻写忠诚》的事迹被《人民党建》云刊载。以党史学习教育为契机，大力开展“我为群众办实事”实践活动，持续健全完善职工福利保障体系，开展全民抗疫及防汛救灾慰问、送清凉等一系列服务活动，切实提升职工群众的幸福感和满意度，增强向心力和凝聚力。

三、传承弘扬红色基因的实践经验

办好中国的事情，关键在党。坚持党的领导，是中国特色社会主义最本质的特征，

也是传承国有企业红色基因中最根本的主线。在企业改革发展历程中，党建工作做实了就是生产力，做强了就是竞争力，做细了就是凝聚力。纵观中核华建的发展历程，离不开党的建设这个法宝，离不开红色基因这把钥匙。

（一）必须坚持党的领导不动摇

要以习近平新时代中国特色社会主义思想为指导，深入学习贯彻习近平总书记关于国有企业改革发展和党的建设的重要论述精神，始终保持国企姓党、矢志报国的政治本色，永远听党话、跟党走，积极落实中核集团“大党建”工作格局，推动重大决策转化为企业的战略目标和工作举措、转化为广大职工的自觉行动、转化为企业改革发展的实际成效。

（二）必须坚持强基铸魂不松劲

基层党组织是党全部工作和战斗力的基础，基础不牢，地动山摇。要全面强化“三基”建设，把基层党组织带头人选好，把班子建强，从制度设计、过程控制、考核考评等环节入手，把“四同步”“四对接”落到实处，推行“做表率、亮身份”评星定级、承诺践诺、积分管理等做法，开展党员突击队、责任区、先锋岗建设，提升党员的价值创造能力，让每个基层党组织都成为坚强的战斗堡垒，让每名党员都成为高高飘扬的旗帜。

（三）必须坚持改革创新不停歇

要聚焦改革发展过程中的突出矛盾问题，以国企改革三年行动为契机，牢固树立“主动改”“深入改”“彻底改”的高度自觉，以刀刃向内的勇气和攻城拔寨的决心，多谋创新之策、多出创新之招、多办创新之事，保持改革创效的战略定力，积极推动混合所有制改革和三项制度改革，在求变求新中破难题、解新题，强化精益管理，以市场化为导向，真正创出活力、改出动力、闯出实力。

（四）必须坚持企业文化不落后

坚定文化自信，是事关国运兴衰、文化安全、民族精神的大问题。要强化意识形态主阵地建设，弘扬红色精神，大力传承新时代核工业精神，深入挖掘国企自身的红色基因，践行社会主义核心价值观，选树先进典型；按照中核集团企业文化工作体系，突出“奋进中核、精彩人生”主线，唱响“幸福中核人”主旋律，积极落实员工行为准则，将红色基因纳入企业文化的核心内容，带动广大职工继承优良传统，凝聚思想共识，形成行动自觉。

（五）必须坚持队伍建设不懈怠

要干好高质量发展的宏大事业，必须要建设一支忠诚、干净、担当的高素质干部队伍。要坚持“重实践、重实干、重实绩”的选人用人导向，突出政治标准、专业能力、敬业精神选拔任用干部，持续深化领导干部建设。要坚持“激励与约束”并重，按照“三个区分开来”的要求，激发干部职工干事创业；要做到“培养和引进”并举，实现“六能”改革，持续打造“四铁”干部队伍。

（作者：牛志岗、陈仲秋、李　定）

用好核工业红色教育基地弘扬伟大精神研究

摘　要：核工业在66年的发展历程中，留下了很多宝贵的文化遗产和精神财富，核工业红色教育基地就是其中的重要体现。本文通过挖掘核工业发展历程中的宝贵精神财富，探索用好核工业红色教育基地的策略和方法，旨在为弘扬伟大精神、传承红色基因、建设核工业强国提供相关经验借鉴。

关键词：核工业；红色教育基地；伟大精神

人无精神则不立，国无精神则不强。习近平总书记在庆祝中国共产党成立100周年大会上的重要讲话中指出，在一百年的实践、奋斗历程中，一代又一代中国共产党人顽强拼搏、不懈奋斗，形成了一系列伟大精神，构筑起了中国共产党人的精神谱系。中国共产党在长期奋斗历程中形成的伟大精神，已经深深融入中华民族的血脉和灵魂，成为中华民族精神的丰富滋养，是鼓舞和激励中国人民不断攻坚克难、从胜利走向胜利的强大精神动力。我们要继续弘扬光荣传统、赓续红色血脉，把党的伟大精神继承下去并发扬光大。

一、弘扬伟大精神是新时代国企高质量发展的坚强保障

（一）弘扬伟大精神是坚定共产党人理想信念的具体体现

党的伟大精神是中国共产党的精神动力，在中国共产党诞生的那一刻就融入了共产党人的血脉之中，形成了承载共产党人精神遗传密码的红色基因。理想信念是共产党人精神上的“钙”。习近平总书记指出，中国共产党成立一百年来，始终是有崇高理想和坚定信念的党。这个理想信念，就是马克思主义信仰、共产主义远大理想、中国特色社会主义共同理想。理想信念是中国共产党人的精神支柱和政治灵魂，也是保持党的团结统一的思想基础。正是在这种理想信念的指引和激励下，中国共产党人以“为有牺牲多壮志，敢教日月换新天”豪迈情怀，谱写了气吞山河的壮丽史诗。

（二）弘扬伟大精神是筑牢国企“根”和“魂”的重要组成部分

习近平总书记指出，国有企业是中国特色社会主义的重要物质基础和政治基础，是我们党执政兴国的重要支柱和依靠力量。这就要求我们必须坚持党的领导、加强党的建设、弘扬党的伟大精神、传承红色基因，在中华民族伟大复兴的光辉历史进程中培育和铸造国有企业的“根”和“魂”，为实现国有企业的高质量发展，为实现第二个百年奋斗目标作出应有贡献。

（三）弘扬伟大精神是国有企业高质量发展的强大动力

习近平总书记指出，红色血脉是中国共产党政治本色的集中体现，是新时代中国共产党人的精神力量源泉。并强调，要教育引导全党大力发扬红色传统、传承红色基因，赓续共产党人精神血脉，始终保持革命者的大无畏奋斗精神，鼓起迈进新征程、奋进新时代的精气神。国有企业的发展，关系到公有制主体地位的巩固，关系到党的执政地位和执政能力，更关系到社会主义制度的长久稳定。要做强做优做大国有企业，就必须始终牢记“国企姓党”的政治本色，弘扬伟大精神和传承国企红色基因，凝聚干事创业的精气神，它是新时代国有企业做大做强的精神力量和思想保障。

二、充分发掘核工业发展历程中的宝贵精神财富

“两弹一星”精神是中国共产党精神谱系的重要组成部分。核工业在66年的发展历程中，创造了“两弹一艇”“国之光荣”“华龙一号”等辉煌成绩，留下了很多历史见证，是核工业宝贵的文化遗产和精神财富。党的十八大以来，习近平总书记曾多次谈到“两弹一星”精神及其时代价值。回顾我国核工业事业的发展历程可以看到，没有中国共产党就没有中国核工业；没有中国共产党的坚强领导就没有“两弹一艇”和核事业的伟大成就。

自1955年1月15日党中央和毛主席英明决策发展核工业以来，红色基因就深深根植在核工业事业发展和核工业人的血脉之中。在宋任穷、张爱萍、刘杰、钱三强、王淦昌、邓稼先等老一辈核工业领导和科学家的带领下，核工业人坚决贯彻执行党中央、毛主席关于发展我国原子能事业的一系列指示，把国家安危和原子能事业发展放在第一位，带领核工业全体党员和职工战胜了创建初期严重物资匮乏、科研生产条件简陋、生活环境恶劣等重重困难，度过苏联毁约停援和三年困难时期道道难关，成千上万的核工业人自力更生、艰苦奋斗，隐姓埋名、以身许国，不怕困难、甘于奉献，铸就了惊世伟业，建立起一套完整的原子能工业体系，成功研制出“两弹一艇”，确立了我国核大国地位。在核工业的创业发展历程中涌现出了一批功勋人物，同时也孕

育出了“热爱祖国、无私奉献，自力更生、艰苦奋斗，大力协同、勇于登攀”的“两弹一星”精神及“事业高于一切、责任重于一切、严细融入一切、进取成就一切”的“四个一切”核工业精神。

进入新时代，中核集团与时俱进，紧密结合新时代核工业的新使命、新任务，凝练形成了“强核报国、创新奉献”的新时代核工业精神和“建设先进的核科技工业体系和打造具有全球竞争力的世界一流集团，推动我国建成世界核工业强国”的“三位一体”的奋斗目标。伟大的事业孕育伟大的精神，伟大的精神成就伟大的事业。新时代的核工业精神继承和发展了“两弹一星”精神，而新的奋斗目标也正是新时代核工业人不懈努力的方向。

我们要树立坚定的理想信念，深入学习党的历史，深入学习核工业史，深切感悟老一辈革命家和“两弹一星”元勋坚守理想信念的精神，真正把这种坚定的理想信念和崇高信仰植入心田、融入血脉。要将伟大精神转化为推动核工业改革发展的强大动力，将弘扬伟大精神落实到具体工作中，使伟大精神落地生根，在全体核工业人中入脑、入心、入行。

三、将核工业红色基地打造成新时代传承红色基因新高地

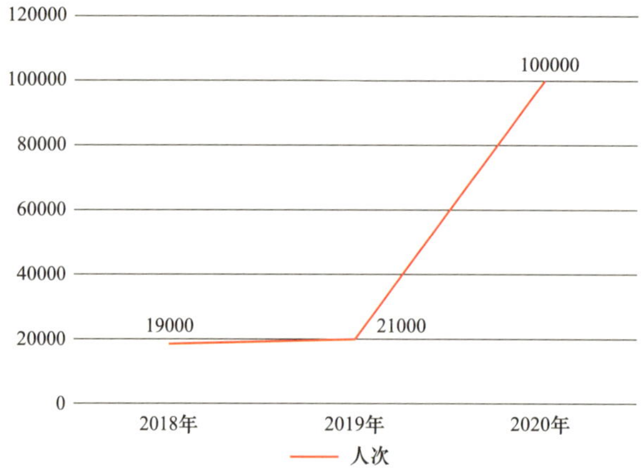

图 1　近三年核工业党校年培训人次

习近平总书记提出，要把红色资源利用好，把红色传统发扬好，把红色基因传承好。红色教育基地是党性教育的重要载体，是党员干部坚定理想信念、加强党性修养的生动教材。它彰显着党的性质和宗旨，蕴含着党的崇高理想和坚定信念、党的光荣传统和优良作风。

近年来，中核集团党组命名了一批党性教育基地，分布在全国近 20 座城市，覆盖了核工业全产业链，承载了核工业创建发展的印记，再现了核工业人“干惊天动地事，做隐姓埋名人”的光辉历程，对在新时代继续弘扬“两弹一星”精神和“四个一切”核工业精神，大力践行“强核报国、创新奉献”的新时代核工业精神，进一步加

强中核集团干部职工党性教育，具有重要的现实意义。

（一）开设“红色”课程，嵌入式增强培训针对性

面向新员工，依托具有代表性的单位，以“课堂教学+现场教学+舞台剧+……”为培训形式，集中学习核工业发展历程与核工业精神、中核集团产业布局与组织架构等，让新员工在踏入中核集团之时起，就深刻感受到核工业奋斗精神，立志做伟大精神、光荣传统和优良作风的传承者和践行者。面向中青年骨干，以“课堂教学+现场教学+影视教学+……”为培训形式，集中学习核工业发展历程与核工业精神、中核集团的发展战略、功勋人物的先进事迹等，让中青年骨干追溯、坚守核工业人的初心和使命，传承好“两弹一星”精神和“四个一切”核工业精神，践行好新时代核工业精神。面向各级领导干部，以“课堂教学+现场教学+访谈教学+……”为培训形式，深入学习和思考精神财富的传承与发展、企业文化的具体表现与践行路径等，进而以上率下做核工业精神的示范者和引领者，团结带领广大员工坚守、传承、传播“两弹一星”精神、“四个一切”核工业精神和新时代核工业精神。

（二）运用“红色”资源，穿透式扩大文化影响力

科学统筹红色教育基地。将中核集团的红色党性教育基地整体纳入中核集团教育培训工作的“大盘子”中统筹安排，充分将党性教育基地作为坚定理想信念、提高党性修养的生动教材，优先就近、充分运用好中核集团党性教育基地，讲好核工业的故事。加快优秀文化成果推广。将《核工业发展历程与新中核企业文化理念体系》《核工业发展历程与核工业精神》、话剧《核梦开始的地方》和电影《激情的岁月》以及重走核工业创业路等一批成果在全系统进一步大力推广或巡演。

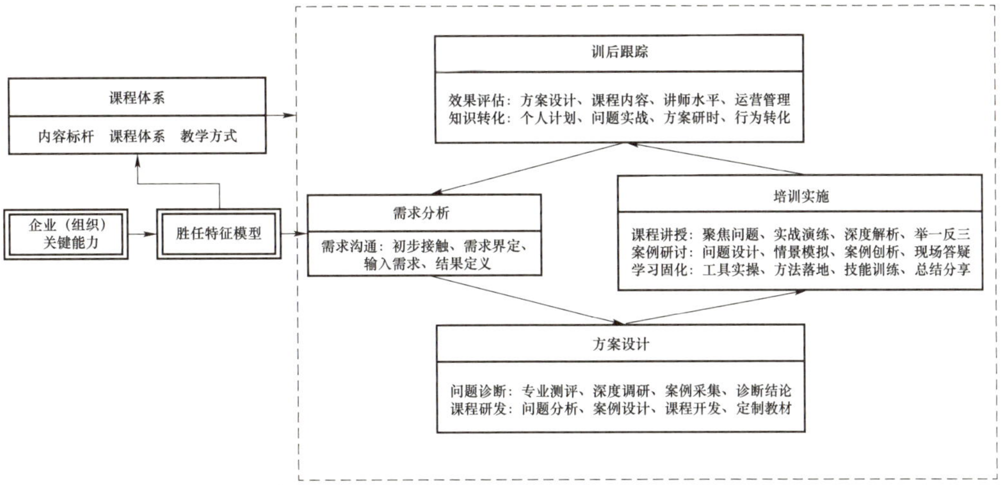

图2　培训模型

（三）创新“红色”路径，体系化推动资源转化率

创新党员和党性教育的有效方式。依托中核集团红色党性教育基地，进一步开发具有核工业特色的党性教育培训产品，并在此基础上打造一系列党员教育培训、党性教育培训的现场教学品牌，融入所开展的教育培训工作中。创新管理方式。在党性教育基地的建设与管理方面，与红色党性教育基地积极开展合作，加快统筹推进党性教育基地和党员教育培训的课程体系和师资库建设，探索建设网上展馆、开展流动展览等，合理配置培训资源，实现资源共建共享，进一步丰富网络学习平台内容，增强了红色基因学习与传播的力度与广度，为开展好中核集团党员干部教育培训工作提供坚强的保障。

四、传承核工业红色基因的启示和建议

（一）要重视核工业红色资源的深度挖掘

在做好相关顶层设计的同时，要抓好基层工作的延伸，既要在面上抓好核工业红色资源的整理，也要在点上做好核工业红色资源的开发，把核工业红色资源充分融入各单位发展实际，确保核工业红色资源作用看得见、用得着。

（二）将理论教育与红色资源紧密结合

坚持深入学习习近平新时代中国特色社会主义思想，持续巩固开展党史学习教育，充分发挥核工业红色资源优势，推动加强党员干部职工思想政治教育，强化高素质干部人才队伍建设。

（三）始终坚持事业导向

要把弘扬伟大精神、传承红色基因同推动企业改革发展和生产经营结合起来，以强大精神力量促进企业高质量发展，为实现第二个百年奋斗目标、实现中华民族伟大复兴中国梦作出更大贡献。

（四）要抓住领导干部这个关键

要充分发挥关键少数的示范带动作用，使他们既履行好职责，抓好分管领域和分管部门的相关工作，又以身作则，给党员职工作出先进典型示范。

（五）注重常态化教育熏陶

弘扬伟大精神、传承红色基因是一项铸魂工程，需要长期坚持，并且需要各级党

组织和各个方面的共同努力。要注重营造有利于弘扬传播伟大精神的环境和氛围，把传承核工业红色基因融入日常党组织活动、企业思想政治工作和企业文化建设之中，努力达到润物无声的效果。

（作者：王永梅、孙春胜）

参考文献

［1］习近平．用好红色资源，传承好红色基因　把红色江山世世代代传下去［J］．求是，2021（10）．

［2］习近平．党的伟大精神永远是党和国家的宝贵精神财富［J］．求是，2021（17）．

［3］习近平．在庆祝中国共产党成立100周年大会上的讲话［N］．人民日报，2021-07-02．

［4］习近平．在2021年春季学期中央党校（国家行政学院）中青年干部培训班开班式上的重要讲话，2021-03-04．

［5］余剑锋．续写我国核工业新的辉煌篇章［N］．人民日报，2021-09-22．

第三部分

抓好意识形态 强化舆论导向

中央企业推进媒体融合发展的实践研究

——以中核集团宣传文化中心为例

摘　要： 推动传统媒体和新兴媒体融合发展，构建结构合理、多元发展、协同高效的全媒体传播体系，是中央企业宣传工作单位顺应传媒发展形势、落实意识形态工作责任制、助力企业实现高质量发展的重要举措。本文通过对中核集团宣传文化中心开展媒体深度融合发展的实践研究，探索出构建“四梁八柱”的全媒体传播体系，占据全媒体时代舆论引领的制高点，实现传播效果最大化和最优化。

关键词： 意识形态主阵地；媒体融合；中核集团

推动传统媒体和新兴媒体融合发展，是党中央着眼于巩固宣传思想文化阵地、壮大主流思想舆论作出的重大战略部署。2013 年 8 月 19 日，习近平总书记在全国思想工作会议上强调，要加快传统媒体和新兴媒体融合发展，充分运用新技术新应用创新媒体传播方式，占领信息传播制高点。这是习近平总书记首次正式提出媒体融合发展，此后，媒体融合作为推进全面深化改革的重要内容，上升为国家战略。2014 年 8 月 18 日，习近平总书记主持召开中央全面深化改革领导小组第四次会议，审议通过《关于推动传统媒体和新兴媒体融合发展的指导意见》。随后，从中央到地方、到各行业，传统媒体和新兴媒体融合全面铺开。进入 2015 年，媒体融合发展内涵进一步深化，这年 12 月 25 日，习近平总书记调研解放军报社时就媒体融合发展提出，将“一体发展”提升为“一体化发展理念”，到 2016 年 2 月 19 日召开党的新闻舆论工作座谈会时凝练形成“融为一体、合而为一”的理念，强调媒体融合发展要更加注重质量。2019 年 1 月 25 日，习近平总书记关于媒体融合发展的理论上升到新阶段，中共中央政治局在人民日报社举行第十二次集体学习时，强调推动媒体融合向纵深发展。党的十九届四中全会，就媒体融合发展提出“建立以内容建设为根本、先进技术为支撑、创新管理为保障的全媒体传播体系”。2020 年 6 月，中央全面深化改革委员会第十四次会议审议通过《关于加快推进媒体深度融合发展的指导意见》。此后，党的十九届五中全会对媒体融合作出重要部署，要求推进媒体深度融合，实施全媒体传播工程。在党和国家紧锣密鼓地推动下，我国媒体融合发展进入全面深化实施阶段。中核集团宣传文化中心作为中核集团专门从事宣传文化工作的直属机构，是推进媒体融合的具体执行单位，在新时代做好媒体融合发展，对弘扬核工业精神谱系，讲好核工业故事至关重要。

一、媒体融合的内涵及其开展实践研究的必要性

（一）媒体融合的内涵

媒体融合不是指传统媒体与新兴媒体以及互联网之间的简单相加，而是以习近平新时代中国特色社会主义思想为指导，以习近平总书记关于媒体融合、新闻舆论宣传等一系列重要论述为根本遵循和科学指南，在互联网思维下构建全新的舆论传播生态格局，实现内容、渠道、平台、经营、管理一体化发展。简而言之，推进媒体深度融合，就是要实施全媒体传播工程、建设新型主流媒体、构建全媒体传播体系，不断提升和增强媒体的传播力、引导力、影响力、公信力，切实承担起举旗帜、聚民心、育新人、兴文化、展形象的使命任务，进一步加强新闻宣传和舆论引导，为中核集团改革创新发展提供强大精神力量和舆论支撑。

（二）开展媒体融合研究的必要性

推动媒体融合发展，建设全媒体是一项紧迫的课题，中核集团作为中央直接管理的国有重要骨干企业，在所属行业领域推进媒体深度融合、解答这道时代命题是应有之义，是推进中核集团乃至我国核行业媒体融合发展的必然趋势。

1. 贯彻落实党中央国务院决策部署的需要

以习近平同志为核心的党中央高度重视新时期宣传舆论工作，针对媒体深度融合发展作出一系列重大部署，为新时期思想宣传工作指明了新方向。国务院国资委要求各中央企业不断健全传播体系，开展融媒体建设。作为专门从事中核集团宣传文化工作的直属单位，宣传文化中心坚决贯彻执行党中央、国务院决策部署，按照中核集团的要求，主动承接构建全媒体传播体系的任务，建设融媒体中心，打造融媒体集群矩阵，进一步扩大传播效能，为中核集团“三位一体”奋斗目标提供舆论支持。

2. 承担中核集团新时代宣传任务的需要

随着我国日益走近世界舞台的中央，核力量的战略地位和作用将更加突出，要推动我国由核大国成功迈进核强国，特别是面对当前复杂多变的国际政治经济形势，以及百年未有之大变局，中核集团要实现新时代“三位一体”战略目标，离不开宣传舆

论工作的支撑。宣传文化中心要加快媒体融合发展、构建全媒体传播体系，打造具有中核集团特色的舆论话语体系，讲述好中核故事、传播中核声音，对外塑造核工业良好形象，营造社会各界知核懂核、支核挺核良好氛围；对内统一思想，凝聚人心，激发广大核工业人点燃心中那团火，爱核敬核，以核为荣，奋力推动我国早日建设成为核强国。

3. 顺应新媒体变革发展的需要

随着5G时代的到来，新技术广泛应用于传播领域，对内容采集、生产、分发、接收、反馈等全环节进行重塑，不断冲击着传统媒体生态格局。中核集团宣传舆论工作要遵循和把握现代传播规律，加强对新形势下新技术应用于传媒领域的研究，既要建立全媒体立体多样的现代传播体系，又要关注受众群体，注重媒体与受众的融合，满足受众的需求，创新传播形式、内容、话语方式，实现精准供给，才能具有更好的传播力和影响力。

4. 突破自身发展瓶颈，提升核心竞争力的需要

宣传文化中心前身为1985年成立的《核工业信息报》，后改名为《中国核工业报》社，2005年与中核集团公关处整合成立新闻宣传中心，2020年根据传媒形势发展需求，调整成立宣传文化中心，运营管理我国核行业唯一的机关报、机关刊以及中核集团网站、微信、微博等宣传阵地。为适应媒体变革趋势、履行好新时代中核集团宣传舆论工作的职责使命，宣传文化中心必须持续加大改革创新力度，不断优化运作机制，不断深化改革，才能更好地从事关于我国核工业以及中核集团的宣传报道与形象传播。

二、关于媒体融合发展的研究与实践

宣传文化中心围绕新时代中核集团发展战略目标，全面把握媒体融合发展的趋势和规律，通过对标多家中央企业传媒机构，走访调研中核集团一线单位，结合工作实际，积极探索，持续推进传统媒体和新媒体的融合，基本构建形成一套既适应现代传播环境、遵循新兴媒体传播规律，又符合中核集团实际的传播体系，即以坚持党的领导、加强党的建设为基石，以贯彻落实中核集团党组决策部署、助力中核集团高质量发展、助推我国建设成为核强国提供强大舆论支撑为宗旨，以内容融合、渠道融合、载体融合、人才融合等为手段，以优质内容生产、实时舆情管控、打造精品工程、深化渠道运维、策划重大活动、开展业务指导、加强技术保障、对标提升管理等为业务支撑的中核集团“四梁八柱”全媒体传播体系（图 1)，并取得了良好的实践效果。

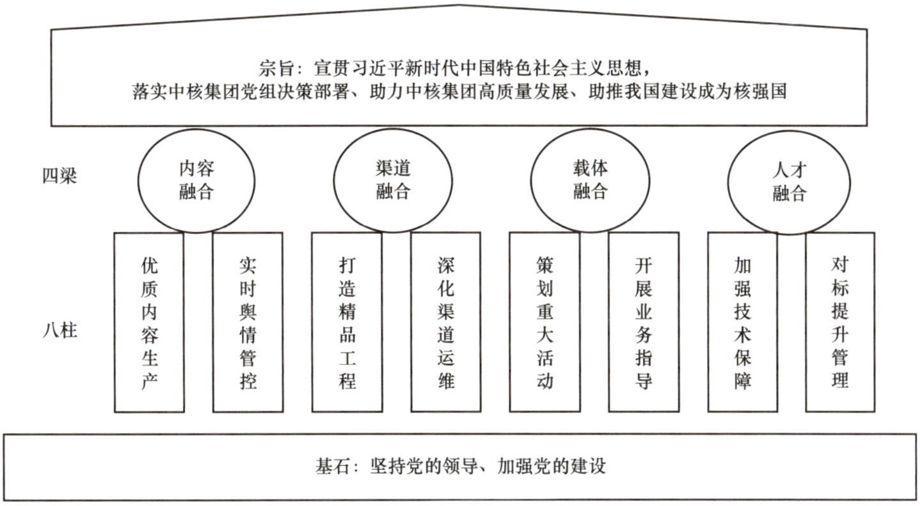

图 1　中核集团“四梁八柱”全媒体传播体系示意图

（一）旗帜鲜明讲政治，守正创新筑牢一体化发展“基石”

构建全媒体传播体系，就是要坚持守正创新。守正，就是守党管媒体、党管意识形态、党管宣传原则之正、政治家办报思想之正、马克思主义新闻观实践之正。创新，就要强化互联网思维、适应互联网发展趋势，让党的声音在新的信息时代下更加入耳、入心。在新闻实践中，现代化媒体传播体系的运转和发展离不开守正创新的内在思维，要旗帜鲜明坚持正确的政治方向、舆论导向、价值取向。

作为中核集团党组的喉舌、新闻宣传的阵地，宣传文化中心深入学习贯彻落实习近平新时代中国特色社会主义思想和习近平总书记关于宣传舆论的重要论述，不断增强“四个意识”，坚定“四个自信”，做到“两个维护”，坚持党性原则不动摇，按照团结稳定鼓劲、正面宣传为主的方针办报、办刊、办网、办新媒体，将正确舆论导向、落实意识形态工作责任制贯穿到宣传文化工作的全过程。深入开展党建融入中心，持续加强理论武装，把政治理论学习扩大到每一位员工，组织编辑记者参加马克思主义新闻观培训，促进全体员工自觉把旗帜鲜明讲政治贯穿落实到选题策划、议题设置、稿件编排、信息传播的全流程以及全媒体平台的运营管理上，不断巩固壮大主流思想舆论，让主旋律更加响亮。

（二）聚焦全要素各环节，共融互通筑牢一体化发展“四梁”

宣传文化中心坚持一体化发展方向，通过理念、内容、形式、方法、手段等创新，推进媒介资源、生产要素有效整合，实现信息内容、传播平台、管理手段共融互通，进一步放大传播效能。

1. 实施内容融合，唱响核工业最强音。媒体融合的关键在于内容建设，推进内容创新是新闻媒体创新的重中之重，更是媒体核心竞争力所在。宣传文化中心以内容建设为根本，向深化内容生产供给侧结构性改革转变，在选题策划、报道切入点以及呈现方式上进行了一系列探索，以便更好地讲述新时代中核故事、传播中核声音，塑造中核集团良好形象，为其高质量发展提供强大的精神动力、思想保障和舆论支持。

（1）坚持国家主题与社会关切融合。坚持马克思主义新闻观，坚持正确舆论导向，把核工业宣传融入国家主旋律，主动向社会各界讲述中核好故事、传播核知识、开展核科普。例如疫情期间，选派资深记者深入一线采访辐照灭菌助力科技抗疫，推出数篇报道，主动采访国防科工局等上级部门领导以及院士专家，借助权威发声，助力辐照灭菌规范出台。联合外部媒体持续关注，与央视新闻客户端等中央主流媒体携手开展防护服辐照灭菌视频直播；借助中核英文网、脸书等海外平台连续发布中核集团助力海外抗疫相关报道，充分展现了中核集团科技抗疫、勇于担当的良好形象，同时积极回应了社会关切的相关内容。

（2）坚持新闻与故事融合。突出自身特色，强化可读性，打造精品内容，能够显著增强对读者的吸引力，提升媒体的传播力和影响力。核工业是高科技战略产业，专业性极强，在确保准确性的前提下传播的内容必须通俗可读，才能有效提升和扩大宣传效果。针对高放废物地质处置等“高冷”领域，报道兼顾新闻性与故事性，以讲故事的形式巧妙切入，推动北山项目团队三十余年扎根戈壁无人区开展科研工作的感人事迹引发国内外公众广泛关注。

（3）坚持知识与趣味融合。进入新时代，社会公众阅读时间碎片化、阅读内容浅化泛化等现象更加突出，要求创新报道表现形式，让报道生动、感人、耐看。在核科普宣传方面，紧扣老百姓日常生活，在轻松诙谐中融入核科技知识，立足趣味性讲述核工业高科技，成功推出“核靠普”等知名科普栏目，《杀鸡用牛刀，核工业激光剑把我的锅“洗”没了》《安检后的包子还能吃吗？》《辐照一次胜过佳酿 50 年？辐照酒有那么牛吗？》等系列核科普短视频，获得近千万点击量，产生广泛社会影响，辐照酒成为新晋“网红”。

2. 实施渠道融合，构建“一体两翼”传播矩阵。强化对渠道的拓展与运营，加强内外媒体联动，形成资源集约、结构合理、差异发展、协同高效的“一体两翼”传播阵地（图 2）。一方面，加强与中央媒体、行业媒体、网络新媒体、社会专业机构等协调联动，形成多渠道、重量级传播矩阵；另一方面，以报刊网微等自有阵地为中心，开通中核集团知乎号、企鹅号、网易号、B 站号等，入驻新媒体平台达 20 余个，建立起涵盖近 140 家成员单位公众号的自有媒体矩阵；同时，通过业务流程优化，实现各种媒介资源、生产要素有效整合，形成中核集团“策采编审发评”新闻宣传体系，统一调度传统媒体和新媒体资源，推动中核集团宣传格局从媒体相加阶段迈向相融阶段。

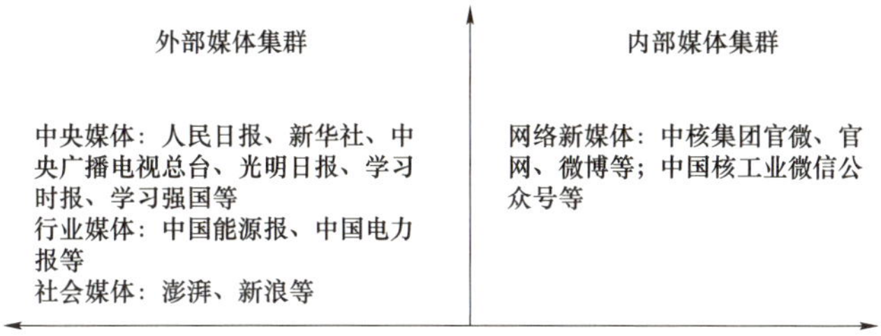

图 2　中核集团“一体两翼”传播矩阵示意图

3. 实施载体融合，推进传播向万物皆媒拓展。习近平总书记强调，读者在哪里，受众在哪里，宣传报道的触角就要伸向哪里，宣传思想工作的着力点和落脚点就要放在哪里。跨界探索核工业文化与品牌传播载体的多种可能性，不断推动传播向万物皆媒方向发展。积极参与由国家部委、中央媒体组织的中国品牌系列活动，以及国际原子能机构、世界核电运营者协会、国际热核聚变组织、核能论坛等具有全球影响力的组织开展的展览展示活动等，传递中核价值、输出中核主张、展现中核实力、彰显中核品牌，不断提升中核集团的社会影响力和品牌知名度。紧跟火爆文创，围绕核工业主题元素，优化中核集团科普主视觉系统以及系列应用，以“核宝”为基础图形，推出 T 恤、帽子、太阳伞、手提袋等科普产品，极大地丰富中核集团品牌内涵，提升核科普亲和力。持续扩大文化创意的外延，从物质文化拓展到非物质文化，主动对接相关单位，将文创与科普、核工业历史文化等相融合，使其成为品牌展示的重要载体。与文化领域碰撞，成功推出核科幻小说征集大赛，首届大赛聚焦“人造太阳”，掀起了关于人类未来能源的讨论热潮，极大地调动了公众对核工业的兴趣。大赛获奖得主已经成为核工业代言人。

4. 实施人才融合，实现全集团创新要素汇聚。进一步加大改革调整力度，打破单位与单位、部门与部门间的壁垒，推动中核集团宣传文化人才、资源和创新要素的汇集，发挥党员先锋模范作用，成立党员创新工作室（图 3），覆盖音视画等领域，使得传播内容和形式得到进一步丰富。

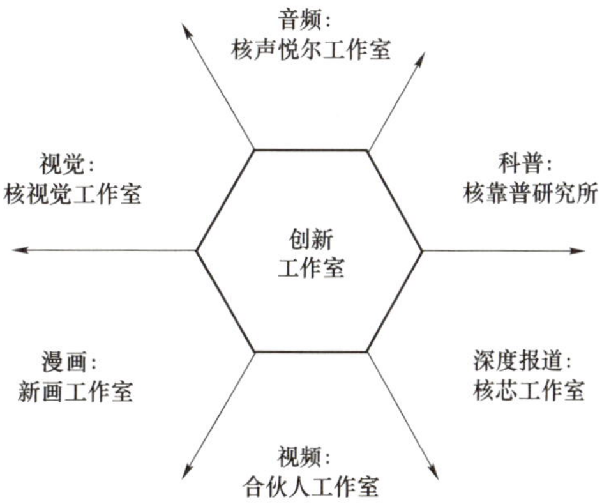

图 3　创新工作室分布示意图

（三）强化精湛业务精益管理，夯实一体化发展“八柱”

宣传文化中心立足职责定位，聚焦业务与管理，以做优做强、打造一流宣传文化机构为目标，全面夯实全媒体传播体系“八柱”。

1. 优质内容生产。宣传文化中心将优质内容生产作为全媒体传播体系的重要支柱，作为媒体融合的首要任务，不断加大创新力度，旨在打造精品、爆品，将“内容为王”的优势转化为传播优势，让主旋律报道更接地气，让中核集团以及我国核工业的故事更富感染力。2020 年，30 余项作品获上级部委部门、行业协会、中核集团等表彰。

2. 实时舆情管控。建立“7×24”全天候实时舆情监测体系和工作机制，打造一支专业的舆情监测管控队伍，第一时间反馈处理负面舆情，将负面影响控制在摇篮里。开展中核集团舆情监测和分析研判工作，联合各专业化公司、直属单位以及成员单位，加强对核工业舆情监测和分析能力的建设，加强舆情风险管控，制定涉核舆情事件专项应急预案，建立完善舆情事件的预防与应急准备、监测与预警、应急处置等工作机制。在国际关系局势变化剧烈、全球疫情蔓延的情况下，2020 年度中核集团舆情形势总体保持平稳。

3. 打造精品工程。以创建精品工程为抓手，推进宣传文化各项工作。通过不断优化提升常规动作，形成“走进新中核”媒体活动、“核你在一起”科普开放周、“核你见证”等系列媒体见面会、“核声嘹亮”系列品牌专刊专栏、“核你共享”中国核工业新闻奖评选活动、“为核代言”新闻业务培训、“N 宇宙”核科幻小说大赛、“奔跑吧，核”大型直播、“核靠普”系列科普短视频、“核宝”系列文创等十大品牌特色动作（图 4）。

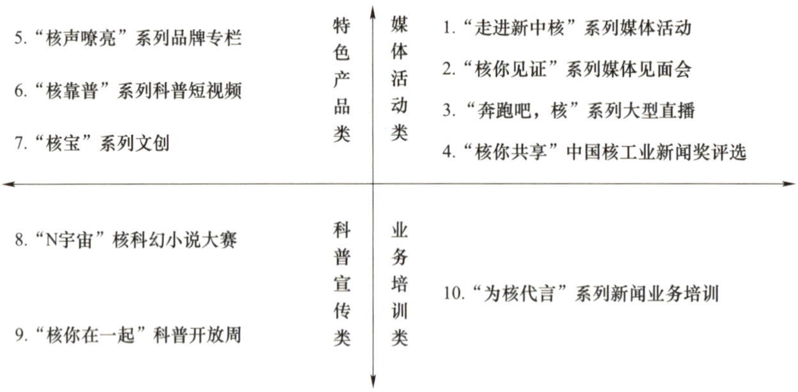

图 4　十大特色传播品牌分布示意图

4. 深化渠道运维。对于媒体融合而言，创新重在资源整合协同。全媒体传播体系中各部分、各层次、各要素要实现有机统一、相互促进、协调配合，才能发挥整体效应。以中心为运营机构，依托涵盖中央媒体、行业媒体、地方媒体以及中核集团自有媒体的“一体两翼”传播矩阵，实行一体化运作，同步发声，已经形成核工业强大声势。与此同时，严格落实意识形态工作责任制，加强对意识形态阵地的管理，做到守土有责、守土负责、守土尽责。截至 2021 年底，中核集团全网关注粉丝数超 180 万，中核集团官微粉丝突破 20 万，为 2019 年 3 倍。

5. 策划重大活动。围绕党中央关于宣传舆论的决策部署以及中核集团改革创新发展的需要开展重大主题策划，把宣贯好习近平新时代中国特色社会主义思想以及习近平总书记对核工业和中核集团的重要指示批示精神作为首要任务。同时聚焦中核集团重大工程、重大成果以及先进典型，以展示党领导下的核工业发展辉煌成就，讲述好中核故事，传播好中核声音，为中核集团高质量发展营造良好的舆论氛围。2020 年聚焦全国“两会”，主流媒体对中核集团相关报道超 2200 篇（条）；聚焦中国核工业创建 65 周年，《人民日报》、新华社、人民网、《光明日报》等 20 余家中央媒体、行业媒体参与报道，传播量达 2880 篇（条）。

6. 开展业务指导。构建全媒体传播体系，队伍建设是关键之举。在全媒体时代，新闻宣传人员应实现技能从一元到多元的转变，才能更好地适应现代传播的需求。宣传文化中心持续加大对全集团新闻发言人、通信员开展业务培训的组织力度，不断提升中核集团全媒体传播人才队伍的能力和水平。不断优化更新新闻发言人培训课程设置，进一步提升领导干部媒介素养。构建多渠道培训体系，将培训融入日常，将课堂开在生产一线、开在媒体机构，组织媒体大咖为各成员单位通信员开展培训，进一步提升通讯员的业务水平。2020 年，培训辐射各成员单位达到 2000 余人次。

7. 加强技术保障。发挥先进技术在信息资源收集、数据挖掘处理等方面的作用，推进中核集团融媒体中心建设，打造全媒体内容生产传播平台和可检测、可预警的舆情管控引导平台，融合线上线下的传播渠道管理平台以及综合性、一体化的运营管理平台，为全媒体传播体系建设提供技术支撑，不断推动对中核集团新闻宣传资料的统一归集、管理和使用以及支持移动采编的全媒体资源库建设。

8. 对标提升管理。坚持深化改革，开展对标管理，精准实施“1+N”能力提升工程，不断提升中心干部员工的综合素质。切实做好国企改革三年行动方案和对标一流管理提升工作，逐步完善制度体系建设，从创新管理的角度保障中核集团全媒体传播体系的建设与运维。中核集团宣传文化战线的执行力、战斗力与创造力进一步增强。

三、结论与展望

通过实施媒体融合，中核集团已初步建立了全媒体传播组织管理体系和工作运行机制，建成了一支高水平的宣传人才队伍，为中核集团开展宣传文化工作奠定了坚实的基础。在组织架构上，从各自为战向统一战线转变；在传播形式上，从传统媒体为主向传统媒体与新媒体融合发展转变；在宣传内容上，由数量扩张为主向质量提高为主转变；在品牌建设上，由对内宣传为主向内外兼顾转变；在管理方式上，由行政手段向信息化手段转变。经过媒体融合、构建全媒体传播体系后，中核集团宣传管控和舆论引导能力得到明显提高，新闻宣传的能力和水平得到明显增强，中核集团社会影响力、品牌知名度也得到明显提升。

当然，媒体深度融合发展没有完成时、只有进行时，将随着传媒形势的发展变化不断往前推进。中核集团宣传文化中心将继续以习近平新时代中国特色社会主义思想为指导，贯彻落实习近平总书记关于媒体融合的重要论述精神，按照中核集团党组的决策部署，“十四五”期间将以建设一流宣传文化机构为目标，按照“四梁八柱”的构想深入推进媒体融合发展，通过实施能力提升工程为抓手做实做强七大平台，做精做优十大中核传播品牌，不断夯实优化完善中核集团全媒体传播体系，履行好自身职责使命，为中核集团实现新时代“三位一体”奋斗目标提供强大精神动力和良好舆论支持。

（作者：吴　微）

参考文献

［1］徐敬宏、侯彤童. 从现代传媒体系到全媒体传播体系——“十三五”时期的媒体深度融合之路［J］. 编辑之友，2021（1）：28－34.

［2］宫承波、孙宇. 习近平总书记关于媒体融合重要论述的演进脉络及目标指向［J］. 中国出版，2021（3）：5－10.

［3］张欣宇、周荣庭. 全媒体观念的产生、概念与特征［J］. 出版发行研究，2021（4）：38－42.

［4］高慧军、黄华津、吴竞妍. 全媒体在国家治理中的价值及其实现机制［J］. 中国行政管理，2020（12）：97－103.

［5］姜希伦. 持续深化“三个转变”，着力构建全媒体传播体系——中央广播电视总台媒体深度融合发展评析［J］. 传媒评论，2021（2）：17－19.

［6］周强. 从相加到“相融”，从守正到创新——通过随州日报融媒体建设看地市媒体融合新闻前哨［J］. 2021（3）：24－25.

［7］张凌微. 高质量发展：媒体深度融合的理念升级和实践要求［J］. 电视研究，2020（10）：30－32.

［8］宋建武. 构建全媒体传播体系的实践路径［J］. 传媒评论，2021（2）：13－16.

［9］杨魁. 构建中国特色全媒体国际传播体系［J］. 中国社会科学报，2020.

［10］宋建武. 建立全媒体传播体系推动媒体深度融合［J］. 中国党政干部论坛，2021（1）：77－78.

［11］黄楚新、刘美忆. 推动媒体融合纵深发展构建全媒体传播体系——解读深改委第十四次会议关于媒体融合决议［J］. 中国记者，2020：46－49.

［12］任仲文. 媒体融合发展学习读本［N］. 人民日报，2019.

新时代国有企业意识形态问题研究及应对路径探索

摘　要：中国特色社会主义进入新时代，新的历史方位、新的历史阶段、新的历史责任，赋予时代新的内涵。坚持党的领导，加强党的建设，落实好党管宣传、党管意识形态工作，筑牢党的执政根基，是国有企业肩负的首要政治责任，更是时代赋予的光荣使命。本文深刻把握国有企业意识形态工作的时代要义，准确分析研判国有企业意识形态工作面临的挑战，提出强化国有企业意识形态工作的对策及实践路径。

关键词：新时代；意识形态；问题；对策

习近平总书记在全国宣传思想工作会议上指出，建设具有强大凝聚力和引领力的社会主义意识形态，是全党特别是宣传思想战线必须担负起的一个战略任务。国有企业是中国特色社会主义的物质基础和政治基础，是推动中国经济高质量发展的重要基石和最可信赖的依靠力量。坚持党的领导，加强党的建设，落实好党管宣传、党管意识形态工作，筑牢党的执政根基，是国有企业肩负的首要政治任务，更是时代赋予的光荣使命。

一、深刻把握国有企业意识形态工作新时代要义，增强政治自觉、行动自觉

党的十九大报告庄严宣告，中国特色社会主义进入新时代。新的历史方位、新的历史阶段、新的历史责任，赋予时代新的内涵。国有企业处在意识形态斗争的最前线、走在引领社会意识形态的最前方、站在把握意识形态变化的最前沿，打好意识形态这场没有硝烟的战争，关乎民族生死存亡、关乎国家命运前途、关乎党的执政根基、关乎国有企业的社会地位。

（一）加强国有企业意识形态工作是落实全面从严治党的必然要求

党的十八大以来，中国共产党以强烈的政治担当、革新的政治勇气、高远的政治

谋略坚定不移推进全面从严治党向纵深发展，党的建设弱化、淡化、虚化、边缘化问题得到了破解，意识形态领域斗争取得了显著成就，马克思主义中国化实践成果不断深化发展，形成了习近平新时代中国特色社会主义思想，并成为中国共产党治国理政的行动纲领，指导国有企业意识形态工作不断向增强“四个意识”，坚定“四个自信”，践行“两个维护”聚焦，将党的政治优势不断转化为推动国有企业创新发展的组织优势、竞争优势和制胜优势。

（二）加强国有企业意识形态工作是巩固共同思想根基的迫切需要

意识形态工作，是有目的的思想政治工作，主要通过引导思想观念、凝聚政治认同、推动文化传承，以构建具有思想吸引力和政治凝聚力的系统的社会主义意识形态。国有企业改革发展沉淀了丰厚的文化底蕴、形成了丰富的精神内涵、规范了健全的行为价值。需要通过不断弘扬、引导和践行这些理念、精神和价值，巩固共同思想根基，筑牢全员行动自觉，为推动国有企业做强做优做大汇聚改革创新强大合力，凝聚攻坚克难强大动力。

（三）加强国有企业意识形态工作是引领企业改革发展的重要抓手

“人心是最大的政治、共识是奋进的动力”。国有企业改革进入深水区，意识形态工作重要性更加凸显，一手抓改革一手抓思想成为共识。抓好意识形态工作，重点在引领广大干部职工统一思想认知、接受思想洗礼、达成思想共识，关键在引导广大干部职工充分认识改革、全面适应改革、积极践行改革，只有这样，企业的改革发展才有思想保证，才能形成团结一心谋发展、聚精会神促改革的强大精神力量，通过撒播全员智慧的种子，最终结出全员智慧的硕果，实现共享全员智慧的红利。

二、准确研判国有企业意识形态工作面临的挑战，提高敏锐性洞察力

习近平总书记强调，要准确把握新发展阶段，深入贯彻新发展理念，加快构建新发展格局，推动“十四五”时期高质量发展，确保全面建设社会主义现代化国家开好局、起好步。这是党中央面对新形势作出的重要决策和战略安排，是向全党和全国各族人民发出的时代号令和政治动员。在新冠肺炎疫情全球持续蔓延扩散、单边主义逆行、霸权主义抬头、自由主义冲击，全球化、信息化、智能化、大数据的时代背景下，国有企业的意识形态工作面临着前所未有的压力与挑战。

（一）多元化价值思潮冲击

随着改革开放和中国经济的高速发展，人们对美好生活的追求不断得到满足和提升，幸福感、获得感和安全感越来越强，但与此同时，精致利己主义、功利主义、实用主义、相互攀比之风悄然盛行，享乐主义、奢靡之风变相变种，趋向迂回隐蔽；过分追求不切实际的高品质生活水平、高品位兴趣爱好，超前消费理念导致入不敷出，严重透支信用，触发道德底线和法律红线；“官本位”思想依然浓厚，工作圈、生活圈、交际圈相互交织缠绕，习惯走捷径、搭便车；片面追求自我价值、讲求实惠，崇尚满足自我需要和以自我为中心的价值观，忽视组织与平台的作用，忽略个人的责任与贡献。

（二）网络化娱乐文化侵蚀

随着互联网的快速兴起与发展，微博、微信、抖音等新媒体网络成为超越国家界限和意识形态阵地的重要领域，“80 后”“90 后”，甚至“00 后”已然成为活跃网络的主力军。网络空间的隐蔽性、匿名性，话语的相对自由度等特征，导致多种形式、多种声音、多种思想的交织、交错和交混，浮躁、低俗、谩骂和“吃瓜”围观大量泛滥，以消费主义、享乐主义为核心，以浅薄空洞、明星流量、超级网红、娱乐至死为主要内容和方式的“泛娱乐化”现象盛行，西方“奶头”文化侵略形成的精神鸦片，对中国主流思想和中华民族优秀传统文化带来明显冲击。

（三）佛系化精神追求撤退

不同于经历革命战争年代水深火热的洗礼，处于和平时期的年轻一代体会不到艰苦奋斗的来之不易。养尊处优的成长环境、一帆风顺的温床陷阱、无忧无虑的舒适状态，形成了畏惧艰难、逃避现实、回避竞争、意志脆弱的病态“伪佛系”心理，看似豁达无争，实则是缺乏进取自信的勇气、缺少艰苦奋斗的底气、缺欠攻坚克难的志气，既是本领恐慌的表现，也是精神缺钙的实质，这些都是未来国有企业加强意识形态工作的重要课题和重点难题。

三、找准强化国有企业意识形态工作的实践路径，把握方向聚焦航道

“理论是行动的先导，思想是前进的旗帜”。举什么样的旗，走什么样的路，这是政治立场、政治方向、政治原则、政治道路问题。习近平总书记强调，中国共产党为什么能，中国特色社会主义为什么好，归根到底是因为马克思主义行！国有企业要始终坚持马克思主义在意识形态领域指导地位的根本制度，用真理的伟力，指引前进方

向，引领大踏步走向新时代。

（一）坚持党的领导，把牢跟紧主心骨

强化意识形态工作，坚持党的领导是关键，用中国共产党百年奋斗形成的先进理论武装头脑、指导实践、推动工作。强化组织领导，建立党委统一领导，组织部门、宣传部门、纪检监察部门、工会、团委统筹协同工作机制；健全制度体系，不断深化完善意识形态定期研判、专题研究、工作通报、舆情管控、应急处置等组织管理制度，将意识形态工作责任制纳入党建考核和“一岗双责”履职范围，实行“一票否决”；加强理论武装，坚持“第一议题”制度，用好学习强国平台，压实“三会一课”职责，把学习宣传贯彻习近平新时代中国特色社会主义思想作为思想政治工作的首要任务，作为党员领导干部的“第一课”“必修课”“终身课”，贯穿于党内集中教育和经常教育的始终，贯穿于职工群众宣讲的始终。通过形式多样、内涵丰富、导向鲜明的主题活动，引导推动广大干部职工树牢“四个意识”、坚定“四个自信”，真正做到政治认同、思想认同和情感认同，坚决做到“两个维护”。

（二）坚持赓续基因，弘扬红色主基调

强化意识形态工作，加强对习近平总书记在庆祝中国共产党成立 100 周年大会上讲话精神的宣传贯彻落实，用“坚持真理、坚守理想，践行初心、担当使命，不怕牺牲、英勇斗争，对党忠诚、不负人民”的伟大建党精神激励广大党员干部职工接续奋斗、接力奔跑。弘扬伟大建党精神，将伟大建党精神纳入各级党组织理论学习、专题组织生活会重点学习内容，纳入党员政治学习必修课，提升各级党员领导干部的政治判断力、政治领悟力和政治执行力；举办专题研修班，深入学习党史、新中国史、改革开放史、社会主义发展史，学习国有企业发展史，学习中华民族优秀传统文化，以沉浸式、反思式、启发式、互动式开展深入研讨，促进中国历史和中华文化入脑、入心、入灵魂；用好红色资源，组织广大党员干部职工以实地参观、现场体验，重走革命之路，重拾革命记忆，缅怀革命先烈，感悟革命精神，激发革命斗志。在学思践悟中弘扬光荣传统、赓续红色血脉，把伟大建党精神继承下去、发扬光大，把爱国主义基因代代相传、薪火永续。

（三）坚持守正创新，筑牢舆论主阵地

强化意识形态工作，必须牢固树立马克思主义的指导地位，这是方向性、根本性和原则性问题，马克思主义是被实践证明的科学真理，是引领中国特色社会主义进入新时代的思想武器和理论法宝。牢牢掌握意识形态的领导权、主导权和话语权，组织国企之声论坛、搭建国企对话平台、实施国企青马工程、举办国企成就展览，利用好

门户网站、电视、报纸、楼宇、电梯等传统媒体手段，拓展好微博、微信、抖音、快手、B 站等新兴媒体媒介，构建国际国内、网上网下深度联动、紧密互动、一体行动的宣传舆论阵地；加强舆情风险防范，建立全员舆情监测工作格局和舆情管控网络体系，增强对互联网新闻宣传的时效性、针对性，发挥媒体媒介的舆论主流阵地作用，传递主流声音，引领主流意识，真正使互联网这个“最大变量”释放“最大正能量”；发挥职工群众集体智慧，凝聚群团组织合力，协同差异化举办“精、趣、鲜”主题活动，调动职工群众热情、点燃职工群众激情，实现“互动式”教育，使意识形态工作方法不断更新、活力不断增强。

（四）坚持正面引领，唱响时代主旋律

强化意识形态工作，必须坚持党性原则，把牢正确政治方向。习近平总书记强调，团结稳定鼓劲、正面宣传为主，是党的新闻舆论工作必须遵循的基本方针。凝练文化体系，在培育和践行社会主义核心价值观的企业文化建设中，加强规律性总结、加强总结性提炼，形成具有本企业、本行业特色的企业文化体系，使之成为企业“软实力”；深挖先进典型，不断挖掘在企业生产经营中涌现出来的典型人物和先进事迹，着重发掘老一辈核工业人身上的时代印迹、展现他们身上的时代风尚，使之成为被广泛熟知、广泛学习、广泛践行的先进楷模；讲好国企故事，以联合大宣讲、联动大宣传等方式，合力策划打造国企工匠、国企劳模、国企先锋、国企功勋等系列主题宣传，讲好国企故事、树好国企风范、扬好国企精神，让时代的主旗帜高高飘扬，时代的主旋律经久不衰，时代的主声音持久唱响。

（五）坚持以人为本，倡导主人翁精神

强化意识形态工作，必须树牢以人民为中心理念，坚持人民至上、人民情怀。习近平总书记强调，江山就是人民，人民就是江山，打江山、守江山，守的是人民的心。人民的拥护始终是党执政兴国的根基，人民性始终是中国特色社会主义的灵魂和生命所在，必须抓牢抓稳、一以贯之。激发主人翁意识，倡导主人翁精神，鼓励职工创新创效，尊重职工成绩成就，维护职工权利权益，使职工真正成为企业创新的主体；营造主人翁环境，打造主人翁机制，在企业改革改制、创新发展、变革图强中始终把职工的急事、难事、愁事放在心头、扛在肩上、落在实处，让职工群众切实体会到受尊重、受重视、受重用；开展提质增效合理化建设，设置创新创效专项奖励，引导职工积极建言献策、积极参与改革，引领社会主义核心价值观根植于职工思想自觉、践行于职工实际行动、熔铸于职工灵魂深处。

（作者：梁　荣、唐林章、杨婷婷）

浅析国有企业基层党组织意识形态工作的问题及对策

摘　要： 意识形态工作是党的一项极端重要工作。贯彻落实意识形态工作责任制，加强意识形态建设，是国有企业各级党组织的重大政治责任。本文针对基层意识形态工作中存在的认识不足、工作机制不健全、工作方法少创新等问题，从国有企业统筹谋划意识形态工作、提升党员干部意识形态工作能力等两个维度，筑牢意识形态价值基础、强化意识形态工作机制、抓实意识形态阵地建设、提升党员干部意识形态鉴别力和意识形态思考力、意识形态执行力等六个方面提出方法和对策。

关键词： 国有企业；意识形态；基层党组织；方式方法

意识形态工作，关乎党的命运前途、国家长治久安、社会和谐稳定，也关乎企业发展大局。国有企业作为党执政兴国、国家经济建设的中流砥柱和依靠力量，要始终以习近平总书记关于“经济建设是党的中心工作，意识形态工作是党的一项极端重要的工作”的重要指示精神为根本遵循，在聚精会神抓发展的同时，坚持旗帜鲜明抓党建，一刻都不放松意识形态工作。贯彻落实意识形态工作责任制，加强意识形态建设，是企业各级党组织的重大政治责任。党建活力在基层，基层党组织要抓紧抓实意识形态工作，坚持问题导向、探究方法对策、提高工作能力，为推动企业高质量发展提供强大的思想保证、精神动力和良好的舆论环境。

一、国有企业开展意识形态工作中存在的问题

（一）对意识形态工作的认识不足

部分基层党组织仍存在“重中心工作，轻宣传思想”现象。一些党员干部对意识形态工作缺乏系统思维方法，片面地认为意识形态工作由上级党委主抓、基层单位只要抓好生产经营就行，以至于出现意识形态工作“说起来重要、做起来次要、忙起来不要”的情况；甚至个别党员干部责任意识淡漠，对听到、看到的一些错误言论和行

为听之任之，既不加以制止也不善于主动管理和引导，为错误、扭曲的意识形态言行渗透提供了可乘之机。这些问题看似表面，实则是没有深刻认识到意识形态工作具有全局性、决定性影响作用所致，是对严峻复杂的意识形态领域斗争形势分析不够透彻所致。正因如此，习近平总书记强调“做好宣传思想工作必须全党动手”。意识形态工作涉及各方面、涵盖各领域，不是哪个部门或哪类群体的责任，各级党组织要齐力协力、共画同心圆。

（二）意识形态工作机制还不健全

部分基层党组织落实意识形态工作责任制还不到位。主要表现在：职责分工不明确，压力传导、任务分解、工作落实等方面未形成责任链条；没有建立健全严格的意识形态工作监督考核机制；意识形态阵地建设和管理不完善。一些党员干部认为如果不分管意识形态工作、不是宣传思想工作者或党务工作者，若承担此项工作可能造成职责越界、工作越位。其实这种担心是多余的，意识形态工作作为党的一项极端重要的工作，是各级党组织和党员干部的应有、应负、应尽之责；在落实意识形态工作责任制、加强意识形态工作上，没有条件和价钱可讲，没有局外人和旁观者。因此，要将意识形态建设作为一项经常性的常态化工作来抓，如果平常不闻不问、不重视思想政治、不抓舆论导向、不积极应对舆情，等出了问题再应急式地“灭火”就会在关键时刻掉链子，为时已晚。

（三）意识形态工作方法缺少创新

部分基层党组织抓意识形态建设的方式方法上创新不够。在当今信息传播方式发生深刻变化、全媒体语境格局获得不断发展的新形势下，网络信息化交流已成为人们生产生活的重要方式，线上与线下、虚拟与现实等信息渠道之间的界限愈发模糊，形成更为活跃和复杂的大舆论场，而网络也更容易成为诱导错误思想的策源地和传播错误信息的放大器，大大增加了舆论引导和信息管理的难度。因此，抓好新形势下的意识形态工作极为重要。但一些基层党组织在开展意识形态工作时与实际结合不紧密，创新不足，仍然存在宣传内容陈旧、形式呆板、手段落后等问题；加上目前基层党员干部大都未经过意识形态工作专业培训，理论水平有限，观念相对滞后，致使意识形态工作的紧迫感、责任感体现不充分，缺乏创新意识和方法技巧，工作开展不严不实，有走过场、走形式之嫌。

二、国有企业统筹谋划意识形态工作的方法和对策

意识形态工作是从思想政治上引导人、影响人的工作。基层党组织要把意识形态

工作作为党的建设的重要内容，抓组织领导、抓引领凝聚、抓阵地发声、抓中心融入、抓作风建设，牢牢把握意识形态工作的领导权、话语权和主动权，为国有企业高质量发展提供强大的思想政治保障。

（一）筑牢意识形态价值基础

基层党组织要把意识形态工作摆在重要位置，增强抓好工作主动性和积极性。要坚持以习近平新时代中国特色社会主义思想为指导，通过集中理论学习、“三会一课”、形势任务教育宣讲等多种方式，深入学习贯彻习近平总书记关于意识形态工作重要论述；要经常分析研究意识形态领域的形势任务，解决好实际工作中存在的问题，加强意识形态工作指导，提出具体要求，强化督促检查，努力培育形成马克思主义意识形态的价值导向和思想基础；要巩固深化“不忘初心、牢记使命”主题教育成果，以党史学习教育为契机加强理论学习，读原著、学原文、悟原理，提高学习效果和质量；要“量体裁衣”做好理论宣传，结合党员群众普遍关心关注，当好“政策理论翻译”，采取灵活多样的形式促进党的创新理论在基层的宣传普及。

（二）强化意识形态工作机制

基层党组织要坚持党管意识形态原则，认真贯彻落实意识形态工作责任制。要及时传达学习党中央、上级党委关于加强意识形态工作的部署要求，紧密结合企业党建、生产经营、改革发展等中心工作予以同部署、同检查、同考核，形成领导有力、责任明确、运转有序、保障到位的意识形态工作领导体制和运行机制，确保意识形态工作有效开展，做到守土有责、守土负责、守土尽责。要坚持经常性研究分析意识形态工作情况，剖析思想文化领域的突出问题，对重大事件、重要情况、重要民意中的倾向性、苗头性问题有针对性地进行引导；对意识形态领域出现的问题研究制定针对性措施；对突发事件采取应急管控，及时做出处理。

（三）抓实意识形态阵地建设

宣传舆论阵地是意识形态工作的重要依托和舞台，基层党组织要注重发挥阵地作用，自觉肩负起“举旗帜、聚民心、育新人、兴文化、展形象”的使命任务，始终把“政治性”放在首位，牢牢把握正确思想舆论导向，做到政治立场、政治方向、政治原则上自觉同以习近平同志为核心的党中央保持高度一致，宣传舆论导向始终体现党的意志、反映党的主张、维护党中央权威、维护党的团结；坚持围绕企业中心工作做好正面宣传，善于运用网络媒体和网络话语讲好企业故事，传播社会主义核心价值观，树立良好的企业形象，在思想引领、舆论引导、精神激励和文化支撑等方面精准发力，让主流思想舆论占领宣传思想文化阵地，为企业高质量发展营造良好舆论环境，凝聚正能量。

三、国有企业提升党员干部意识形态工作能力的方法和对策

基层党组织抓意识形态工作常态长效，关键在于不断提升党员干部的意识形态工作能力。基层党组织要进一步增强党员干部做好意识形态工作的主动意识和主体意识，在经常抓、深入抓、持久抓上下功夫，持续努力、久久为功。

（一）提升党员干部意识形态鉴别力

现实中的意识形态问题往往与其他问题互相交织，具有相当的迷惑性。提升党员干部意识形态鉴别力，关键是要提高党员干部的政治意识，使其善于从政治的角度看问题，增强认清和辨识是否属于意识形态问题的认知和判断能力。意识形态工作本身就是政治性非常强的工作，因此要让党员干部始终坚持做到把握标尺，即：马克思主义指导思想、中国共产党的核心领导地位、中国特色社会主义制度、中国的国家利益与国家形象。要以这几把尺子作为衡量思想和言论的标准，做到心里有数。手握标尺，才能进一步提高“政治判断力、政治领悟力、政治执行力”。具体到企业，就是要坚持把握上级党委的统一领导、企业利益和企业形象等标尺。

（二）提升党员干部意识形态思考力

习近平总书记指出，要运用马克思主义立场、观点、方法观察和解决问题，坚定理想信念。提升党员干部意识形态思考力，关键是要提高党员干部运用马克思主义的立场、观点和方法对意识形态问题进行深入思考和去芜存菁的能力。意识形态问题纷繁复杂、林林总总，要坚定正确的意识形态立场，必须要使党员干部做到善于观察问题、善于抓住关键问题、善于分析问题，从而正本清源，透过现象看本质。具体到企业，就是要坚持以习近平新时代中国特色社会主义思想为指导，从“立足新发展阶段，贯彻新发展理念，构建新发展格局，推动高质量发展”的角度去思考衡量意识形态问题。

（三）提升党员干部意识形态创新力

“明者因时而变，知者随事而制。”意识形态工作只有通过不断创新，才能取得以情感人、以理服人的效果，进而达到争取人心的根本目的。提升党员干部意识形态创新力，关键是要提高党员干部善于结合运用马克思主义普遍原理与党的创新理论的能力，使其保持思想上的敏锐性，成为政治强、作风正、纪律严、业务精的队伍。党员干部一方面要加强学习，读原著、学原文、悟原理，不断优化知识结构，拓宽理论视

野，促进知识更新，在把握意识形态发展的基本规律和发展趋势中提高综合素质，打牢履职尽责的知识基础；另一方面要不断实践，将理论学习与实践运用结合起来，围绕职工群众的关心关注和热点难点问题进行准确阐释，真正掌握意识形态话语权，确保基层党组织意识形态工作领导权和主动权。

（作者：郑　兵）

新时代国有企业舆论引导路径研究

——以中核四0四有限公司为例

摘　要：国有企业是我们党执政兴国的重要支柱和依靠力量，能否做好国有企业舆论宣传工作，关系到党和国家的前途命运。本文旨在通过探索开展国有企业舆论引导的原则、提升国有企业的舆论引导能力、完善国有企业的舆论引导机制、创新国有企业的舆论引导方式等内容，为开展新时代国有企业舆论引导工作提供相关借鉴。

关键词：国有企业；舆论引导；路径

进入新时代，国有企业发展改革稳中向好，国有企业舆论引导工作也迎来系统研究、细致部署、整体落实的大好机遇。由于国有企业与国家安全、国民经济发展密切相关，因而与广大人民群众工作生活息息相关，舆论关注度高。新的发展阶段要求新的理论研究，特别是党史学习教育开展以来，媒体与舆论成为助力党史学习教育的第二课堂，担负着深入阐释党的有关政治理论、路线方针政策和有关学习教育要求的使命，新时代条件下研究国有企业的舆论引导路径已经成为一项重要而紧迫的课题。

一、开展国有企业舆论引导的原则

（一）坚持国有企业舆论宣传的导向性

国有企业的地位和价值决定，国有企业舆论宣传工作与党和国家的前途命运休戚相关。对国有企业舆论宣传工作而言，必须坚持在党言党为党。为进一步加强舆论宣传和引导工作，中核四0四有限公司认真贯彻落实习近平总书记“正能量、管得住、用得好”三点重要论述精神，切实压紧压实国企党委的政治责任，从观念到行动的双重维度上把国企舆论宣传作为意识形态工作的前沿阵地，健全完善意识形态工作责任制，建立起从上到下、从岗到人到事、知责履责的工作体系，巩固和拓展舆论阵地；注重采取立体化、多样化的检查督导形式，积极开展意识形态风险排查整治，分析存在的问题和不足，提出改进的意见建议，促进问题及时有效解决。

（二）把握国有企业舆论引导的针对性

舆论引导是以主动引导作为手段，以凝聚人心和宣传社会主流价值观为目的的社会实践活动，其实现价值在于可操作性。而可操作的核心就在于把握受众客体，实现精准聚焦。因此，国有企业必须强化互联网思维，壮大主流思想舆论，把创新的重心放在基层一线，把握好受众群体，把握广大职工的认知心理和行为逻辑，充分运用个体需求理论对待传播问题。所谓个体需求理论，是指不同的职工因为主客观环境和各种因素的影响，产生出阶段化的、层次化的、板块化的需求，只有满足他们的需求，才能够实现个体从感性向理性发展，不再是单一的偏执，而是“采用理性思辨的观念”系统客观地剖析问题。换言之，只有在舆论引导过程中强化互联网思维，精准聚焦到每个职工个体的认知分析框架，并以此为出发点分析问题，才能比较准确地反映当前企业发展和改革中的问题，进而引导舆论朝着正确的方向前进。

（三）提高国有企业舆论引导的时效性

做好舆论引导工作，一定要重视“树立大宣传的工作理念”，要把握好国企舆论宣传引导的“时、度、效”，从根本上讲好国企故事，传播好国企声音。要坚持实事求是，从客观事实出发，让广大职工信服，不依靠主观猜测和经验套作，要与时俱进，坚持“因事而化、因时而进、因势而新”的国有企业舆论引导理念，针对舆论形成的随意性、自发性、突发性等新特征，要特别重视传统媒体和新兴媒体的显著差别和基本优势，充分利用国企微信公众号、官方平台、官微等新媒体的传播优势，同时发挥好报刊电视等传统媒体的受众优势，“在内容、渠道、平台、经营、管理等方面进行深度融合”，提高媒体传播的先发效应、引导功能、聚合能力，坚决防止“低级红”“高级黑”，切实增强引导的时效性。

二、提升国有企业的舆论引导能力

（一）提高国有企业媒体服务群众的能力

国有企业要坚持以职工为中心。当前，新媒体已成为我们做好群众工作的“新平台、新途径、新渠道”。新时代舆论热点在哪里，国有企业的舆论引导工作就要及时并精准地跟进到哪里。借助新媒体这一“互联网上的‘群众路线’的介质，从‘群众中来’，到‘群众中去’”。这是新时代国有企业党员干部做好职工思想政治工作的基本功。中核四 0 四有限公司（以下简称“中核四 0 四”）建立一系列制度机制，以车间班组为最小单位，充分发挥调动职工群众的力量和智慧，坚持进一步畅通并扩大思想动态分析渠道，积极探索职工思想动态调研情况专题联席会议机制，精准确定“我为群众办实事”“我为重点工程做贡献”的各项举措，大力开展“走转改”活动，先后增设《走基层》《来自一线的报道》《党支部书记谈党建》《核城工匠风采录》《十大核城青年事迹展播》等栏目，真正聚焦奋战在重点工程建设一线职工，取得了良好的宣传效果。

（二）优化国有企业媒体舆论生态系统的调理能力

抓好国有企业舆论引导工作，共同营造健康网络舆论生态是前提。强化网络生态调理，要切实通过做强“网络内容建设”和“网上正面宣传”两个方面来实现。根据我国最近互联网信息调查报告，截至 2020 年 12 月，我国网民总数已达 9.89 亿。总体看来，网民的媒介素养有所提升，但也不可否认，网络因其自身独特性使得自媒体平台的情感消费现象层出不穷。对此，一方面是要完善“两微一端”技术防护措施，引进先进技术，严格落实规范国有企业负面舆情发现获取、调查判断、处理督办、跟进追踪、总结经验的基本程序。同时注重“双线发展”，针对线上舆论积极进行引导，对线下问题积极处置，形成线上线下舆情引导处置同步进行、相互呼应、整体运作的基本态势。另外一方面是要提升国有企业内部网络管理和职工情感引导水平，对于一些批评、质疑的声音，要多一些包容、多一些耐心，及时给予回应。中核四 0 四针对疫情期间“嘉峪关市生活必需品市场供应”等舆情热点，及时发布相关视频报道，回应群众关切问题，为增强广大职工信任、巩固公司防疫成果、优化舆论生态环境提供了有效支撑。

（三）强化国有企业媒体信息资源深度的挖掘能力

进入新时代，新媒体已经成为国有企业舆论引导工作的重要介质。国有企业职工只要动动手指点击查看就可以一手掌握企业公开信息，职工转发评论后，创造出一个高度繁杂的信息共享空间，并呈几何倍数的传播速度给广大职工群众。因此，媒体信息不再是单线化、单质化发展，而是更为系统化，能迅速引发大众关注，进而影响事件的发展进程。国有企业舆论引导工作，必须顺应新媒体的发展趋势，正确地认识新媒体所具有专属的信息便捷挖掘功能，即通过大数据技术挖掘到与此信息相关联的尽可能完整的信息资源，通过纳入个体信息库、强化数据分析，不断强化信息资源的处理能力。比如中核四 0 四针对广大职工关心的薪酬套改热点话题，组织基础调研，组建专职答惑队伍，组织专题宣讲会，借助自媒体设置议题，与广大职工互动，给基层职工答疑解惑，进一步强化了职工对薪酬套改工作的理解和认可，有效落实四 0 四“人才特区”建设方案中关于多元化薪酬体系构建的任务，充分激发了广大职工干事创业的激情与活力。

三、完善国有企业的舆论引导机制

（一）完善国有企业舆论监控机制

规范管理，制度先行。目前，国有企业媒体舆论的监控和管理处在快速发展阶段，内部的舆论监控制度相对不完善，有无规可循、无章可操的现象，致使在国企舆论引导的过程中产生诸多负面问题。国有企业具有不同于一般企业的独特优势，但在舆情引导工作上成本更高、难度更大。因而，要深入研究自媒体环境下信息资源的监测与预警技术，加强与互联网公司沟通合作，通过聘请专员、组织授课、服务协议等方式借助大数据分析及时化解和消除危机。中核四0四通过引进先进的舆情监测平台，通过大数据采集系统、处理系统、分析系统的不间断运转，实现从多种数据源获取、预处理、存储、处理、分析的可视化变动等，及时分辨和追踪危险信息，建立负面清单，最后支撑舆情监测业务的顺利进行。此外，还有一些国有企业组织专人负责网络舆情收集工作，建设舆情信息“收集—判断—分类—处置—总结”常态化工作链，对重要媒体进行“7×24”巡检，都取得了良好效果，值得我们借鉴学习。

（二）完善国有企业舆论传播机制

舆论是个体通过互动而达成的共识，这种共识不可避免地具有自发性和片面性。为此，必须健全舆论传播机制，国有企业在对舆论进行监控、分析的基础上，要更加注重在科学和合理中保持舆论引导的动态平衡，进而保证舆论传播的畅通有序。国有企业的主体是广大职工，这要求必须构建起具有鲜明特色的企业职工一体化的信息传播体系：一是国企党委（党组）要坚持以传播为手段，高度重视信息传播畅通性建设，要主动及时地推进信息公开工作，并建立完善相应的制度加以保障。二是国企官媒要自觉地承担起为国家利益、企业利益和职工利益服务的责任，以媒体融合推进新型信息传播平台的建设，打造有利于正确信息获取和有效交流的生态环境。三是媒体宣传部门要切实把职工受众视为厂务、司务信息传播的终端，注重提升职工的媒介素养。要通过各项专项活动、培训让广大职工认识到信息传播的重要性和影响力，使他们能够更理性地参与信息表达和观点讨论，避免极端偏激言论。中核四0四通过建立建强网络监督员、网络评论员两支队伍，有效针对庆祝建党100周年、调整改革、欠薪讨薪、疫情防控等重点舆情形势进行针对性宣传引导，取得了一定成绩。

（三）完善国有企业舆论应急机制

由于新兴媒体具有低门槛、传播速度快、传播范围广等特点，大大增强了国有企业舆情事件发生的偶然性和随机性。因此国有企业必须建立快速高效的舆论应急制度。一方面要探索建立专职舆论应急部门，强化舆论宣传体系。遇到突发的网络舆情事件时，可以精准落实舆论应急主管主办相关责任，快速做出反应，压紧压实属地管理，做到有人过问、有人负责、有人落实、有人担责，防止“重应急处置，轻新闻宣传”的倾向。另一方面是要完善国企新闻发言人制度建设，提高信息沟通效果。不断加强新闻发言人的制度设计，创新发言形式，使之成为对突发性企业事件进行信息沟通的主阵地。如：建立新闻发言人制度，连续九年组织新闻发言人培训班，明确新闻发言人要坚持正能量，着力让企业声音成为第一信源，引导好舆论，用好全媒体，提升企业传播力，取得了良好效果。

四、创新国有企业的舆论引导方式

（一）打造国有企业舆论引导的高效平台

随着职工维权意识的增强，很多国有企业集体劳动争议和群体性事件开始逐渐显现。群体性事件的始因，往往是一个小小的斗争焦点。但是如果国有企业思想政治和宣传部门不能在第一时间内挖掘到一些小风波、小事件的核心，广大职工就会滋生不满情绪，最终把小事件酝酿、发酵后成为群体性大案件，给国有企业管理工作造成完全被动的局面。为此，从舆论引导的基本目标出发，媒体应该从注重短期的信息调控走向长期的心态调适，应该建立和强化“议题设置”的意识，为干部职工搭建一个能够畅所欲言、相互交流的平台，在交流中发现矛盾。比如由国有企业通过开设“热点话题”等栏目，设立“领导热线”“合理化意见征求箱”等，主动把职工网民关注的议题转变为舆论引导议题，围绕议题进行对话协商、凝聚共识，取得了较好的舆论引导效果。此外还要深入研究受众思维，研究接受心理。一是走多元化的可视之路，多从形象思维出发，多打造直观、可视化、有趣味的产品来吸引职工的注意、转发、评论；二是注重与职工交流互动，通过“管家式”服务化的交流方式让职工感到舆论“与我有关”，从而愿意主动弘扬正能量；三是做好信息“转移”工作，要通过字里行间找准找全广大职工的利益交汇点、情感共鸣点、价值共生点。比如，中国石化通过组织“公众开放日”，主动加强与职工和社会公众的沟通，取得了良好引导效果。

（二）转变国有企业舆论引导的表达方式

“话语是媒体意识的实体化和具体化”，话语的表达方式直接关系到媒体信息能否被人所接受，也直接关系到舆论引导的实际效果。国有企业舆论引导要选择情理交融的话语形式，达到可信度和影响力双提升。一是转变话语思维。话语思维是话语表达的内在，话语表达是话语思维的表现。只有转变话语思维，才能从根本上转变话语表达方式。这需要充分借鉴和吸收网络话语形式，进一步拓宽职工个体话语思维。二是强化话语机制建设，促进话语生产者、传输者与接收者之间“双向馈通”的机制建设，通过实时信息反馈和加工，增强舆论引导话语的灵活程度，提升广大职工的接受度和满意度。三是转变话语宣传形式。国有企业宣传工作者要同职工群众打成一片，深入基层。中核四 0 四通过展览、文艺活动，微视频、摄影、文字、H5、美篇征集，努力寻找国有企业集体话语与个体情感话语相互联系的支撑点，坚持用事实说话、用典型说话、用数字说话，持续强化新闻“现场意识”，深入“挖宝藏”“摘鲜果”“捉活鱼”，发掘新媒体话语的生活性，在纪念建党 100 周年之际，通过“讲好共产党员故事”将宏大主题和微观议题结合起来，说群众想说的话、讲群众能懂的话，有效提振了公司干部职工投身于新时代奋斗目标的自信心和自豪感。

（三）发挥国有企业舆论意见领袖的重要作用

“意见领袖”是一种强有力的舆论力量，国有企业舆论引导工作有必要规范培养和积极引导“意见领袖”。一是注重发挥意见领袖的“集群效应”。要利用集群效应来产生企业内部凝心聚力的正能量，引导舆论朝正面发展。二是要规范培养和适时引导“意见领袖”参与企业公共事件。要针对党组织书记、行政领导、专职部门、党员骨干、团员青年等不同群体，开展突出特色、主题鲜明的宣传教育活动，帮助广大干部职工正确理解和认识企业管理的复杂性，引导职工理性分析，避免盲目跟风。三是要积极关注“意见领袖”的舆论议程设置和管理机制建设。发挥好意见领袖作为媒体舆论空间中的“治疗者”和“带路人”的角色优势，通过舆论议程设置，关注议程内容和目标诉求，优化国有企业舆论引导的实际效果。

综上，舆情引导要“体现时度效要求”“以真取信，情理交融”“疏堵结合，以疏为主”等，是国有企业在增强舆论引导工作上取得的一些难得的经验。新时代条件下，国有企业的舆论引导更要坚持正能量是总要求、管得住是硬道理，把握好国有企业舆情发展的大趋势、主方向，有效提升舆论引导力。

（**作者：**戚帅琳、张鹏飞）

参考文献

[1] 张志安，张美玲．互联网时代舆论引导范式的新思考［J］．学术前沿，2016（3）：16－23.

[2] 习近平．胸怀大局把握大势着眼大事　努力把宣传思想工作做得更好［N］．人民日报，2013－08－21.

[3] 习近平．共同为改革想招一起为改革发力　群策群力把各项改革工作抓到位［N］．光明

日报，2014－08－19.

［4］龙头昂起　融合升级［N］. 人民日报，2017－08－19.

［5］习近平. 在网络安全和信息化工作座谈会上的讲话［N］. 光明日报，2016－04－26.

［6］刘娜. 自媒体意识形态安全问题及对策［J］. 马克思主义研究，2016（7）：86－95.

国有建筑企业落实意识形态工作责任制方法与路径研究

摘　要：习近平总书记强调，做好意识形态工作，事关党的前途命运、事关国家长治久安、事关民族凝聚力和向心力。意识形态工作是党的一项极端重要的工作。目前，国有企业改革正大刀阔斧地进行，国有建筑企业改革也进入“涉险滩”“啃骨头”的关键阶段。本文着重从国有建筑企业的实际出发，分析研究当前国有建筑企业落实意识形态工作责任制的情况，归纳总结、延伸提出国有建筑企业落实意识形态工作责任制的方法和路径。

关键词：国有建筑企业；意识形态工作责任制；方法；路径

意识形态工作历来是党的一项极其重要的工作。党的十八大以来，习近平总书记站在战略和全局高度，就抓好意识形态工作作出一系列重要论述。党的十九大报告提出，要牢牢掌握意识形态工作领导权。进入新时代，国有企业改革进入关键期，如何做强做优做大国有企业成了摆在我们面前的一项难题。国有建筑企业作为国有经济不可或缺的重要组成部分，具有项目分散、地域广、人员流动性强的鲜明特点，要保证企业的国有属性，落实好意识形态工作责任制就显得尤为重要。

一、意识形态工作对国有建筑企业发展的现实意义

意识形态在人的实践活动中发挥着巨大的能动作用。习近平总书记指出，意识形态工作是党的一项极端重要的工作，是为国家立心、为民族立魂的工作。这涉及方方面面，国有建筑企业作为经济建设这一党的中心工作的重要组成部分，意识形态工作的重要性不言而喻。

（一）意识形态工作是国有建筑企业举旗定向的指路灯

国有建筑企业具有一切建筑企业的特征，但最明显的还是“国有”的属性，落实意识形态工作责任制是国有建筑企业保有这一属性的鲜明做法。国有建筑企业也需要面向市场，但在长期的市场竞争中，若是意识形态工作落实不力，就容易走入偏门，

走上歪路，从而渐渐淡化国有建筑企业的“国有”属性。当前我国正处于改革攻坚期，这需要不折不扣落实意识形态工作，坚持党对国有建筑企业的领导，引领国有建筑企业走上健康正确的发展道路，理清如何生产和为谁生产的问题。一定程度上，意识形态工作也决定着国有建筑企业的前途命运。

（二）意识形态工作是国有建筑企业改革发展的助推剂

国有建筑企业是国企改革的重点领域之一，但是改革就必然会触动一部分人的利益。这就需要有坚强的意识形态作为推动。没有正确的认识就不可能有正确的改革，意识形态工作没有做扎实，改革也就成了假把式，改改皮毛做做样子而已，就没有了“脱胎换骨”和“壮士断腕”的改革勇气。

（三）意识形态工作是国有建筑企业凝聚人心的强力胶

任何一个想要长期健康发展的企业，都应该有其独特的文化内核，有让社会和员工认同的文化理念，国有建筑企业更是如此。建筑企业人员流动性大，很难形成一个稳定团队，而落实意识形态工作责任制，扎实开展意识形态工作，有助于凝心聚力，引领人、教育人、激励人、鼓舞人，激发出广大干部职工共同干事创业的热情和动力。

二、国有建筑企业落实意识形态工作责任现状

党的十八大以来，国有建筑企业坚持党的领导和加强党的建设，推动了意识形态工作责任制落实情况相较之前有所向好。但从长远来看，对照党中央关于落实意识形态工作的标准，国有建筑企业落实意识形态工作责任制的现状仍存在一定改进空间。

（一）对意识形态工作认识不到位

当前，国有建筑企业对“意识形态工作的极端重要性”的认识还不足，存在将生产经营和意识形态工作进行排顺序、分先后的现象，认为生产经营才是第一要务，意识形态工作是次要的。一些企业管理人员，长期从事生产经营工作，对意识形态工作概念模糊，开展意识形态工作也只是完成上级交办的任务，缺少经验总结和工作反思，结合实际开展工作的做法更是少见。

（二）对意识形态工作落实不到位

部分企业单位在落实意识形态工作责任制过程中，抓住了“人人有责”这个关键，这本是共同担当、齐心协力的好现象，但往往把握不好就造成“人人无责”的情况，管的时候七嘴八舌、手忙脚乱，不管的时候冷冷清清、无人问津。有些单位落实意识

形态工作成了党组织书记一人的事，其他人员对自身责任不清楚，常常抱有“做好自己分内的事就行，意识形态工作事不关己”的态度。党组织书记开展意识形态工作就成了唱“独角戏”，有时碍于生产，有时不敢碰硬，怕得罪人，导致意识形态工作推动缓慢，开展工作收效甚微。

（三）对意识形态工作考核不到位

部分单位存在上级安排什么就做什么的想法，存在走过场完成任务的情况。部分单位落实意识形态工作责任制的底线成了“不缺项、不漏项”，换句话说就是“上级检查的时候，有就行”。部分单位制定了自己的工作制度和考核办法，但在考核过程中力度不够，真正考核时，经济指标才是硬指标，而意识形态工作责任的落实仅仅一带而过。久而久之，意识形态工作又变成了生产经营的附属。

（四）对意识形态阵地建设不到位

建筑企业具有项目分散、人员流动性大且构成复杂的特点，工程项目地点有城市也有农村，涉及国内也涉及国外，人员有脑力劳动为主的管理人员，也有体力劳动为主的劳务工人，致使开展意识形态工作存在难度，系统的理论学习存在困难，舆论宣传工作要么不深入，要么就是一味地跟“形势”、搞“创新”，容易偏离意识形态工作的正确方向。

三、国有建筑企业落实意识形态工作责任制方法和路径

习近平总书记强调，意识形态关乎旗帜、关乎道路、关乎国家政治安全。落实好意识形态工作责任制，必须树立宽广视野，强化战略思维和担当意识，严格落实党中央关于意识形态工作责任制的各项要求，守好阵地、管好队伍，切实做到守土有责、守土负责、守土尽责。

（一）坚持“一个核心”——党的领导

一是把政治建设摆在首位。国有建筑企业各级党组织要坚决严格履行意识形态工作责任制，把好前进的“方向盘”和“导航仪”，以政治建设为统领，统一员工思想，牢固员工信念，让他们带着“四个自信”应对复杂多样的建筑环境，有效抵御周围不良风气和错误思想；要组织各单位，特别是基层党支部团结业主、设计院、劳务公司、当地政府、项目周围居民等，带领党员干部职工牢固树立“四种意识”，以行动来自觉维护党的团结统一，切实在实践工作中做到增强政治警觉性和政治鉴别力，确保在“举什么旗、走什么路”这一根本问题上不含糊、无偏差，自觉在思想上、政治上、

行动上同以习近平同志为核心的党中央保持高度一致，确保令行禁止。

二是把全面从严治党要求贯穿其中。全面从严治党是新时代党的建设新的伟大工程的必然要求。工程建设领域易发腐败，很多“小岗位”也存在着“大风险”，企业要根据项目部变迁、人员流动及项目承接情况，及时健全党组织，注重对宣传委员的选拔，在全力做好基层党组织建设的基础上，配齐配强党务干部，全面推进党的建设，不断增强党的领导力、凝聚力、战斗力和向心力；切实抓好党风廉政建设，在项目部特别是未成立党组织的项目部设立党风廉政监督岗，结合业主、合作方、监理方、当地政府等方面监督，构建外部监督、上级监督和内部自我约束机制，重点加强对人、财、物等重点环节、重点部位的监督，切实维护基层的和谐稳定。

三是把意识形态工作提上日程。当前，随着项目成本管控越来越严，建筑企业承接的项目面临工期紧、要求高等情况，致使部分单位片面强调工程进度、成本管控，较大程度上忽视了意识形态工作，导致部分员工容易受外界影响，进而滋生错误认识和不良情绪。企业各级党组织和各级领导干部都要增强落实意识形态工作责任制的意识，把意识形态工作作为加强新时代党的建设中的一项重要内容，与其他工作同部署、同落实、同检查、同考核；要加强组织领导，像分析生产经营工作一样定期分析研判意识形态工作发展趋势，定期听取意识形态工作汇报，定期在党内通报意识形态领域情况，切实做好意识形态工作的领导者、助推者、执行者。

（二）牢固“一种思想”——习近平新时代中国特色社会主义思想

一是强化思想教育。习近平总书记指出，当前意识形态工作的根本任务没有变，也不能变，那就是要巩固马克思主义在意识形态领域的指导地位、巩固全党全国人民团结奋斗的共同思想基础。企业各级党组织和负责人要切实履行意识形态工作的主体责任，对“两个巩固”负责，不断壮大主流思想文化的“根据地”，扩大争取人心的“同心圆”。要坚持思想建党这个核心，大力开展思想政治教育工作，持续巩固党史学习教育成果，让习近平新时代中国特色社会主义思想进项目、进班组，推动企业员工不断增强“四个意识”，坚定“四个自信”，做到“两个维护”。严格项目党组织党内政治生活，深化开展“微党课”“微学习”“微交流”等“微”字系列学习活动，让广大党员干部职工“学有其所、学有所得”，切实引导党员干部职工坚持用马克思主义理论武装头脑，保持对远大理想和奋斗目标的清醒认知和执着追求。

二是强化政治力量。在建筑企业，员工力量集中在建筑一线，组织的力量也在一线，这要求企业各级党组织要充分发挥各自职能作用，尤其是各基层党组织，要不断强化和提高自身政治责任和政治担当，凝心聚力、攻坚克难，促进基层党建与项目建筑“双推进”“双提升”。要把党员入口关把得更严更紧，切实确保企业党员质量，以便在各自工作中更好地引领其他职工在工作岗位中奋发有为、建功立业，充分彰显党员先锋模范作用。针对项目党员管理难、活动开展难、作用发挥难的实际，探索实行党员积分制管理，把党员履行基本义务、承担工作职责进行量化，实现党员管理精细化、科学化、规范化；针对党员集中难、活动走过场、效果难保证等问题，探索“固定党日”活动，进一步提高和强化党员的在党意识，切实增强项目党组织的内生动力。

三是强化员工素质。建筑企业员工结构复杂，用工呈现多样化，业务水平、文化素质、责任心和思想状态也存在较大的差异，影响着员工队伍的稳定性。作为国有建筑企业，要担负起稳定员工队伍、提升员工素质的重要责任，在提升专业素质的基础上，要更加注重员工对职业道德的学习，提升员工思想政治素质。注重宣传员工角色作用、企业形势目标任务等，增强他们的主人翁意识，提高对其企业的归属感、自豪感和荣誉感。倡导团队精神，注重培育员工的奉献精神，引导员工注重对精神层面的追求，树立典型的引领作用，营造一种积极向上的企业氛围。

（三）打造“一支队伍”——勇担意识形态工作责任制的坚强堡垒

一是注重责任担当。必须建立一个坚强的党组织，着力强化党组织政治功能，积极探索凝心聚力新方式，务实开展党员公开承诺、党员志愿服务、“主题党日”、亮岗承诺等活动，确保各项责任落到实处。着力强化党组织班子建设，牢固树立抓意识形态工作是本职、不抓是失职、抓不好是渎职的理念，将其纳入党建工作责任制考核。着力强化党员队伍建设，注重党性教育，做到旗帜鲜明讲政治，以坚定的理想信念影响职工群众，切实发挥先锋模范作用。

二是注重凝聚合力。意识形态工作不是宣传部门一家之事，不能让宣传部门“单打独斗”，必须坚持“一盘棋”、形成“大合唱”。各单位党政负责人要旗帜鲜明地站在意识形态工作第一线，牵头抓总、靠前指挥，切实当好“第一责任人”。党委（党组）要统揽全局、协调各方，指导和推动本部门、本单位把意识形态工作要求融入各自工作，切实形成党委（党组）统一领导、党政齐抓共管、宣传部门组织协调、有关部门分工负责的工作格局。分公司、工程管理部要以科学的整体目标，综合各部门资源、凝聚党政工团力量，推动意识形态工作与行政管理、项目建设等目标紧密结合起来，创造综合效益。

三是注重责任落实。针对建筑企业实际，要稳定结构复杂的员工队伍，应推行网格化管理。坚持“属地管理、分级负责”的原则，把企业意识形态工作划分为集团公司、子公司、子属分公司、管理部、项目部五级网络，部分企业下属单位层级较多的，可视具体情况划分为六级网络，层层明确职责，精准分解任务，落实到岗到人，形成横向到边、纵向到底的网格化管理体系。要制定意识形态工作管理制度，明确各网格责任主体和第一责任人负责本级网络管理，并对下级网格的建立、运行情况进行指导、巡查和监督。各网格责任主体要定期上报分析研判、风险评估、重大问题处置、教育培训、督查考核等情况。各网格责任人要认真落实责任清单，切实履行好自身职责，做好工作台账，及时向网格责任主体反馈情况，并监督整改。意识形态工作责任主体要对失职渎职、未履行或不正确履行意识形态工作责任制的责任人严格问责，真正把规矩立起来，把任务落下去。

（四）营造“一种氛围”——为企业发展凝心聚力

一是浓厚企业文化氛围。深层的企业文化是渗透在企业职工心灵之中的意识形态。企业要正确处理企业文化和意识形态工作的关系，把意识形态工作寓于企业文化建设之中，把解决思想问题作为企业文化建设的主要内容，以便更好推动企业的全面发展。善于用企业文化建设提高思想政治工作的吸引力和感染力，把企业文化核心价值观的培育作为意识形态工作的重点，常抓不懈、持之以恒。善于用企业文化给意识形态工作增添新的活力，在培育员工团队意识、倡导企业道德、规范员工行为中下功夫，通过开展各种文化活动为意识形态工作提供良好的文化氛围，使企业的意识形态工作寓教于乐，不断增强工作的有效性。善于通过企业文化建设把思想政治工作同企业经营管理工作有机结合起来，通过员工的自我教育、自我实践、自我规范，逐步形成一种自觉、自爱、自强的群体意识，不断增强员工的企业认同感和归属感。

二是加大人文关怀力度。建筑企业是高度分散作业和流动建筑的劳动密集型行业，坚持“以人为本”显得尤为重要。这要求建筑企业把“以人为本”作为一种理念贯穿其中，用浓厚的企业文化统一员工思想，激发员工勇往直前。在规范化、标准化过程中注入人文因素，注重制度与民主的结合，严管善待，切实全心全意为职工谋福利，让职工和企业一条心，为党的事业凝聚力量。在建筑企业市场竞争日趋激烈的今天，员工身心压力剧增，企业要推动基层党组织完成服务型党组织建设，密切联系员工，加强交流沟通，多为他们办实事、做好事、解难事，注重满足员工社会需求，激发广大员工的干劲和潜能，逐渐让他们把工地作为展示自我的平台。

三是改善员工精神面貌。在现代企业制度下，企业在做意识形态工作时，要注重道德引导，把追求物质利益和提倡奉献精神结合起来。在满足员工物质追求的同时，大力提倡奉献精神，营造健康向上的思想氛围。将企业文化建设与精神文明建设相结合，聚焦员工的综合素质，提高员工的教育水平、文化品位、精神追求和道德修养，在开展“党员先锋岗”“劳动竞赛”“创先争优”等活动时，创新开展喜闻乐见的文娱活动，激发员工的工作学习热情。聚焦公益活动，深化组织开展道德讲堂、志愿服务、对口帮扶活动，弘扬优良传统文化，营造尊道贵德的良好氛围；聚焦担当奉献，教育引导职工树立“四个自信”，立足岗位建功立业，以更加昂扬的姿态和饱满的工作热情投入工作中，共同投身到中华民族伟大复兴的征途上。

（五）强化“一种舆论”——为企业发展明势造势

一是建好舆论阵地。注重报刊、网站、新媒体、企业简报、舆情监控、视频广播等载体建设，重点关注项目部舆情阵地建设，例如组织各项目部成立宣传理论学习微信群、QQ 群等，用以分类宣传教育。同时，坚持增量扩面，把社会媒体（特别是中央媒体）作为宣传思想的重要传播载体，扎实开展报刊（特别是党报党刊）订阅工作，共同巩固舆论宣传主阵地。把新媒体作为拓展建筑企业舆论宣传工作的重要手段和平台之一，充分应用其宣传效果好、人们喜爱的优势，使其能够同传统媒体进行互补，在完美展现各自优点的同时补足短板，更好地拓宽企业宣传道路。加强宣传队伍建设，特别要加强项目部通信员队伍建设，加强组织领导，完善考核机制，为优秀通信员快速成长创造良好条件，共同壮大企业宣传基础力量。要努力打造一支政治过硬、本领高强、求实创新、能打胜仗的宣传思想工作队伍，重点加强网宣队伍建设，突出思想政治素质、新媒体工作经验、网络信息技术水平和文字写作能力，做好网络宣传队伍人员的招聘、选拔、培训以及考核等工作，提高建筑企业媒体宣传能力。

二是用好舆论阵地。要明确企业舆论阵地的目的，统一思想，内聚力量，外树形象。深入学习贯彻习近平总书记在全国宣传思想工作会议上重要讲话精神，守住思想防线，坚持党性和人民性相统一，坚持团结稳定鼓劲、正面宣传为主，弘扬主旋律、传播正能量，把“四个全面”战略布局和中央决策部署在企业的生动实践宣传好，传播国有企业好声音、展示好国有企业的正能量。要进一步完善网络平台搭建，充分发挥国有企业媒体主阵地、主战场的作用，在用好传统媒体资源的同时，研发应用新媒体资源。充分利用好企业内部网站或办公系统，作为企业对外媒体的有效补充。加大“正能量”宣传力度，大力宣传优秀典型，营造“追赶比超”的文化氛围。要借助社会媒体的力量，在网站、微信等企业平台转发信息时，坚持转发国家权威网站内容，确保信息真实、完整、权威，发挥权威信息的引领作用，唱响主旋律、弘扬正能量。

三是管好舆论阵地。要坚持党管宣传、党管阵地原则，坚持政治方向决不能偏，改进宣传报道方式，推进传播形态创新，提升传播力、公信力、影响力和引导力，努力做大做强宣传舆论主阵地，切实履行好企业的政治责任。要建立专门的舆情管理部门，并借助外部机构，做好网络舆情监控和分析工作，第一时间掌握相关动态，根据不同时期更新完善突发事件应急预案，做到早发现、早报告、早控制，把问题解决在萌芽状态。企业宣传部门要特别做好新媒体的监管工作，对所属单位开通、运营微信号严格把关、备案，在做好严把发布信息审核关的同时，还要做好舆情监测和诉求回应等工作。各单位要积极开展培训，提升员工网络信息发布的安全观念和保密意识。

对于企业重要的微信、QQ 群（特别是党建工作群），要优先考虑党组织书记作为“管理员”，将其他工作群群主为“群内意识形态”工作的责任人，管控好群内交流环境。宣传工作人员要切实承担宣传思想工作职责，拓宽宣传工作思路，不断整合力量，强化先进典型的价值引领，广泛开展精神文明创建活动，全面提升企业发展的新境界。

（作者：陈国亮）

5G时代下科研院所新媒体传播路径的探索与思考

——以中国原子能科学研究院为例

摘　要：5G时代的到来，使得信息传播领域呈现出新的特点。科研院所作为信息传播的主体之一，也在不断尝试着新的传播模式，树立自身科技品牌。作为具有70余年发展历史的科研院所，原子能院近年来在新闻宣传方面做出了许多创新性探索与实践。本文将对5G时代下信息传播的新特征进行解读，从传播主体、传播内容、传播渠道、传播受众、传播效果五个方面，对原子能院近年来的新媒体探索实践进行分析，并进一步开展思考，如何通过科技信息的大众化传播，实现正面舆论引导。

关键词：5G时代；新媒体传播；科研院所

2019年6月，工业和信息化部发放5G商用牌照，标志着我国正式跨入5G时代。伴随着5G时代的来临，信息技术的发展将给新闻舆论与宣传工作带来重大的机遇和挑战。习近平总书记指出，移动互联网已经成为信息传播主渠道。随着5G、大数据、云计算、物联网、人工智能等技术不断发展，移动媒体将进入加速发展新阶段。要坚持移动优先策略，建设好自己的移动传播平台。

一、5G时代下的信息传播

5G，即第5代移动通信技术，具有"超高速、低延时、海量连接、泛在网、低功耗"的特点。较4G而言，5G在峰值速率、毫秒级时延、海量连接能力方面都有约10倍的提升，为消费互联网市场提供了满足千差万别的个性化需求的条件，同时也为社会数字化转型打下基础。

伴随着移动通信技术的发展，从2G升级到5G，社会信息传播方式相应地发生了巨大的变化：2G开启了txt（文本）的时代，3G开启了jpg（图片）的时代，4G开启了avi（视频）的时代，而5G将开启万物互联的时代。5G技术是一场颠覆性的革命，它不仅仅是关乎传输速度的技术，而是在多个方面塑造着未来社会的运行方式，在信息传播方面尤为明显。

（一）5G 时代下的新媒体传播变革特征

5G 时代，基于智能手机的各类手机媒体使用率将会大大提高。2019 年 4 月，有学者对 5G 时代的“媒体使用”进行网络问卷调查，结果显示，被调查者对微信、抖音、QQ、微博、今日头条的使用率会增加，占比分别是 90.02%、61.22%、16.51%、11.72%、19.77%。上网门槛的进一步降低，网络传输速度的急剧加快，5G 时代，人们在手机媒体上花费时间会更多，而传统媒体的使用时间则大为减少。

5G 时代，社会主要交流手段从书写文字转化为视频语言。在学者对 5G 时代“媒体使用”的网络问卷调查中显示，被调查者对视频、音频、文字、图片的使用率增加的人数占比，分别是 99.02%、11.22%、0.51%、0.72%。4G 已使互联网短视频和网络直播呈现大规模增长的态势，而 5G 将会进一步推动“视频化”，并实现“超视频化”。此外，视频语言中场景和情感的表达成为了重要趋势，非逻辑、非理性因素在实现社会沟通和社会认同过程中所起到的作用越来越重要。

5G 时代，手机用户将从信息的接收者逐渐转变为生产者和传播者。研究表明，在文字为主的时代，社交媒介 95%的内容都是由 3%～5%的人撰写和发出的。但自 4G 开始，自媒体的兴起使得大众拥有了属于自己的“话筒”，随着短视频制作门槛的降低，以及短视频平台的普及，普通用户在信息传播过程中的角色发生了转变，成为真正意义上的传播者。而 5G 作为比 4G 更高水平的技术，将会进一步促使个人生产出更加丰富、优质的内容。

5G 时代，人与信息的双向互动将得到更多重视。传播学者麦克卢汉曾说：“媒介是人体的延伸。”即任何媒介都不外乎是人的感觉和感官的扩展和延伸。文字、广播、电视、电脑可以分别看作是人的视觉能力、听觉能力、视听触能力、中枢神经系统的延伸。随着 5G 时代的来临，技术性传播媒介的发展将会加大人与外界信息的双向互动，5G 技术能为信息传播的双向互动提供了更多空间。人们未来接受信息的方式也将转变为虚构现实所建立的沉浸式体验，人与信息的交互感进一步增强。

5G 时代，媒介作为基础性的传播工具，将会成为社会生活的基础设施。5G 技术对传播的基础性影响力十分重大，曾经的“媒介融合”概念，已经不再是人们通常理解的“媒介和媒介间的融合”，而是媒介作为一个基础性的社会传播工具，将会连接更多的社会资源、文化资源、人民生活所需资源等，成为社会生活的基础设施。

（二）新形势下科研院所的信息传播实践

新一轮的信息变革催生着各类传播主体适应当下的各种媒体形态，从而更好地打破内容生产者和受众间的壁垒，实现传播效果的最优化。科技是第一生产力，科研院所作为科技类信息内容的生产主体之一，对当下的资讯传播、知识科普等方面具有十分重要的影响，对舆论引导也发挥着重要作用。伴随着5G时代的到来，多个科研院所也顺势而为，借力新媒体宣传平台，传播方式和传播手段等日益出新。

新媒体平台方面，大量科研院所逐渐将宣传重心从报刊、网站等传统媒体，转移到手机媒体阵地上来，例如中科院、中国航天研究院、中核集团等旗下的研究院所，以及各高校类机构均开通微信公众平台，其中大多还入驻了抖音、快手等短视频平台，以及今日头条、学习强国等手机App，实现了用户和流量的爆发式增长。

传播方式方面，短视频、直播、VR全景视频等形式更能够全方面展示科研院所底蕴，视频形式也更有利于科学信息的通俗化、大众化传播。如今，不少科研院所纷纷开通短视频账号，发布大量科普、生活类等视频。此外，他们也逐渐重视双向互动与传播，例如微信平台的互动H5、微信交互图片、直播问答等，这种年轻化的表现形式提高了用户的参与度，拉近了用户和院所平台的传播距离，塑造了良好的院所文化品牌，获得大众认同。

内容生产方面，科研院所的大量知识性人才以及社会中热爱科学的普通用户，他们作为曾经单方的信息接收者，正在积极向生产者和传播者角色转化，借助科研院所新媒体平台，生产了更优质的科普内容，提供更有趣、新鲜的素材和资讯，这也使得科研院所信息生产的内容和表现形态得到极大的丰富。

二、中国原子能科学研究院新媒体实践探索分析

4G时代下，社会媒介环境已然发生了深刻的变化，而5G时代则将进一步沿袭这些变化，在信息传播领域掀起一场未知的革命。近两年，中国原子能科学研究院（以下简称“原子能院”）在新媒体平台建设方面做出了不少探索，对这些创新性的实践进行总结，将有利于我们更加平稳、高效地走进5G时代，迎接挑战与发展。因此，本篇将使用“5W”传播模式，对原子能院近两年的新媒体传播实践进行分析，借此总结新时代下原子能院对新媒体传播方面做出的努力与探索。

“5W”传播模式是帮助人们更加直观地理解和认识传播过程的一种研究方法。20世纪40年代以来，国际上兴起了多种传统的传播模式，其中拉斯韦尔在1948年提出的“5W”传播模式至今仍是理解和研究传播的核心框架。“5W”模式源于五个首字母为“W”的要素，即“谁（Who）、说了什么（Says What）、通过什么渠道（In Which）、向谁说（To Whom）、产生什么效果（What Effects）”，其涵盖的“传播者、受传者、内容、渠道以及效果”5大要素也被视为传播研究的基础。

（一）传播主体方面

一是打造复合型人才队伍，提升专业素养。5G 时代的到来，对新闻宣传队伍的专业素养和传播内容的质量提出进一步的要求。院新闻中心在本部门人员的合理分工、探索运营之外，还专门成立了融媒体工作室，积极吸纳来自院内擅长绘画、摄影、文字、短视频等各专业的优秀人才，对个人内容创作以及院新媒体传播队伍的建设都起到了积极的促进作用。

二是创作主体从宏观到微观、从组织到个体转变，不断重视个体意见和情感的表达。近几年，原子能院在多个新媒体策划中，向院所职工和社会大众征集新闻线索和文图作品。例如秋天图片策划《你真的见过原子科学城的秋天么》，通过征集院内多位职工的图片投稿，定格原子科学城的最美秋景，配合富含诗意的文案和排版，展现了原子能院的独特气质和职工昂扬的精神风貌。此外，“我的 2019”“我和我的祖国”“建院 70 周年”主题征文等多个栏目，也使得不同个体的声音能够充分聚合，既能提高传播内容质量，也丰富了院新媒体平台上多元化的内容。

（二）传播内容方面

一是重点领域报道深耕。作为院官方传播新媒体，院微信公众号占据时效性的优势，第一时间为受众提供有价值的信息。例如 2019 年 9 月 27 日为院庆日，院官微当天分别围绕升旗仪式、歌咏比赛、科技论坛等主题展开，保证了新闻的时效性。面对突如其来的疫情，院官微每日更新最新防疫政策和防护措施，并第一时间开设了“战疫情”栏目，随时跟进院内最新防控进展，为院防疫和复工做好信息服务。疫情期间还及时发布了多篇坚守岗位的感人故事，树立了良好的榜样作用。此外，例如对于和平堆升级改造项目、技术骨干和“感动原子科学城”人物事迹等都进行了深度报道，挖掘人物和事件背后的故事。

二是创新语言表达方式。原子能院近两年在新媒体语言风格上不断创新表达，将晦涩的科研信息和常规的新闻内容，与当下流行的网络用语结合起来。例如针对大学生夏令营活动，新闻中心结合轻松幽默的文字、搞笑的网络表情包、略带悬疑感的题目，发布了《100 多个年轻人齐聚原子能院，竟然是为了……》，将夏令营活动描写得妙趣横生；科研动态方面，针对院锂电池研究进展的新闻过于晦涩，新闻中心结合“北京摇号难”的热点话题，官微将原稿过于专业的技术知识与锂电池车辆联系起来，成功做到了“蹭热点”，推出《那些没摇上车号的人儿啊，你们需要关注原子能院这项科研进展》，将高冷科学知识瞬间落地。

三是结合热点策划选题。院官微进行专题策划，将舆论热点与院内新闻结合起来，达到最优化的传播效果。在今年“520”节日之际，院官微结合节日主题，向全院征集“用你的专业给原子能院表白”，并在当天推出《520 丨原子能院科研人的浪漫表白，你心动了么？》，来自各个岗位的院内职工根据自己的专业特质，分别用浪漫情话向原子能院进行了告白，既新颖有趣富含创意，又对院内各个科研专业进行了普及，独具 401 特色。此外，70 周年院庆之际，院官微推出了《70 首三行情诗，送给 70 岁最好的你》；“旅行青蛙”小游戏火爆网络时，官微策划了《401 游记丨你的蛙回家过年了么？》等，这些流行策划都找到了受众的喜好点，抓住年轻群体的注意力，从而形成了良性的互动传受关系。

四是强化影像形式运用。院官微近两年逐渐重视信息内容的视频化表达，在多个重大场合记录第一现场，并追求更生动、真实的情感表现。仅 2019 年，院官微推送短视频 40 多条，既覆盖重大科研生产，也包含特别主题策划。庆祝新中国成立 70 周年期间，新闻中心制作《401 人将最美的深情送给你——中国！》贴合国庆主题，展现了原子科学城中蕴含的拳拳爱国情；高温假攻关团队、2019 年毕业典礼、2019 年末 401 人年度总结、儿童节趣味运动会、院庆歌咏比赛、院秋景雪景等都用短视频的形式进行记录，通过官微使得传播得到极大扩展。此外原子能院也曾与其他媒体一道，以多场视频直播的形式，对活动进行线上传播与推广。

五是注重线上互动体验。原子能院近年来为加强与用户的互动，做出了不少创造性探索。建院 70 周年之际，为烘托院庆气氛，院官微专为院庆主题设计了一款小程序，并联合融媒体工作室成员和院内职工设计多个绘画作品，最终成功推出互动换微信头像策划《院庆倒计时丨@401 人，一起来换院庆专属头像吧！》。策划一经推出，众多院内职工纷纷采用头像框，通过线上互动参与到 70 年院庆这一盛事之中，从而对官微的关注度和粘性进一步提升。此外，在“一堆一器”建成 60 周年之际，院官微推出互动 H5《峥嵘六十年，中秋庆团圆》，每个参与者都可以与平台互动，生成自己与“一堆一器”的合影照，留下纪念性的一刻，富有娱乐性和科普性。

（三）传播渠道方面

一是坚持线上传播，抢占手机端。原子能院近年来在不断完善院官方微信公众平台基础之上，院里其他部门纷纷拓展自身传播渠道，搭建起了院新媒体平台的矩阵，包括所级微信公众号共 20 多个。多元化的传播渠道使院内新闻信息更加丰富，用户覆盖率增大，实现了院内新闻信息的最大化、最优化传播。

二是发展媒体合作，实现多平台融合。5G 时代下，媒体协作和媒体融合成为趋势，不同的媒体平台联动，将会产生更精准的传播效果。原子能院近几年与多个媒体进行合作，包括央视、新华社、中国青年报等，策划了“壮丽 70 年”栏目；也包括科技类自媒体，扩展了信息传播渠道，传播效果良好，例如短视频《探秘原子能院》系列，在院官微取得“4W+”的阅读量，全网获得百万点击量；“微博神探团走进原子能院”活动，“中国硬核力量”的话题微博阅读量达 1.6 亿；此外，院官微多篇主题策划被学习强国 App、中核集团官微、抖音等合作转载，进一步提升了院信息传播的能力。

（四）传播受众方面

一是关注受众群体的多元化。院官微的受众不止局限于院内职工，而是包括更多关心原子能院的社会人士。例如科普策划《视频丨探秘原子能院，这可能是你从没见过的 401》，通过与科技自媒体合作讲解的方式，院内新老职工和自媒体人对谈，讲解了原子能院的多项科研设施，首次以纪实的方式揭开了科研院所的神秘面纱，吸引了大量原子能院职工群体之外读者的注意力，打破了“官微只为职工服务”的刻板印象，成功做到了“出圈”；例如“质子治癌”的相关报道也使得更多社会人士关心这项与自身健康息息相关的重大科研进展等。

二是注重受众的生产传播性。原子能院鼓励职工及大众进行科普、文化等内容创作，让他们从受众变成生产者，并为媒体平台提供更多优质的原创素材。例如此次抗击疫情战斗中，院职工及家属进行创作并投稿，官微整理后发布《战疫情丨春暖花开时，我们会与所爱之人相聚!》，许多职工子女的绘画、文字等作品借助官微平台进行发表，凝聚了院内外人的力量。此外关于“建院 70 周年”文图征稿和“建院 70 周年 logo”等多个策划，院官微特别推出征集活动，提升大众的积极性与参与感，充分发挥他们的主体作用。

（五）传播效果方面

一是平台粉丝量增加，用户认同感提升。由于传播内容和方式的创新，原子能院在新媒体传播的道路上实现了质的飞跃，策划的多个选题引发朋友圈刷屏，职工反响强烈。院官微粉丝数两年内增长了两倍左右，实现了指数级增长。此外，用户与院官微的黏性逐步提高，表现为转发量、点赞量、留言量的增加。

二是形成文化传播，打造良好品牌形象。长期以来，原子能院利用微信公众平台为基础，在承担了发布新闻报道的功能之外，还实现了院文化的传播，吸引了大量受众群体的阅读和转发，提升了院所和受众之间的向心力与凝聚力，逐步形成了独具特色的科研院所品牌，也为之后进一步发挥好舆论阵地的作用打下良好基础。

三、关于科研院所新媒体传播的再思考

4G 改变生活，5G 改变社会。5G 时代，信息内容更加丰富、多元、个性化，但用户，或者说人，仍是绝对的核心，为用户提供优质的信息服务仍旧是新媒体的传播

使命。习近平总书记指出，读者在哪里，受众在哪里，宣传报道的触角就要伸向哪里，宣传思想工作的着力点和落脚点就要放在哪里。要顺应互联网发展大势，勇于创新、勇于变革。5G时代下，科研院所需要适应新的传播语境、传播渠道、传播方式，不断实现整合创新，以多终端、多渠道、多形式的传播手段，生产并传播大众喜闻乐见的信息内容，营造良好的科学氛围。

一是内容为王。5G时代，速度越来越快，视频越来越短，受众的注意力越来越稀缺，而信息的深度、广度、温度也同样稀缺。每个时代都有每个时代的表达方式，但无论媒介如何迭代，语态如何更新，受众的核心诉求从未改变，“内容为王”是万变不离其宗的时代要义。习近平总书记指出，内容创新、形式创新、手段创新都重要，但内容创新是根本的。在当今时代背景下，垂直化和深度化的特色内容将会受到更多青睐。对原子能院这类科研院所来说，要正确判断自身定位，深度挖掘自身独特优势，即丰富的最新科研信息资源，在此基础上进行多种形式的科技资讯传播、通俗化科普宣传等，将科学知识与每一个受众和他所关心的外部世界发生联系、产生互动。此外，除却进行科普知识宣传等“硬知识”外，科研院所还应基于自身品牌，生产有温度、有情怀的“软文化”，前者旨在用知识干货聚拢用户、留存用户，后者则用流行文化和创意内容黏住“新生代”用户，二者相互结合，从而不断扩展传播受众范围，使其不仅仅局限于院所职工，实现内容的大众化传播。

二是创新为要。创新没有止境，随着媒体融合的不断深入，信息传播的内容、手段、形式都需要不断创新，才能不断适应这个全新的媒体生态环境。内容创新方面，要求传播主体需要充分挖掘自身信息资源，不仅聚焦于日常科技资讯和知识科普，更应关注受众的兴趣点，以此为基础进行更多方面内容创作；形式创新方面，科研院所应善于运用当下新的科技手段和表达方式，更灵活地向世界展示“科学是什么”和“科学为什么”，不断贴近受众的观看习惯。例如利用VR全景直播，沉浸式、交互性视频等形式，不断创新优质内容的表达方式，缩短科学和受众的心理距离。

三是渠道为重。平台化是互联网的发展趋势，也是媒体宣传发展的必然趋势，近年来，不少传播主体都在平台建设方面持续发力，通过自建平台、合作入驻等方式，不断拓展自身传播阵地。例如短视频具有信息承载量高、可视化强、内容灵活的特点，科研院所今后要立足自身科普信息等优质内容，运用抖音、快手等短视频平台，通过制作短视频产品实现信息深挖和传播效果升级；此外，还可以入驻新浪微博、微信视频号、学习强国App等传播平台，掌握第一手发声渠道，建立院所与受众之间更直接的信息传达和互动，在深耕内容价值的基础上，研究新技术新应用，发挥渠道优势。

（作者：李文琪）

第四部分

加强基层党建 融入中心工作

党建联建引领保障“华龙一号”全球首堆全面建成的实践探索研究

摘　要：在重大工程现场推进党建联建，是在中核集团党组指导推动下的党建模式创新，形成了一套独具特色的党建融入重大工程创新管理模式，有效促进和保障“华龙一号”示范工程安全质量和工程进度，取得了阶段性成效。本文在总结福清核电基地“华龙一号”党建联建工作探索与实践经验的基础上，对党建联建工作思路、管理模式、提升方向等方面系统地进行阐述。

关键词：华龙一号；党建联建；党建模式；实践

坚持党的领导、加强党的建设是国有企业的“根”和“魂”，是我国国有企业的光荣传统和独特优势。福建福清核电有限公司（以下简称“福清核电”）5、6 号机组建造采用了我国自主研发的三代核电技术——“华龙一号”，肩负着打造“国之重器”、促进民族核电腾飞的国家使命。要做好这样一项艰巨而复杂的超级工程，需要将国有企业党建独特优势转化为促进项目建设的组织优势，最大限度整合现场各领域、各单位、各行业的党组织资源、行政资源、社会资源，充分动员、组织党员和职工群众，在福清核电基地构建区域统筹、资源整合、优势互补、共建共享的基地党建工作新格局，确保工程项目安全高质量推进。

一、研究意义

（一）开展党建联建是深入贯彻习近平总书记重要指示批示精神的内在要求

我国核工业创建 60 周年之际，习近平总书记作出重要指示，核工业是高科技战略产业，是国家安全重要基石，要坚持安全发展、创新发展，坚持和平利用核能，全面提升核工业的核心竞争力，续写我国核工业新的辉煌篇章。这为我国核工业的发展提供了根本遵循，核工业发展迎来了“两弹一艇”以来最为重要的战略机遇期。“华龙一号”示范工程是我国核工业发展第三个 30 年的标志性工程，是新时代“创新中核”的代表。因此，建设好“华龙一号”示范工程更要毫不动摇坚持党的领导、加强党的建设，坚决贯彻落实习近平总书记重要指示批示精神，有力保障示范工程安全高质量推进，将“华龙一号”打造成经得住各方检验的“国家名片”。

（二）开展党建联建是安全高质量推进示范工程建设的迫切需要

重大核电工程项目涉及土建、安装、调试、运行多个阶段，整个建设周期涵括多家参建单位、众多参建人员，由于各单位之间互不隶属、工作分工不同、资源共享不充分、各自短期利益诉求不一致等问题，客观上存在上级指挥太远、成立新的组织机构又容易“叠床架屋”。示范工程现场共有六家隶属于中核集团的主要参建单位，分别是业主单位福清核电、总承包方中核工程、监理方中核咨询，建设单位中核二三、中核二四、中核五公司，以及 1 家政府监管机构——生态环境部华东核与辐射安全监督站。基于这种情况，迫切需要联合现场各基层党组织开展党建工作，探索形成一种全新的党建工作促进核电工程建设的新机制和新载体。

（三）开展党建联建是创新党建载体，提升基层组织力的有效途径

党的十八大以来，中核集团党组带领各级党组织认真贯彻习近平新时代中国特色社会主义思想，把企业党建作为改革发展的先导工程抓实抓好，党建工作成效凸显，政治生态、队伍素质、企业形象都发生了深刻变化。“两核”重组后，中核集团党组制定了新时代核工业“三位一体”战略目标，是我们研究制定各项决策部署的根本要求。为有力推进“华龙一号”示范工程现场建设，现场党组织必须找到大力协同、协同攻坚的有效途径，拿出务实管用的举措，推进了“华龙一号”示范工程建设动力变革、效率变革、质量变革，实现将组织活力转化为发展活力、党建优势转化为内在优势。

二、实践路径及成效

（一）突出顶层设计，实现党的组织体系与工程管理体系有机融合

党组织是引领国有企业改革发展的关键和核心，地位重要、任务艰巨、责任重大，只有不断提高党组织建设水平，才能担大任、创大业、行大道，切实担负起推动“华龙一号”示范工程建设的光荣使命。

1. 坚持高位化推动，聚焦组织建设领导力

“群雁高飞头雁领”。在重大工程现场推进党建联建，是在中核集团党组主要领导

直接指导推动下的党建模式创新。中核集团董事长、党组书记余剑锋同志要求，要进一步提高政治站位，充分发挥党组织优势和党建联建作用，充分发挥党建联建在工程建设中的作用，加强上下沟通和公众宣传，讲好示范工程的故事、提炼好精神、打响品牌，为工程建设营造良好的环境氛围。中核集团总经理、党组副书记顾军同志指出，要继续在求实效上下功夫、继续在创新方式方法上下功夫、继续在围绕中心抓党建上下功夫、继续在提振广大党员干部担当作为精气神上下功夫，充分发挥党建联建优势，凝聚起攻坚克难的磅礴力量。在中核集团党组坚强领导下，“华龙一号”示范工程各参建单位党委自觉提高政治站位，从筑牢民族复兴基石的高度，全力推动国家重大工程项目建设，以打造国之重器的实际行动，彰显了中国特色社会主义道路、理论、制度、文化的强大生命力和独特魅力。

2. 坚持一体化协同，凝聚重大工程向心力

“华龙一号”示范工程需要协调产业链上下游错综复杂的生产关系。现场各参建单位将党组织与重大工程建设保障体系有机融合，构建了跨产业链、跨行业、跨单位的“区域统筹、资源整合、优势互补”的工作体系。按照“军种主建、战区主战”思路，“华龙一号”示范工程现场6家参建单位与生态环境部华东核与辐射安全监督站共同成立“华龙一号”党建工作联合委员会，联合委员会作为重大工程建设的“前敌指挥部”，是阶段性设置的现场党建工作联合体，定位为跨单位、非常设联合工作机构，自成立起至“华龙一号”示范工程全面建成后终止。为了保证后续党建联建工作的质量和实效，联合委员会主任由业主单位福清核电党委书记担任，6家单位各派出1名分管示范工程的党委班子成员任委员。联合委员会下设办公室，承担联合委员会日常工作，办公室设在福清核电党建工作处，并由福清核电党委副书记担任办公室主任，现场各参建单位党组织主要负责同志担任联合委员会办公室成员。构建了包括设计方、建造方、监理方和政府监管方在内的党建联建架构，有力穿透单位壁垒、打破利益藩篱，推动福清核电基地形成区域统筹、资源整合、优势互补、共建共享的党建工作新格局。联合委员会深入贯彻两个“一以贯之”要求，通过完善制度设计和运行机制，完善党对国有企业全面领导治理体系的顶层设计，统筹协调各不同治理主体间的关系，发挥党委“把方向、管大局、促落实”领导作用，有效破解国有企业重大工程项目党组织与其他治理体系关系处理难题。

3. 坚持制度化保障，保证体系运作执行力

制度保障是国有企业党建的关键。必须要拿出制度化、常态化、具体化的硬措施。党建联建建立高效规范的工作机制，确保运行机制的畅通。联合委员会坚持“三不影响”“四个聚焦”工作原则，确保大事共商、机制共建、成果共享。制定《联合委员会及办公室会议制度》《联合委员会品牌宣传实施办法》等程序，通过制定工作指引，明确党支部和党员参与党建联建工作的目标和要求，让他们知道干什么、怎么干，保

证重大事项共商解决。建立微信群、通信录和邮件组，畅通日常交流、信息共享、经验总结、问题反映渠道。建立跟踪落实反馈渠道，通过联合委员会及办公室会议，协商议定相关事项，并对会议行动项跟踪落实，增强落实上级部署的穿透力和解决基层问题的实效性。建立工作周报和月度简报机制，形成长效机制，并将党建联建的日常工作转化成《党建联建标准化工作手册》，固化经验、总结推广。制度优势是党建联建的坚强保障，实现了各主体在价值导向上的同心同向、在具体行动上的协调一致，是制度优势转化为治理效能的一次生动实践。

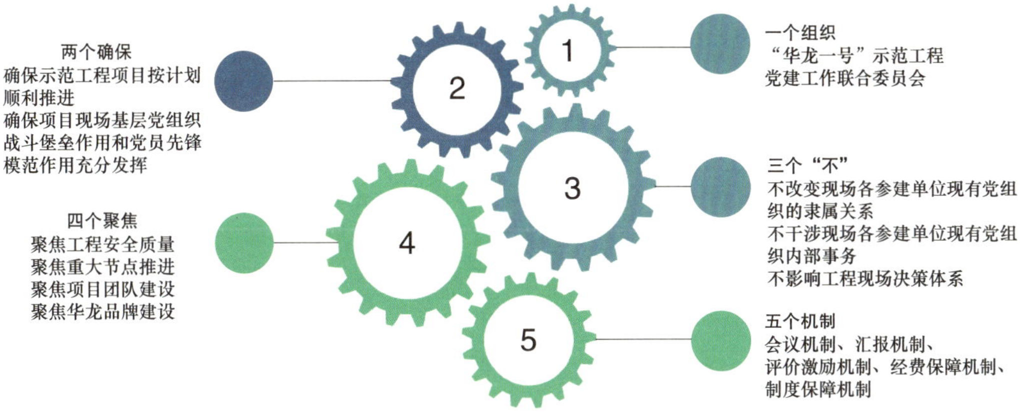

图 1　党建联建“12345”工作机制

实践证明，办好中国的事情关键在党，要坚持建强国有企业基层党组织不放松，发扬“支部建在连上”优良传统，将支部建到项目上、建到班组上，确保企业发展到哪里、党的建设就跟进到哪里、党支部的战斗堡垒作用就体现在哪里。

（二）突出组织引领，促进党建联建工作与现场中心工作有机融合

基层组织是党的肌体的“神经末梢”，是党的全部工作和战斗力的基础。国有企业要紧紧围绕增强党组织组织动员能力，不断改进理念思路、工作方式，全力延伸党的触角，切实建强战斗堡垒，着力消除空白点、扩大覆盖面、确保党组织作用落地落实。

1. 坚持系统化部署，凸显基层支部组织力

联合委员会结合现场工作实际，围绕重点难点问题，坚持任务在一线落实、情况在一线了解、问题在一线解决，引导各党组织围绕示范工程建设开展“党员示范岗”“党员先锋队”等，成立多单位共事的专项推进组，委员带头协调解决工程建设难题，秉承“今日事、今日毕”的工作作风，相继促进了包括 5 号机组冷试、热试、装料、并网和 6 号机组核岛外穹顶施工等重大项目顺利推进。跨单位成立专家小组，共同处理工程建设难题，平均 2～3 天解决一个问题，在保证施工安全质量的同时，加快了

工程进度。定期组织开展“现场人员安全质量意识提升”主题活动和经验交流座谈会，建立“震撼教育”常态化机制，党员带头开展施工现场安全隐患排查治理和安全巡查工作，将党建引领融入安全建设，提升现场安全管理水平。同时不断健全和完善项目管理体系，通过沙盘推演和 TOP10 管理的方式完善了工程建设相关的程序制度，规范了项目管理的组织与执行，提升了风险识别与管控能力。

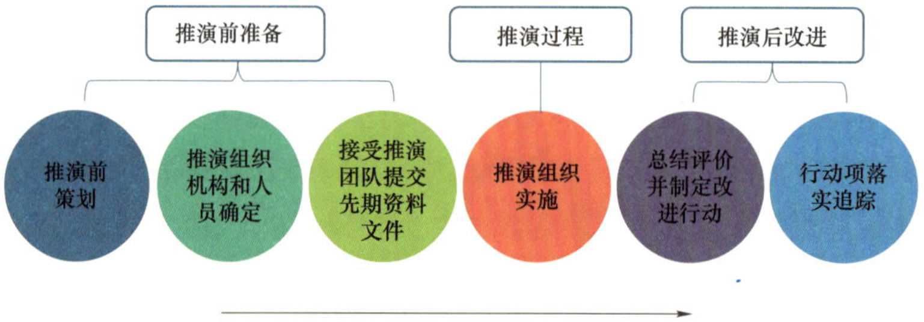

图 2 “华龙一号”沙盘推演管理流程

2. 坚持自主化攻关，迸发科技创新驱动力

自“两弹一艇”以来，自主创新始终是中国核工业之魂。进入新时代，中核集团坚持新发展理念，把自主创新摆在更加重要的战略位置，加快“三新一高”的发展要求，已经形成了覆盖核工业完整产业链的自主技术体系和自主品牌体系，尤其是自主设计、研发的三代核电“华龙一号”正在昂首阔步走向世界。联合委员会将党建工作和科技创新发展深度融合、同频共振，积极引导现场职工联手开展技术创新，切实发挥科技创新的“助推器”和“催化剂”作用。发明了我国首个常规岛内的工作平台、举臂式升降机等，极大提高了工作效率和本质安全度。工程调试领域党员着力攻克“卡脖子”核心技术，首次实现“三新”设备发变组保护光电转换接口柜自主检修，首次实现核电领域内汽辅泵调节机构部件自主改进优化，首次形成国内汽辅泵检修领域的标准化产品。华龙团队共开展 54 项科研攻关项目，研制“三新设备”上百台套，突破了 411 台核心装备的国产化，“卡脖子”问题一一被攻克，并形成科技专利 700 余项，为华龙工程现场科技创新提供了强劲的“驱动力”。同时，定期举办创新成果交流会，展示自主研发的创新成果，构成党建工作对科技创新的“驱动力”，有力支撑了“华龙一号”批量化建设和“走出去”。

3. 坚持多元化评价，激发党员冲锋原动力

为进一步激发班组的积极性、主动性、创造性，发挥党建联建的正向激励作用，联合委员会建立党员“红绿灯”、班组“点赞卡”和支部“满意度”的“三维一体”评价机制。对进驻班组的党员履职情况及工作成效进行评价，无偏差为“绿灯”，否则为“红灯”，建立历史台账，按周反馈“红灯”班组整改落实情况。党员主动深入班组协助查找问题，提出针对性改进措施，助力班组改进提升。截至目前，所有红灯

情况均已整改落实。联合委员会创新实施“点赞卡”评价机制，对主动作为的班组和党员进行“点赞”，进一步增强党员责任意识和主动意识，引导党员“关键时刻站得出来”，进一步激发了现场班组工程建设“打硬仗”、任务攻坚“主力军”、危及关头“急先锋”的作用。同时建立支部“满意度”评价机制，年度由联合委员会统一组织对支部进行评价，评价结果通过简报、现场大屏集中展示。对月度、季度、年度“优秀党员”表彰，表彰结果同各单位荣誉体系、员工职业发展相结合，极大提升现场施工人员的战斗力和执行力。

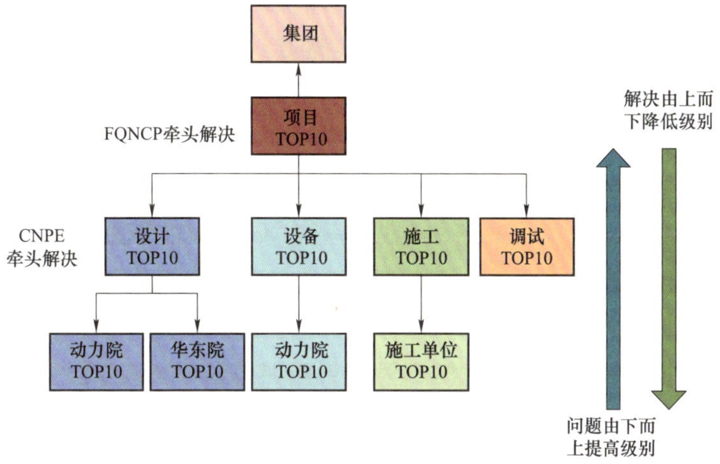

图 3 “华龙一号” TOP10 管理流程

实践证明，加强国有企业党的建设，必须要着力抓好基层党组织建设，要在发挥基层党组织的战斗堡垒和党员的先锋模范作用两条建设主线上协同推进，形成团结奋斗的磅礴力量，推动国有企业党的建设和改革发展不断迈上新台阶。

（三）突出人文关怀，推动党的工作优势与团结服务群众有机融合

全心全意为人民服务是党的根本宗旨，基层党组织和广大党员要把服务作为基本职责，坚持一切决策从员工出发、为员工着想、发展成果由全体员工共享，以实际行动实现好、维护好、发展好员工根本利益，确保我们党始终拥有不竭的力量源泉。

1. 坚持精细化服务，提升干事创业凝聚力

船的力量在帆上，人的力量在心上。联合委员会深入基层组织群众、宣传群众、服务群众、凝聚群众，增强基层党组织的组织力、凝聚力、战斗力和号召力。做实员工思想工作，打通服务员工“最后一公里”。联合委员会及时掌握一线班组的思想和工作情况，将解决思想问题同解决实际困难结合起来，及时将中央精神、上级部署用班组工人听得懂的语言、易于接受的方式进行传达，及时解决班组实际问题，有效增

强了落实中央重大决策部署、落实中核集团党组决策的穿透力。及时了解工人思想动态，细致推进人文关怀。为打通服务员工的“最后一公里”，现场建立反馈平台，跟踪处理和解决现场工作环境、后勤保障等问题1200项，赢得了一线工人的极大信任和全力拥护。新冠肺炎疫情暴发之际，联委会动员全体党员全力确保疫情防控与复工复产，解决返岗人员后勤保障，“点对点、一站式”接车返岗，统一组织核酸检测，工程现场始终保持“零疑似、零感染”，工人返岗率100%，切实担负起“确保机组核安全、人员生命安全健康、履行电力保障民生与重点项目建设”的政治责任。

2. 坚持品牌化宣传，扩大华龙品牌影响力

思想是行动的先导，宣传是聚力的号角。针对“华龙一号”示范工程重大节点对外宣传，“华龙一号”党建联建依托由各参加单位共同组成“华龙融媒体工作室”，整合现场宣传资源，联合委员会提供统一宣传口径，各参建单位充分利用各自平台统一宣传，做到一次采集、多次生成、多元发布、多平台互动，形成“1+1＞2”宣传效应，积极向新闻媒体推介宣传工作中的新举措、新进展、新成效、新亮点，让外界了解“华龙一号”示范工程的特色优势，全方位树立和展示工程品牌形象。同时，坚持深入基层一线，找准视角，深度挖掘，各参建单位积极加强基层党组织战斗堡垒和党员先锋模范作用发挥的宣传以及一线团队建设和员工风采的宣传，宣传党建联建典型经验和工作成效，近三年共32次荣登央视，刊发70余篇党建联建新媒体文章，阅读量近20000人次，涌现出了一大批冲锋在前、英勇奋战的先进人物事迹，极大提升了现场全体施工人员的士气和信心，营造浓厚的干事创业氛围。

3. 坚持以文化铸魂，突出情感认同号召力

文化是推进高质量发展更为持久深远的力量。“华龙一号”示范工程项目的顺利实施，得益于大力弘扬“两弹一星”精神和“四个一切”核工业精神的同时，联合委员会根据自身发展所需、时代所需，深入推进新中核文化理念落地深植，强化文化引领和执行力提升，探索形成了具有福清核电特质的“六同”理念和“华龙精神”。“华龙一号”从设计、建设到运营，凝聚了新时代核工业人勇担国任、自主创新、勇攀高峰的崇高精神力量，是新时代核工业精神的一个缩影和写照。这种精神诠释新时代核工业人的文化品质和精神内涵，强化了员工对核工业的文化认同，彰显了“行稳致远”的长久效应，有效激励全体核工业人凝心聚力、奋勇拼搏完成国家赋予的崇高使命和光荣任务。

实践证明，联合委员会深入了解一线工人实际困难，强化服务措施，帮助解决合理诉求，使党员的先进性得以充分彰显，党组织的服务意识和服务水平进一步提升，真正把一线工人凝聚在党组织周围，不断激发了广大建设者们的内生动力。

三、经验启示

（一）必须始终坚持党的领导、加强党的建设，企业发展才有正确方向

国有企业必须始终坚持党的领导、加强党的建设，党委在企业决策中站高位、谋大局、引领正确的发展方向，保证和促进企业高质量发展。联合委员会深入贯彻落实习近平总书记两个“一以贯之”要求，通过完善运行机制和制度设计，统筹协调各不同治理主体间的关系，切实发挥党委“把方向、管大局、促落实”领导作用，打造出一支关键时刻听指挥、拉得出，危急关头冲得上、打得赢的华龙建设团队，有效破解国有企业重大工程项目党组织与其他治理体系关系处理难题。

（二）必须始终坚持融入中心、服务大局，企业发展才有坚实保障

必须始终坚持党建工作与重大工程建设深度融合，以建设成果检验党组织工作成效。联合委员会始终坚持融入中心、服务大局，以“四项聚焦”工作目标为抓手，“协同化、一体化”推进党建联建工作。通过提升基层党组织的组织力，在发挥基层党组织的战斗堡垒和党员的先锋模范作用两条建设主线上协同推进，形成团结奋斗的磅礴力量，有力提升了基层党组织的号召力、向心力、凝聚力，有力促进了重大工程项目安全高质量推进。

（三）必须始终坚持员工在企业中的主体地位，企业发展才有不竭动力

党的建设必须突出主体性，才能使党建工作落实落地。联合委员会积极践行“幸福中核”建设，深入了解员工实际困难，帮助员工解决合理诉求，结合工程攻关项目常抓常新，搭建员工展示才华、脱颖而出的平台，激励广大员工在努力奋斗中获得成长、实现收获，激发了员工无尽潜能，增强员工的归属感和荣誉感，营造出员工个人幸福与企业绩效有机结合、物质幸福与精神幸福相得益彰、创造幸福与享受成果相辅相成的良好局面，真正地将一线工人凝聚在党组织周围，不断增强党组织的向心力。

四、结束语

2021 年 1 月 30 日，“华龙一号”全球首堆福清核电 5 号机组投入商业运行，标志着我国打破国外核电技术垄断，正式进入核电技术先进国家行列，我国实现由核电大国向核电强国的跨越。从跟跑、并跑到领跑的实践再次证明，党建工作做实了就是生产力，做强了就是竞争力，做细了就是凝聚力。

行者方致远，奋斗路正长。在建党百年之际，福清核电将以决战决胜的勇气和舍我其谁的担当，深度践行“强核报国、创新奉献”的新时代核工业精神，高质量开展党建联建工作，全力以赴打赢重大项目攻坚战，以党的建设高质量引领中核集团实现高质量发展，以兴核强国的实际行动，回应时代召唤、不负中央重托、无愧历史选择，在实现中华民族伟大复兴的新征程上凯歌行进！

（**作者：**成　利、刘红超、秦　婕）

深化党建质量体系运行的实践研究

——以中核华兴霞浦示范快堆工程项目为例

摘　要：科学的党建工作方法是解决制约党建高质量发展问题的可靠途径，是提高党的建设科学化水平的重要支撑。面对新时代新要求，中核华兴霞浦示范快堆项目部党委按照中核华兴党建质量管理体系运行实施要求，将“四个同步”“四个对接”“六个结合”全过程融入党建工作，搭建起党建与中心工作融合的“路”和“桥”，切实将党建工作成效转化为改革发展活力和竞争实力，真正让党建成为看得见的生产力。

关键词：党的建设；党建质量管理体系；生产力

党建质量管理体系是中国核工业华兴建设有限公司（以下简称“中核华兴”）借鉴核电工程质量管理原理开展的党建工作创新实践，通过借助体系化建设对原有党建内容进行顶层设计和流程再造，把质量管理方法转化应用到体系运行的全过程，为加强党的自身建设，实现党建管理项目化，提升党建工作质量，进而保障重点工程“后墙不倒”，推动中核华兴高质量发展提供了新的实践途径。

一、传统基层党建工作存在的问题

（一）党建工作与生产经营融合度不够

党建工作虽然嵌入了生产经营环节，但是活动的黏性不足，工作布置满足于形式要求，与生产经营和改革发展的连接不够紧密，没有实现同频共振。

（二）党建工作体系化程度不高

党建工作的管理制度、文件体系复杂，党组织、群团组织、纪检监督等各板块工作自成一体，指导文件格式不统一、要求不统一、考核测评标准不统一，集成化、标准化水平待提升，需要重新进行梳理整合，加强顶层设计。

（三）党建工作创新能力不足

党建工作方式方法传统，活动载体不新颖，开展形式不多样，过程管理手段缺乏，经验总结、固化提升不足，党建工作的过程化、流程化、信息化程度不高，与新形势下党建工作要求不匹配。

（四）党建工作经验传承困难多

党建工作依赖经验传承尤其是“师带徒”模式，由于老一辈党建工作人员尤其是成熟人员日益减少（退休），新进党务人员补充不足，导致党建工作“人才断档”现象加剧，工作连续性不强，党建质量缺乏有效保障。

二、党建质量管理体系对基层党建工作的重要意义

（一）有利于基层党组织规范开展党建工作

党建质量管理体系以《党章》《准则》《条例》等党内各项规章制度为理论和政策依据，保证了党建质量管理及业务标准与党的方针政策的一致性。同时结合公司传统党建的自身特点和良好实践，按照坚持和加强党的全面领导的要求，将党的建设、群团统战、企业文化、安全维稳等工作一并纳入党建质量管理体系，构建“大党建”工作格局，形成了由 1 份大纲、37 份管理程序、45 份操作规程组成的体系归集，基本涵盖了党建工作的所有业务，系统整合了党建管理范围，为开展党建工作和党建管理活动提供了全流程依据和规范。

（二）有利于党务人员的业务能力提升

党务工作者作为党的工作的组织者、执行者，是党建工作的关键和基础。为此，增强党务人员的业务素养，推动基层党建工作水平整体提升，是加强党的建设和不断提高党建质量的内在需求。党建质量管理体系涵盖的党建工作程序文件和操作规程是对党建工作的各项要求的细化与注释，以流程化的方式来保证制度化、规范化。以发展党员为例，《发展党员操作规程》将“党员发展计划管理，提出入党申请，确定入党积极分子，入党积极分子的考察、教育和培养，发展对象的确定、培训及政治审查，发展预备党员、预备党员转正”等发展党员的全过程列出详细的流程，党务人员仅需对照规程按步骤有序开展，即可保证发展党员的标准化和规范化。以党建质量管理体系为工作遵循，有利于党务人员规范开展党建工作，同时通过深入学习掌握，可不断提升党务工作能力，为党务工作人员提供了工作指南和自我学习提升的“教科书”。

（三）有利于基层党建工作管理的延续性

党建质量管理体系通过整合党建资源和工作内容，明晰了党建质量管理路径和过程方法，适用于公司范围内开展的所有党建管理活动，是各级党组织开展党建工作的指导性文件。在开展具体工作时，各级党组织和全体党务人员具有执行工作标准的一致性，具备同一层级管理一种运行路径、同一业务活动一套行为方式的良好模式，因此无论是基层党组织调整或党务人员调换，不影响党建工作质量和过程活动的延续性。

（四）有利于党建工作与中心工作深度融合

企业质量管理依靠质量管理体系，运用质量管理体系的话语，而我们党经过 100 年的发展，也形成了自己独特的一套话语体系，两者一定程度上契合不够，这才导致“两张皮”现象的存在，也是制约党建难以发挥作用的根源。通过运行党建质量管理体系，党建与生产经营在话语体系上实现了深度融合，这两套完全不同的体系开始共同运用同一种话语来描述，那就是质量管理、过程管理，在人的心理层面上就消弭了党务工作与生产经营工作的隔阂，党建与生产经营都是管理，都是生产力，能够围绕共同的发展目标协同奋斗，实现了同布置、同推进、同监督、同考核，这为解决“两张皮”问题提供了坚实的思想基础。

三、党建质量管理体系在推进项目高质量发展的具体实践

2018 年 6 月，霞浦示范快堆项目部党委积极开展争创党建质量管理体系示范党委，通过扎实推进党建质量管理体系运行，项目部两级党组织基本组织、基本制度、基本队伍建设进一步夯实，党建与生产经营深度融合，两级党组织党建工作程序化、标准化、科学化水平进一步提高。在推进党建质量管理体系运行过程中，项目部党委坚持党建融入生产经营，科学设计工作载体，以标准化党支部建设为切入点，坚持服务项目建设、新组织机构试点等中心工作不偏离，充分发挥了党支部战斗堡垒和党员先锋模范作用，进一步激发党建工作活力，真正把项目部的党建优势转化为竞争优势和发展优势。

（一）坚持“两围绕”“两结合”“两明确”，扎实推进党建质量管理体系宣贯

一是“两个围绕”明确推进方向。根据公司《党建质量管理体系推进计划》、核电工程事业部《党建质量管理体系示范建设推进方案》，结合工作实际，项目部编制

了《党建质量管理体系示范建设推进方案》，制定示范党委和示范党支部建设的具体工作内容和实施要求，细化形成 2 份工作推进计划。围绕示范党委建设，共制定 12 项活动内容、22 条推进计划；围绕示范党支部建设，共制定 9 项活动内容、18 条推进计划。

二是"两个结合"确保学习深度。项目部坚持线上线下相结合，营造学习氛围，在线上通过钉钉推送、内刊《霞核征程》发布学习内容和体系推进情况；在线下分别在办公区和施工现场设置党建质量管理体系宣传展板，营造宣贯全员覆盖、推进全员参与的良好氛围。同时，项目部党委坚持集中学习和个人自学相结合开展培训学习，制定《党建质量管理体系文件宣贯培训计划》，对大纲、管理程序和操作规程按照"党委、党支部、党员"分类，以集中学习和个人自学的方式，通过党委会、中心组（扩大）学习、季度党群例会、党支部"三会一课"开展培训学习，保证学习体系文件全覆盖，党员全覆盖。

三是"两个明确"加强体系运行过程管控。项目部明确体系运行要求，依托《党建质量管理目标评价办法》，将"政治过硬、业绩优良、客户满意"三项目标的实现情况作为考核党建质量管理体系运行效果的主要内容，设置 50 个评价维度、150 项评价指标，每项指标对应相应分值，以实现考核评价全覆盖和考核评价可量化，使党建工作考评由"软指标"变成"硬约束"。明确体系运行责任，各党支部书记与支部所在的部门负责人签订《党支部标准化建设责任书》，共同推动党建质量管理体系实施；结合季度党群例会和党群工作推进会，各党支部书记汇报本支部党建质量管理体系学习推进情况、存在的不足以及下一阶段工作计划，以 PDCA 循环管理加强体系运行过程控制。

（二）"四标准一共建"推进党支部标准化建设

党建强不强，关键看党支部。党支部是党组织开展工作的基本单元，是党的全部工作和战斗力的基础。以党建质量管理体系推进加强党支部标准化建设，进而提升党建工作质量是项目部创建党建质量管理体系示范党委的核心思路。

一是组织机构标准化。党委选配政治素质高、业务能力强、经得起考验的年轻干部充实到党支部班子中，持续健全党支部组织机构。依据职责清晰、各有分工、协同配合的原则，各党支部委员会均由 3 名委员（党支部负责人、组织纪检委员、宣传委员）组成。同时为更好地开展学习教育，各支部根据党员人数和所属部门职责分工特点，划分为若干个党小组（机关党支部根据部门划分、现场党支部根据区域划分，经理部党员领导干部根据分管部门同步划分至党小组），实现党的组织和党务人员同步配备。

二是党内组织生活标准化。各党支部严格按照党建质量管理体系要求，把规范开展党内组织生活作为严格党员管理、加强党员教育的重要途径和载体。落实“三会一课”和主题党日制度，组织开展集中学习研讨，及时传达上级党组织各项决策部署，讨论表决支部重点工作；发挥党支部引领服务职能，现场党支部围绕工程建设重点、难点与党内组织生活有机结合；本部党支部结合联合党支部组成特点，把各部门重点工作纳入党小组讨论范围，发挥党小组职能。

三是党员教育管理标准化。各党支部结合“三会一课”、学习强国学习平台等，有针对性地开展政治理论学习和反腐倡廉教育，切实提升党员的党性修养和廉洁意识。同时为提升学习成效，党支部创新微视频、微党课等形式，不断丰富学习内容。

四是党支部工作台账标准化。项目部党委采购规格型号的文件夹发放到各党支部，各党支部所有纸质类资料按照党委规划，设置为“党支部基本情况、党员管理、工作制度章程”等 8 个类别进行归档，确保纸质文档和电子文档统一。

五是党支部共建互联。项目部 5 个党支部与霞浦核电 8 个党支部开展党建联建，聚焦党建、施工生产、项目管理等中心工作开展共建活动，不断推动中核华兴与霞浦核电“资源共享、党建共做、优势互补、协调发展”“党务业务双促进双提高”的党建与生产经营深度融合新格局。

（三）融入中心工作，实现同频共振

一是把党委领导作用嵌入项目发展各个环节，围绕生产经营等中心工作，将项目管理、安全质量、降本增效、生产生活中遇到的重大问题作为切入点，进行分类归集形成解决清单，由班子成员、各部门根据分工和职责组织实施，同时对责任进行明确，把党建融入中心工作。

二是把党支部战斗堡垒作用辐射到业务工作全部流程。把生产经营工作纳入党支部、党小组会议议程，党支部牵头组织、各部门横向沟通，围绕工作中的问题开展统一讨论、集中解决，达到纠正缺点、错误，消除思想和工作上的分歧，增进团结，推动党建工作与生产经营紧密结合。以年度重大施工节点、经营产值为攻坚目标，成立 5 支“党员突击队”和 9 支“党员服务队”，充分发挥党员示范、带动和辐射作用，坚持服务生产经营不偏离。

三是把党员先锋模范作用发挥到攻坚克难所有节点。在项目建设方面，以“党员突击队”和“党员服务队”为主要载体，从业务指导到现场监督、从核岛现场到材料堆场、从隐患排查到质检验收，处处发挥党员示范、带动和辐射作用，为保障工程“后墙不倒”提供组织保障；在安全管理方面，以“安全文化建设年”为契机，开展三项主题活动，项目部 10 名党员领导干部与所有部门、专业公司建立联系点，86 名党员与现场 139 个班组开展结对，建立 18 个党员共建责任区，在安全管理“最后一公里”上发挥作用，筑牢安全管理思想防线，提升党组织在基层的影响力；在创新引领方面，

以实现党建和工程建设“双丰收、双示范”，项目部党委成立3个“党员攻关小组”，5个“党员创新创效小组”，聚焦智慧工地建设、成本管理体系建设、思想政治研究、劳模创新工作室创建以及“最美职工之家”“一团一品”建设，着力破解长期存在的项目生产和经营管理难题。

（四）创新探索党建信息化管理

通过“互联网+”思维创新党建工作，以“党建+信息化”的方式，开发霞浦示范快堆项目部党群信息管理系统，进一步推进体系运行和党建标准化。

一是实现项目部党群OA信息化办公。系统设置文件管理、党建工作、群团工作、纪检工作、企业文化、宣传工作、系统设置等八个模块，通过文件录入、文件审批、任务处理、成果审核、归档上传等工作程序实现党建全流程信息化管理，实现业务制度化、制度流程化、流程表单化、表单信息化。

二是形成项目部党群工作资料库。各版块下设组织机构、程序文件、策划计划、组织运行、监督评价、总结改进等子菜单，涵盖党群工作全流程内容，党务人员负责分管版块的运行维护，及时将党群工作开展成果录入系统，同时各模块信息资源共享，经授权人员可实时查阅权限内的各项材料，实现了党群信息的共融、共建、共享。

三是建立监督考核的平台。通过党群信息管理系统对各版块党群工作进行全程化、可量化的检查监督，实时了解项目部两级党组织工作开展情况，达到办公、存储、共享、考核四大管理目标。

四、推进党建质量管理体系的思考与启示

从实践成效来看，深化党建质量管理体系运行，有助于实现党建工作制度化、规范化、标准化，有助于基层党组织在工作推进上找准着力点、在作用发挥上找准成效点，有助于党建工作与生产经营深度融合，为基层党组织加强党的建设、提升党建工作质量、丰富党建工作载体、推进党建与中心工作融合提供了新的支撑。

（一）坚持推进与转换相结合

党建质量管理体系借鉴核电工程质量管理原理，能够体现公司特色党建工作和实现PDCA循环管理的运行机制，从党建质量管理体系内容上来看，体系是从公司层面对党建工作进行制度化、规范化、标准化建设，因此体系推进具备指导性和执行性。在深化党建质量管理过程中，一方面，要持续深入推进党建质量管理体系宣贯，依托体系规范开展的基层党建工作，形成常态化、长效化的运行机制，确保体系在执行层面得到有效贯彻；另一方面，在推进过程中，要结合工作实际对体系管理程序和操作

规程进行层级转换，使之与具体工作有机结合，确保体系在指导层面更具科学性。

（二）坚持创新与推广相结合

要坚持创新思维，以提高党建工作质量为目标，积极探索在推进党建质量管理体系运行的有效途径，注重挖掘运行过程中好的经验做法。一方面，注重特殊性，把党建质量管理体系的刚性要求与具体实际相联系，充分运用体系理念，创新实践方法；另一方面，要高度重视体系运行过程中的实践成效，既要注重原创理论性，也要注重业务指导性，加以提炼总结形成可复制推广的方法机制。

（三）坚持党建工作和改革发展相结合

加强党的建设推动改革发展是基层党组织工作的根本出发点，实现党建与生产经营相融合是检验党的建设成效的根本标准。要以深化党建质量管理体系，提升党建工作质量的有利契机，创新党建工作载体，将高质量党建转化为推动高质量发展核心力量。换言之，在深化党建质量管理体系的基础上，要围绕中心工作和生产经营科学设计工作载体，坚持服务生产经营不偏离，确保生产经营任务保质保量完成，推动党建质量和发展质量同步提高。

（四）坚持改进与纠偏相结合

党建质量管理体系是以核电站工程质量管理方法为基础，与传统党建工作理念、方法相结合所建立的具有项目化管理特点的党建工作模式，需要不断实践、优化、再实践，是一个螺旋式的上升过程。必须要深刻认识到，成熟完善的党建工作理念和工作方法不是一蹴而就的，要在推进过程中规范开展党建质量管理体系内部审核，对体系执行情况注重过程复核，识别体系运行存在问题和薄弱环节，系统验证管理体系整体运行状况和优化改进方向，从而达到“党建质量管理体系推动党建质量提升，党建质量提升促进党建质量管理体系完善”，实现“双促进、双提升”。

（**作者：**羊云龙、陈宝平）

构建“稳融促”立体化党建工作体系研究

摘　要：加强基层党建，要坚持稳基础、融中心、促发展的立体化党建工作体系。本文主要从抓好三基建设、平台建设、考核责任三个方面进行阐述，着力打造党建赋能企业发展的良好格局。

关键词：基层党建；三基建设；党建联建；党建考核

习近平总书记在全国国有企业党的建设工作会议上强调，全面从严治党要在国有企业落实落地，必须从基本组织、基本队伍、基本制度严起。抓好三基建设、平台搭建和考核责任三大抓手，是稳定企业发展大格局，融合党建与中心工作，促进企业深化改革发展的重要保障。加强基层党建要抓好这“三个抓手”，一体推进“稳融促”立体化党建工作体系。

一、稳基础：抓好三基建设

基层组织建设事关发展大局，基础不牢，地动山摇，只有把基层党组织建设强、把基层政权巩固好，中国特色社会主义的根基才能稳固。党的建设根基在于基本组织建设、活力在基本队伍建设、规矩意识在基本制度建设。抓好“三基”建设，是强基固本保发展的关键，是贯彻落实好新时代中央企业党的建设总要求、做好中央企业党建工作的“必修课”。

（一）基本组织建设重在党建引领

党的组织建设是凝聚领导各族人民作出的所有努力、所有贡献、所有创造的生命线所在。要始终紧紧围绕中心工作抓基层强基础，以提高组织活力实效呈现整体提升、全面提高的新气象。要坚持正确政治导向，全面贯彻“四同步、四对接”“应建尽建”、按期换届“应换尽换”，始终把党的组织建设作为推进企业发展改革的必要前提。将党组织建设内容纳入国有企业公司章程，在新建重组企业、混合所有制企业等同步设置党的组织机构，动态调整党的组织设置方式，分类明确党组织职责定位和发挥作用的机制，确保企业发展到哪里，党的建设就跟进到哪里。

（二）基本队伍建设重在关键少数

在党员发展方面，始终把政治标准摆在首位，按照控制总量、优化结构、提高质量、发挥作用的总要求，严格规范党员发展程序，把好党员入口关。在党员教育管理方面，严格党费收缴、管理和使用，做好党组织关系转接管理工作，坚持“第一议题”制度，做好党规党纪教育。在党员监督方面，积极构建监督联动体系，灵活运用监督执纪“四种形态”，强化对党员干部的日常监督，同时做好廉洁提醒，营造良好氛围。要重点抓好“关键少数”，选优配强党支部委员，根据党组织负责人配备与经营管理负责人结合的原则，党支部书记一般由部门负责人中的党员担任，部门中的党员骨干担任支部委员和党小组组长。在开展党员教育活动时，注重营造学习先进模范典型、弘扬优良革命传统、传承伟大精神、赓续红色血脉的良好氛围。坚持围绕生产抓党建、抓好党建促生产，建立党员责任区、党员示范岗、党员突击队、党员服务队，推动基层党组织队伍建设不断迈向新的台阶。

（三）基本制度建设重在执行

党章是党的“根本大法”，也是第一个党的基本制度。1922 年，党的二大通过了第一部党章，从建党初期至“文化大革命”时期，党支部制度化建设开始发端，党员发展制度、党员管理制度、党费缴纳制度、支部工作制度等有了规范性文件。解放战争时期，从各级党组织关于组织建设文件的制定出台到平山经验的总结推广，支部建设的规范化、制度化程度不断加强，党支部也真正成为了“坚强的战斗堡垒”。基本制度建设是基层党支部标准化建设的有力抓手，坚持以党章等党内法规为遵循，明确党支部的基本任务，规范党支部建立、换届等流程。编制支部工作手册、考核办法、评星定级工作实施办法等制度，夯实党支部建设基础。坚持以战略思维谋划党支部长远发展，编制 “十四五”党建工作规划，将党支部相关工作纳入其中，推动基本制度建设常态化。按时开展“三会一课”、组织生活会和民主评议党员等工作，定期筹办主题党日活动，不断活跃党内民主生活，增强党员党性修养。要扩大党建质量管理体系推广应用，深化标准化党支部建设与基层支部评星定级工作。同时，抓好理论学习、党务公开、请示报告等基本制度的常态化落实。

二、融中心：抓好平台搭建

在党的坚强领导下，将党建融入中心工作体系与重大项目建设管理体系有机融合，是中国共产党的独特政治优势。开展党建联建、支部共建、党建+等多种活动，打造沟通交流的机制，实施目标牵引、组织保障、文化驱动和管理提升。通过抓好平台建设，进行跨领域、跨行业、跨地区、跨单位资源整合，将党的政治优势高效转化为企业治理效能。

（一）党建联建重在形成驱动力

坚持党建工作与生产经营深度融合，以企业改革发展成果检验党组织工作成效，是党章对国有企业基层党组织提出的明确要求。党建联建要坚持以党的政治建设为统领，坚持围绕中心、服务大局，在重大工程和重点项目建设过程中，建立会议推进机制、日常工作机制、汇报协同机制、评价激励机制、经费保障机制、制度推进机制等，结合对标交流、建立示范区、先锋岗、责任区等工作机制，采取“领导联基层”“党员联群众”“项目联组织”“平台联平台”“上游联下游”“企业联政府”等多渠道建立机制搭建融合的平台，形成项目建设驱动力。要以打造融合党建、人本党建、服务价值党建为中心主线，以项目导向、问题导向、目标导向，构建目标融合、机制融合、管理融合、方式融合、队伍融合的“五个融合”党建工作体系。将推进企业改革发展作为党建工作的出发点和落脚点，建立“组织生活会研究解决问题机制”“主题党日开展学习研讨”等一系列机制，倡导“学做结合”、倡导务实有效的党建工作模式，开展融合工作交流和现场观摩，提高党建联建实践成效。

（二）支部共建重在形成凝聚力

越到基层，党建越要结合自身实际，要针对自身特点和需求，具体地、创造性地落实好上级党组织的要求。支部共建把握“四个融入”，利用支部共建调动党员干部的积极性，推动党建融入生产经营；发挥好党员队伍的主动性和创造性，推动党建融入改革发展；关注党员群众成长成才、工作生活，推动党建融入队伍建设；将组织建设与班组建设结合，推动党建融入班组建设，提升基层党支部的凝聚力。要坚持“七个聚焦”，把握重点方向：一是聚焦思想教育，开展形式任务教育和主题研讨活动，明确方向，凝聚共识；二是聚焦重点、难点问题，开展创新创效活动，通过支部共建建立联合党员突击队，互通信息、逐个击破；三是聚焦党员队伍建设，通过支部共建平台组织相对稳定的党员队伍，建立建成党员攻坚小组、党员创新工作室等，共同开展立项攻关活动，突破发展瓶颈；四是聚焦科技创新，定期举办创新成果交流会、主题讲座、专题讨论会等，交流分享自主研发的创新成果，沟通攻坚新技术；五是聚焦引领团队建设，搭载劳动立功竞赛、青年安全生产示范岗、青年突击队等手段，充分发挥现场各级工会和共青团组织功能；六是聚焦打造项目品牌，整合宣传团队，统筹重大节点宣传，营造良好宣传氛围；七是聚焦建设清廉工程，开展纪检监督联动，把全面从严治党贯穿始终，打造监督联动工作机制，营造良好廉洁文化氛围，为项目建设提供纪律保障。

（三）“党建+”重在形成竞争力

习近平总书记指出，基层党组织组织能力，抓重大任务落实是试金石，也是磨刀石。没有离开业务的政治，更没有离开政治的业务。要通过坚持“五个持续推进”，在实践中形成一套独具特色的“党建+”专项建设的创新管理模式，有效发挥集中力量办大事的独特政治优势：坚持党建促专项工作向基层深入延伸，持续推进打造党建工作特色品牌；全面总结试点经验，持续推进党建质量管理体系推广运用；以系统思维融入党建工作各环节，持续推进党建项目化管理；以职能管理部门、党员干部队伍带头，向基层延伸的模式，持续推进“一线吹哨、党员报道”的长效工作机制；尊重基层首创精神，持续推进建立健全基层党建调研长效机制，充分培育企业竞争力。要以筑牢安全生产线为重点，实施“党建+安全”管理工作，增强安全风险防范意识；以确保重大项目工程“后墙不倒”为目标，强化“党建+重点工程”工作，保障重大专项顺利推进；以党员干部带头“揭榜挂帅”为手段，深化“党建+科技创新”工作，培育科技创新“新引擎”；以提升市场开拓活力为指引，开展“党建+市场”工作，通过搭建沟通平台提升市场竞争力；以精益化管理为抓手，开展“党建+管理”工作，切实提升管理效能。

三、促发展：抓好考核责任

习近平总书记强调，抓党建必须抓责任制，抓责任制必须抓责任人，用好考核评价这个指挥棒，既报经济账又报党建账。抓好党建责任制考核，既要抓大抓小，又要抓牢抓实，建立以“党委－党支部－党员”为主线的立体考核模式，完善考核体系，推广运用党建项目化管理、党建同行评估等新方法、新手段，全面提高党的建设质量。

（一）党建考核联动生产经营责任制

建立党建考核激励机制，明确党委（党组）主体责任、党委（党组）书记第一责任、专职副书记直接责任、其他班子成员“一岗双责”的具体内容。针对独立法人基层单位，坚持党建与生产经营有效联动、同向发力。梳理党建考核工作责任清单，综合个别访谈、线上查阅、实地走访、满意度测评、综合研议等方式多维度立体开展党建工作考核评价。紧紧抓住党建责任制这个“牛鼻子”，构建“明责履责、考责问责”党建工作责任闭环。党建考核纳入综合考核体系，纳入企业经营业绩考核、领导班子综合考评，考评结果挂勾领导人员任免、薪酬、奖惩结果，切实将管党治党政治责任、治企兴企经营责任一并拿在手中、扛在肩上。

（二）党建考核融合党支部评星定级

在非法人单位党支部层面，贯彻党的一切工作到支部的鲜明导向，党建与生产经营融合情况作为书记述职、现场考核和满意度测评的主要内容，在促进企业改革发展、攻坚克难中，真正发挥“最后一公里”战斗堡垒作用。通过党建考核评价，细化整改问责清单，将党建要求转化为可考核、能量化的具体规范，将责任层层落实、层层压实，责任到人、具体到事，抓住基层党支部这一关键环节，形成上下贯穿的责任链条。同时加强考核评估、抓好结果运用，将考核结果与薪酬绩效、干部考核评价、评奖评优相结合。坚持定性与定量相结合，兼顾过程和结果的两维度，明确基本任务突出重点的原则，融合年底支部书记述职与日常支部量化积分，立体化考核，结合支部标准化建设，聚焦紧紧围绕生产中心，立足服务项目，聚焦为群众办实事，聚焦提升党员群众凝聚力和向心力，运用党支部考核结果对支部开展评星定级、树立“一支部一品牌”，利用品牌效应，突出政治引领力，充分调动支部党员创新活力，培育提升企业核心竞争力的中坚力量。

（三）党建考核挂勾党员个人绩效考核

党建考核与党员个人绩效考核相挂钩，有利于提高党员教育管理针对性和有效性。运用信息化手段开展党员量化动态积分管理，对党员干部的日常教育工作开展强化管理监督，通过有效管理党员的日常积分、民主测评、月度绩效完成情况、价值观考核得分及年度综合评分等，形成一套过程和结果双闭环管理的评价机制，推动党员日常教育管理更加精细化和科学化，有效激发党员先锋模范作用，进一步提升党组织活动。在考核结果运用方面，一方面作为定期评奖评优的总要依据，另一方面与党员个人的绩效考核相挂勾，使用相加或相乘的方式，使党建考核结果直接影响到个人绩效薪酬，强化结果运用。针对党建考核结果持续较好的党员，选树典型，形成带动效应；同时，针对党建考核结果较差的党员，应作为党支部教育、帮扶对象，采取“一帮一”的模式，提出整改意见，监督整改完成。坚持以人为本，强化执行，健全机制，明确责任，使党员能够从“自发约束”到“自觉执行”，进一步发挥党员的先进性和模范性，管好用好党建考核的“神经末梢”。

党建与中心工作深度融合，抓实了是生产力，抓细了是凝聚力，抓强了则是竞争力。加强基层党建，要坚持稳基础、融中心、促发展的“稳融促”立体化党建工作体系。稳定基础，就是要抓好基本组织建设、基本队伍建设和基本组织建设；融入中心，就是要着力搭建党建联建、支部共建、“党建+”等创新平台，将党建工作融入中心工作；促进改革发展，就是要抓好考核责任，通过党建考核联动生产经营责任制，要融合支部评星定级，与党员个人绩效考核挂钩，将“软指标”变成“硬约束”，为企业改革发展赋能。

（作者：张　坤）

参考文献

[1] 江锋．“党员积分制”管理的实践与启示［J］．企业改革与管理，2016（20）：164–168.

[2] 汪涵．高科技企业推动“一支部一品牌”创建活动的创新研究［J］．企业文明，2020（9）：19–22.

[3] 国资报告．以高质量党建引领中央企业高质量发展　党的十八大以来中央企业党建工作综述［J］．国资报告，2021（7）：18–22.

[4] 方茵，鲁思琴，梁倩盈．把脉问诊“最后一公里”以高质量党建引领企业高质量发展［J］．企业文明，2021（2）：52–53.

[5] 霍宇．“融合式”党建推动高质量发展［J］．当代电力文化，2020（10）：70.

夯实“五力”建强基层党建体系研究

——基于核工业机关服务中心党建体系建设实践

摘　要：本文介绍了核工业机关服务中心坚持以习近平新时代中国特色社会主义思想为指导，深入贯彻国有企业党建工作会议精神，主动适应新时代党建工作新要求，立足自身实际，着力夯实政治引领力、管理创新力、组织动员力、宣传引导力和全员执行力，持续建强党建工作体系，以高质量党建引领服务保障工作高质量发展的具体实践。

关键词：基层党建；高质量；后勤服务保障

核工业机关服务中心（以下简称“中心”）作为直接服务中核集团总部的专业后勤服务保障机构，自 2018 年 6 月被列为中核集团直属单位以来，在中核集团党组的坚强领导下，在中心党委班子的团结带领下，坚持以习近平新时代中国特色社会主义思想武装头脑、指导实践、推动工作，坚决贯彻党的十九大和十九届二中、三中、四中、五中、六中全会精神，贯彻国有企业党建工作会议精神，主动适应新时代党建工作新要求，不断增强“四个意识”，坚定“四个自信”，做到“两个维护”，立足自身实际，着力夯实政治引领力、管理创新力、执行落实力、组织动员力和宣传引导力，持续建强基层党建工作体系，切实以高质量党建引领中核集团总部服务保障工作高质量发展。

一、夯实政治引领力，守初心担使命

中心党委始终坚持将加强政治建设摆在首位，深入学习习近平新时代中国特色社会主义思想，努力“学到底”“入到心”“用到位”，不断提高政治判断力、政治领悟力、政治执行力。围绕强化理论武装，中心严格落实“第一议题”制度，接续在中心范围内深入开展“两学一做”学习教育、“不忘初心，牢记使命”主题教育、党史学习教育，不断取得扎实成效。一是真学真信、常学常新。通过党

委中心组示范学、党员干部带头学、多种形式灵活学，确保政治理论学习分层次、多形式、全覆盖，中心党委班子进一步增强做到“两个维护”的政治自觉、思想自觉、行动自觉，全体党员干部学出了坚定信念、学出了绝对忠诚、学出了担当作为。二是联系实际、学以致用。坚持系统理念，把习近平总书记关于核工业和中核集团重要指示批示同开展工作结合起来，切实把学习成效转化成为中核集团打造世界一流企业提供一流服务保障的生动实践。尤其新冠肺炎疫情以来，中心坚决贯彻落实习近平总书记重要指示精神，落实中核集团党组各项部署要求，全力做好中核集团后勤服务疫情防控和保障工作，为确保中核集团总部“零疑似、零感染、零确诊”作出贡献。

二、夯实管理创新力，求变局开新局

中心党委坚持深入学习贯彻国有企业党建工作会议精神，以“等不起”“慢不得”“坐不住”的紧迫感主动思变求变，近年来结合实际实施了一系列转变运营模式、完善体制机制、规范基础管理、优化配置资源的改革举措，不断夯实管理创新能力。一是坚持党的全面领导和完善治理结构。严格落实党委研究讨论是主任办公会决策重大问题前置程序的要求，中心班子认真落实“一岗双责”，坚持民主集中制原则，严格落实“三重一大”决策制度，落实主体责任清单制度，全面从严治党责任进一步压实。通过党委会议大事、抓重点，有效发挥了党委把方向、管大局、促落实作用。二是坚持加快推进改革步伐。牢牢把握中核集团党组部署要求，明确了市场化、现代化、精细化的发展目标。引入专业化市场化的物业公司，以市场化的方式购买服务，进一步提高服务质量。主动对标调研，赴京东、腾讯、国家电网、国投集团等单位后勤服务机构调研交流，借鉴先进管理服务经验。优化整合中心部门设置，并在此基础上理顺部门职责。按照建立完善中国特色现代企业制度要求，结合实际编制、修订制度 80 余项，以制度建设促进建立规范的管理体系。三是坚持加强员工队伍建设。坚持党管干部原则，树牢鲜明的选人用人导向，强化干部日常管理监督，通过制度化和严格管理，建立以能力、业绩为导向的市场化干部选拔任用机制，实现“能者上、平者让、庸者下”的动态管理。积极探索改革薪酬激励分配机制，更加注重结果导向，制定中心容错纠错机制，鼓励干部担当作为。自 2017 年起，中心进一步加大优秀年轻干部培养选拔工作力度，通过公开招聘，引进党建、纪检、人力资源、采购、服务等关键岗位年轻业务骨干，平均年龄 33 岁，不断优化充实员工队伍，为改革发展提供人才保障。

三、夯实组织动员力，强根基筑堡垒

中心党委始终坚持党的领导、加强党的建设，注重把党的政治优势、组织优势转化为中心的发展优势。一是坚持建强基层组织。中心自列为直属单位以来，结合组织机构改革情况，同步建立党的组织，及时增补党委委员，规范完成两任纪委书记交接，健全中心党委、纪委班子，增强班子力量。同时，动态优化调整基层党组织设置，严格组织程序按期开展党支部换届选举、增补支委工作，健全党支部委员会。二是坚持严肃党内政治生活。中心每年度开展党委班子民主生活会，结合实际，适时召开专题民主生活会，严肃开展批评和自我批评，深入交流思想，认真查摆问题，提高党内政治生活的严肃性、原则性、战斗性，增强领导班子的凝聚力。班子成员严格落实双重组织生活制度，推动党内政治生活从“关键少数”开始严起，认真落实“三会一课”、组织生活会、谈心谈话、党员党性分析、民主评议党员等各项制度。三是坚持着力“三基建设”。中心坚持全面搭建党支部工作标准化框架，编制发布中心党支部标准化执行手册，建立健全基层党支部考核评价和评星定级机制。坚持抓书记、书记抓，以提升组织力为目标，以问题为导向，组织实施党支部书记项目。综合采用线上与线下相结合、集中培训与实战锻炼相结合等方式全面搭建党务队伍培训教育平台。四是坚持创新党小组工作模式。以党小组为单位，落实以“集中学习日”“政治生活日”和“微课堂”“微讲坛”“微感悟”为主要内容的“两日三微”工作模式，作为一种研讨式、分享式、互动式学习教育宣传模式，同时也作为党建工作与业务工作深度融合的微平台，打通党支部末梢神经。同时，充分发挥支委和党小组组长作用，依托“支委成员+党小组”“党小组组长+业务骨干”模式，落实经常性督查指导。

四、夯实宣传引导力，凝合力聚共识

中心党委始终坚持统筹舆论阵地建设和管理、内宣和外宣、网上和网下的关系，切实发挥宣传思想文化综合效应。一是坚持把好舆论阵地。近年来，中心主动借势，积极向集团官微、青春中核、党风廉政杂志等主流媒体、平台投稿并刊发多篇文章，展示中心改革发展成效，内聚人心、外树形象；自首次创建开通中心官方微信公众号两年来，发布信息400余篇，着力宣传中心党建工作成效及改革发展成果；制作发布中心首部执行力主题宣传片，回顾年度重点工作，展示主要工作成效，进一步提升中心知名度、影响力、美誉度。二是坚持重传承、育文化。中心坚持以培训学习结合实践教育为抓手，大力传承中核文化，传承“两弹一星”精神和“四个一切”核工业精神，积极践行新时代核工业精神。首次提炼发布以“真情服务，争创一流”为宗旨、以“放心、舒心、暖心”为服务理念、以“随叫随到，说到做到”为作风理念的文化价值体系，提振广大员工干事创业的精气神。三是坚持评先进、树典型。近年来，中心先后获得中核集团抗疫先进集体、保密先进集体等多项集体荣誉，获得中核集团劳动模范、抗疫先进个人、青年岗位能手等荣誉表彰 9 人次。中心比学赶超氛围更加浓厚，各方面工作均展现出了新气象、新成效。

五、夯实全员执行力，令必行禁必止

一是坚持深化巡视巡察利剑作用。2019 年 3 月以来，中心党委接受中核集团党组常规巡视一次、巡视“回头看”一次。中心党委始终高度重视、全力配合、坚决整改，把推动解决改革发展中的实际问题作为落脚点，层层压实责任，逐一梳理细化，逐项对账销号。同时，聚焦巡视整改要求重点内容，规范建立巡视整改档案，以建促改，规范巡视整改材料留存；以查督改，通过检查巡视整改档案督促责任主体进一步落实整改任务。2021 年，中心党委立足实际，启动以部门（党小组）为单位的内部巡察，进一步强化政治监督，计划两年内实现巡察全覆盖。二是坚持作风建设永远在路上。近年来，中心党委深入落实中核集团“以企业文化落地深化作风转变”“执行力提升年”“抓落实年”专项工作部署，大力推动作风建设，牢固树立“随叫随到，说到做到”的作风理念，从细微处入手、从小事情做起，严明纪律规矩要求，严格规章制度执行，做到“有令必行、有禁必止”，逐步形成了抓作风促工作、抓落实强作风的良性循环，员工精神面貌焕然一新。三是坚持办小事、做实事。为将“三心”服务理念内化到为职工群众解决困难、化解问题上，近年来，中心在中核集团总部累计推出“首次”“主动”服务事项 70 余项，党史学习教育期间，先后推出“指尖报修”“快递集中收发”“餐卡余额查询”“非密碎纸服务”等两批共 20 项“我为群众办实事”行动项，既接地气，又聚民心，让服务更有效率、更有价值、更有温度。

百年弦歌不辍，百载薪火延绵。在中国共产党成立百年之际，全国国企党建工作会议召开五周年之际，中心党委始终坚持党的全面领导，保持战略定力，持续夯实“五力”，以自身实践探索，不断丰盈高质量党建引领服务保障工作高质量发展之硕果。征途漫漫，在新时代通往实现第二个百年奋斗目标新的赶考之路上，中心党委将以更加奋发进取的姿态接好时代接力棒，贯彻“三新一高”要求，以党建引领改革发展，以发展检验党建成效，为打造世界一流的中核集团提供一流服务保障，以优异成绩迎接党的二十大召开。

（作者：田晓东）

国有企业基层党建融入中心工作的困境与路径研究

摘　要：坚持把党建融入中心工作是国有企业坚持党的领导、加强党的建设的必然要求，也是推动国有企业高质量发展的迫切需要。本文从基层党建融入中心工作的理论来源和现实依据两个方面分析了国有企业党建融入中心工作的必要性和重要性，并从融合理念、融合战略、融合机制等层面分析了当前基层党建融入中心工作的困难及挑战，最后从基层党建融入中心工作的目标、原则、内容及路径四个方面对提升基层党建融入中心工作实效进行了探索。

关键词：国有企业；基层党建；中心工作

国有企业在能源、基础设施建设等关系着国家安全与经济命脉的行业中，始终扮演着“顶梁柱”的角色，为中国特色社会主义经济的发展和壮大提供了坚实的物质基础。重视党对国有企业的领导，充分发挥国有企业党组织的作用，是我们党一以贯之的优势。要充分发挥国有企业党组织作用，推动党建融入企业生产经营发展，为国有企业做强做优做大提供坚实保障。

一、基层党建融入中心工作的理论来源

在以推进国有企业发展为具体目的的基层党组织建设研究中，马克思、恩格斯关于党的建设理论为探析基层党组织融入中心工作提供了理论依据。马克思、恩格斯一贯重视基层党组织建设。马克思、恩格斯在对革命经验进行总结时提出，“应该使自己的每一个支部变成工人联合会的中心和核心”，这实际上强调了组织和思想的独立性，体现了马克思、恩格斯注重支部影响力和战斗力的提升。列宁曾主张在矿山、工厂等基本生产单位设立党支部，并提出：“每个支部和每个党的工人委员会，都应当成为在群众中进行鼓动工作、宣传工作和实际组织工作的据点。”新中国成立后，社会主义改造将控制国民经济命脉的官僚资本转为国营企业，毛泽东高度重视企业职工的思想建设，将国营企业思想政治工作放在首位。他指出，只要我们的思想工作和政

治工作稍微一放松，经济工作和技术工作就一定会走到邪路上去。邓小平在 1980 年干部会议上指出，工厂党委的领导是否有效要看产品质量、职工保障、人才选拔、技术与管理等方面。这强调党组织服务于工厂中心工作的任务。党的十三届四中全会以来，江泽民同志对企业党的建设工作也给予了高度重视。他强调，企业党组织的活动和党建工作，必须围绕企业改革和生产经营来进行，特别是在企业改革和发展的关键任务上，在生产经营遇到困难时，党组织更要主动发挥战斗堡垒作用。在党的十七大报告中，胡锦涛指出，要落实党建工作责任制，全面推进农村、企业、城市社区和机关、学校、新社会组织等的基层党组织建设，充分发挥基层党组织推动发展、服务群众、凝聚人心、促进和谐的作用。

党的十八大以来，习近平总书记就如何坚持党对国有企业的领导、促进国有企业基层党组织发展进行了深刻论述。2016 年 10 月，习近平总书记在全国国有企业党的建设工作会议上发表重要讲话指出，坚持服务生产经营不偏离，把提高企业效益、增强企业竞争实力、实现国有资产保值增值作为国有企业党组织工作的出发点和落脚点，以企业改革发展成果检验党组织的工作和战斗力。党中央也发布文件以推动党建工作与企业中心工作深度融合。2019 年 11 月，《中国共产党国有企业基层党组织工作条例（试行）》发布，明确指出国有企业党组织工作应当遵循“坚持党建工作与生产经营深度融合，以企业改革发展成果检验党组织工作成效”的原则。

国有企业所取得的辉煌成就，与国有企业基层党组织的不断发展壮大密切相关，这离不开马克思主义党建理论的指导，同时也在实践的基础上不断推动发展了马克思主义党建理论。

二、基层党建融入中心工作的现实依据

党的十八大之后，随着我国全面深化改革工作的深入推进，国有企业改革作为重要的一环，也随之加速向纵深推进，并进入了深水区和攻坚期。加强国有企业党的建设对推动国有企业改革发展、巩固党的执政地位和确保国家长治久安有重要作用。

（一）坚持基层党建融入中心工作，是响应全面从严治党的题中之义

党的十八大以来，面对党情、国情、世情的发展变化，以习近平同志为核心的党中央，以极高的政治自觉，大力加强党的建设，深入推进全面从严治党。我们党通过实施系列新举措、健全制度、完善规范等形式，将全面从严治党的利剑紧握在手，通过有效举措，在全党上下，特别党员领导干部中构建了不想腐、不敢腐、不能腐的体制机制，各级党组织全面从严治党的责任得到层层有效落实。坚持将基层党建融入中心工作，有利于监督企业重大决策事项更加符合党中央的决策部署和国家法律法规，

更加注重维护国有资本权益，有利于防止国有资产流失，有利于推动全面从严治党向纵深发展。

（二）坚持基层党建融入中心工作，是确保改革正确方向的必由之路

国有企业坚持和加强党的领导，要求党在全面深化改革过程中协调各方、总揽全局，确保企业党组织能够引导企业改革发展、参与重大决策、选拔管理重要干部、监督党员干部职业行为，维护职工合法权益，指导企业思想政治工作和企业文化建设。国有企业党组织凭借自身在政治方面的优势，能够在深化国企改革的过程中，把准政治方向，以坚定的历史使命感和政治责任感履行好自身的政治责任，从而确保坚决维护中央的权威地位，推动国企前瞻性、战略性以及全局性的重大问题顺利解决，确保党的领导切实得到加强和充分体现。

（三）坚持基层党建融入中心工作，有助于完善中国特色现代国有企业制度

习近平同志在全国国有企业党的建设工作会议上的重要讲话中强调，中国特色现代国有企业制度，“特”就特在把党的领导融入公司治理各环节，把企业党组织内嵌到公司治理结构之中，明确和落实党组织在公司法人治理结构中的法定地位，做到组织落实、干部到位、职责明确、监督严格。由此国有企业基层党组织应积极适应新形势、新要求，主动把坚持和强化党的领导融合于公司治理之中，进而充分发挥党组织在“领导与政治两个方面的双重核心作用”，不断完善中国特色现代企业制度。

三、基层党建融入中心工作的困难及挑战

在全面从严治党的新常态下，做强做优做大国有企业，必须一以贯之地坚持党的领导，必须不断探索和创新现代企业制度，牢牢把握基层党组织建设与企业中心工作的辩证关系。当前，国有企业党组织在实现党建与中心工作融合方面，还存在着不小的困难和挑战。

（一）在融合理念上不够深入

有人认为，国有企业首先是一个经济组织，其中心任务是完成经营目标，创造产品和价值，获得盈利，开展党建工作所投入的资源会影响企业的生产经营，只要按部就班地做一些规定动作，无须根据企业特点推动企业党建工作的创新。鉴于这样的认识，企业基层党组织很难在企业中发挥很大作用，虽然名义上存在，但实际上游离于企业核心管理之外，很难发挥企业党委管方向、保大局、促落实的作用。

（二）在战略层面上融入不够

中国特色现代国有企业制度最大的特色就是把党的领导融入企业治理各环节，把党的内部控制机制与企业治理的外部制衡机制有机结合起来。但在实际工作中，党建工作与公司治理往往割裂开来。比如，在一些国有企业中，虽成立了党组织，但主要活动体现在传达文件、发展党员、组织开会、布置检查上，较难将党的路线方针政策有机转化为适合企业发展的指导原则和工作要求，也较难将党建工作与企业的中心工作深度融合，进而推动形成富有企业特色的党建工作模式。

（三）在融入机制上创新不足

一是部分党务干部在面对新技术和新知识时缺乏主动性，导致现实工作需要与实际工作能力之间存在差距，无法有效动员广大党员参与基层党组织建设。二是存在唯经验论的问题。党建工作抓而不实，基层企业党组织建设与企业发展之间仍存在偏差，需要不断创新企业党建工作模式、突破企业发展困境、激发党建工作活力。三是党建带动中心工作仍只表现在引导团队完成本职工作，推动党建工作与中心工作“同频共振”的力度仍然不足，在结合实际谋创新方面成效不足。

四、基层党建融入中心工作的探索

生产经营活动是企业的中心任务。把党建工作融入中心，就是要把党建工作纳入企业的整体工作。基层党建融入中心工作应以促进企业生产经营、提升企业效益效率、推动和保障企业改革发展、实现党建工作与企业经营业务的同步性为目标，以党建引领带动企业高质量发展。党建融入中心工作应坚持方向性、科学性、时代性、实践性等原则。

（一）基层党建融入中心工作的原则

1. 方向性原则

党章第三十二条明确规定：“党的基层组织是党在社会基层组织中的战斗堡垒，是党的全部工作和战斗力的基础。”一切工作是在党的领导下开展的，党始终起着团结和领导作用，党建工作与中心工作相比，它占有统领性、先导性、基础性地位。就全局而言，党建工作发挥着为大局服务、为中心谋事的作用，推动中心工作任务的完成是党建工作的目标。同时，我们建立的现代企业制度，是具有中国特色的现代国有企业制度，这就要求我们必须坚持马克思主义的基本立场、观点及方法，将党的领导融合到企业治理各环节，而不是盲目模仿外国企业的做法。

2. 科学性原则

顺河而行，终能见海；顺利而行，必有所为。国有企业坚持和加强党的领导，既不能偏离国有企业市场化改革的主线索和大方向，也不能违背经济规律和党建规律。国有企业坚持党的领导要把握住两条底线：一是既不失去控制，也不丧失活力；二是既要从严加强党的领导和党的建设，又要科学加强党的领导和党的建设，最终把促进企业健康发展和落实全面从严治党责任有机统一起来。

3. 时代性原则

对国有企业基层党组织而言，需要其以新时代、新形势、新要求为立足之基，以习近平新时代中国特色社会主义思想为指导之法，以党的全面领导为行为之绳，坚持党要管党、全面从严治党为谋事原则，坚持思想建党和制度治党相结合为行事之纲。要以党的政治建设为领导，以党章党规为遵循，努力提高基层党组织党建工作质量，建设一支高素质的专业化干部队伍，进而提高全局能力和落实能力，完善党建工作格局，实现党建工作的全面加强、完善和改进，为国有企业的壮大优化提供有力保障。

4. 实践性原则

《中国共产党党章》规定，国有企业党组织要发挥把方向、保落实、管大局的领导作用。国有企业党的领导与中心工作目标同向、相辅相成。基层党建与中心工作深度融合，不仅是政治要求，也是实践召唤。基层党建与中心工作融入如何，关键在于是否把提高企业效益、增强企业竞争实力、实现国有资产保值增值作为国有企业党组织工作的出发点和落脚点，是否有效推进企业改革发展。

（二）基层党建融入中心工作的内容

基层党组织推动国有企业发展的优势，具体体现在以下方面：一是通过政策理论优势确保企业决策不偏离国家方针政策，通过密切联系群众反映群众的意见与要求、集中群众智慧，以推动企业的发展。二是将党的建设历程、党的理念方针融入企业文化中，进而有效提升员工个人归属感和使命感。三是企业党组织通过党员先锋模范作用凝聚职工群众，以促进企业素质提升。四是党组织能够在员工帮扶、制度建设、部门间协调等方面进行有效沟通，使得企业治理能够充分符合员工需求与企业长远发展。

1. 把党组织的政策理论优势融入企业经营决策

在决策落实及执行过程中，党组织要充分发挥其组织作用以凝聚共识，将具体政策以职工群众喜闻乐见的方式表达，将党建理念转化为职工的思想认识，引领党员及普通群众投身企业生产经营活动。要在密切联系党员群众过程中发现问题、聆听心声，充分发挥桥梁纽带作用，使企业基层职工能通过建言献策参与到企业治理，提升职工的主人翁意识，使企业高层在决策前拥有更多可靠的信息来源。要积极帮助职工群众反馈诉求，并以职工能够接受的方式传达上级指令，协调企业内部矛盾，在企业内部构建和谐、信任的氛围，为推动决策落实打好舆论基础。

2. 把党组织的思想政治优势融入企业文化建设

企业文化作为企业内全体员工认同并共同遵守的价值标准，能够以共同价值观的形式规范企业内部员工的行为，形成共同的理想信念。基层党组织具有凝聚职工意识、形成群体认同的作用，通过利用好企业文化这一重要载体，将党的发展历程、理念方针等融入企业文化中，能够有效提升员工个人归属感和使命感。面对国有企业内部员工思想状况的多样性与复杂性等情况，基层党组织要能站稳意识形态高地，以集体主义、社会主义教育，结合党史、新中国史、改革开放史、社会主义发展史，将党的理想信念与艰苦奋斗的精神力量传递给每位员工。要依托制度优势，通过开展谈心谈话、理论教育等方式，引导企业职工认同党的方针政策，形成一致奋斗目标，进而汇聚合力推动国有企业中心工作，为国有企业发展提供思想保障与精神动力。

3. 把党员队伍建设融入企业人力资源建设

一是推动提升人才的政治理论水平。依托党的政治理论、党风廉政教育、四史等理论教育，不断坚定党员干部的理想信念，并提升他们的理论水平。二是充分发挥党员的先锋模范作用。严把入党标准，不断吸纳优秀同志入党，强化党组织的先进性，引领企业高质量发展。三是推动人才可持续供给。党员队伍作为组织存在的基础，要为组织提供源源不断的人力资源，推动党组织在人才聚集过程中汇聚形成更大的组织优势，要通过发挥先进党员干部作用，带动普通党员群众不断前进、保持先进性，进而将党组织的组织优势转化为企业的发展优势。

4. 把党组织的群众工作优势转化为团队协作优势

扎根基层的党组织要密切保持同一线职工的联系，了解他们的工作、生活及思想状况，通过关心关怀与谈心谈话，及时帮助疏导不良情绪。尤其是注重流动党员党支部、一线项目党支部的设置，使党的力量深入企业内部，让党组织成为党员成长成才的重要平台、成为群众寻求帮助时的重要支撑力量。在对普通群众的关怀上，基层党组织要联合工会、共青团等群众性组织，实现组织合力，做到主动关心、及早发现问题，以相应的帮扶手段为非党员职工解决实际问题，使其增强对党组织的信任，把企业职工团结在党组织周围，同时令职工产生归属感，提升企业凝聚力。

（三）基层党建融入中心工作的路径

国有企业是践行、落实国家战略方针的重要力量。在推动基层党建融入中心工作的实践过程中，党组织需要着眼于理论建设、思想政治建设、人才培养、组织建设，始终以促进企业生产经营为目标，抓好党建工作中能够与企业经营相结合的点，实现党建工作与企业经营业务的同频共振。

1. 在思想观念上，强化融入意识

坚持以唯物辩证的逻辑看待党建与中心工作，强化对党建与中心工作辩证关系的认识，深刻认识党建工作对中心工作的重要性，全面透视中心工作对于党建工作的检验。在思想建设上做好功夫，促进基层党组织班子成员与其他治理主体中领导人员在思想观念、价值理念、目标认同方面的趋合融入。国有企业各级党组织要切实承担起党建工作的主体责任，努力将党的工作精准融入中心工作的各环节、各方面，支持各治理主体开展好工作。国有企业领导干部要落实好“一岗双责”，通过两重使命和责任的一体推进，进一步促进国有企业党组织与各治理主体间相互支持、深度融合、协同配合、高效运转的新格局形成。

2. 在战略层面上，做到统筹谋划

基层党组织要立足做好党建工作，把提升企业效益效率、推动和保障国企改革发展作为工作的出发点和落脚点，以解决企业改革发展热点难点问题为其工作的重点，建立健全党的领导与中心工作相融互促的党建工作目标机制，全面促进党建与企业发展战略。基层党组织的工作目标、党建工作的具体要求和工作举措的制定，要必须紧密联系企业的经营生产实际，通过支部共建、“党建+”等形式打破利益藩篱，通过党建推动重大工程、党建推动科技创新、党建推动管理提升、党建保障质量安全、党建保障履行社会责任等方面为目标，持续加强党的基层组织建设，不断提升国有企业党建工作水平和质效。

3. 在机制建设上，做到有效衔接

要以建立健全中国特色现代国有企业制度为契机，通过明确国有企业党组织在公司治理中的法定地位，理顺国有企业党组织和其他治理主体的权责边界，规范公司法人治理结构运行体制，进而实现国有企业党组织与其他治理主体在工作内容、工作职能方面的机制融合。要从企业内部的实际情况入手，对基层党组织的设置模式进行完善，落实“四同步、四对接”要求，确保基层党组织的健全。如在一些国企的海外项目部及偏远项目部，可在条件成熟的地区组建党支部，以安全、保密、灵活、简便的方式开展党的组织活动，确保党建与生产经营“中心”工作的深度融入和同步推进，确保党的组织与行政业务同步建立、同步延伸。

（作者：孙　蕊、梅芸芸、罗新杰）

参考文献

[1] 马克思，恩格斯．马克思恩格斯选集（第1卷）[M]．北京：人民出版社，1972：386.

[2] 列宁．列宁全集（第17卷）[M]．北京：人民出版社，1986：337-338.

[3] 毛泽东．毛泽东文集（第7卷）[M]．北京：人民出版社，1999：351.

[4] 邓小平. 邓小平文选（第2卷）[M]. 北京：人民出版社，1994：270-271.

[5] 江泽民. 论“三个代表”[M]. 北京：中央文献出版社，2001：931.

[6] 习近平强调：坚持党对国有企业的领导不动摇　开创国有企业党的建设新局面 [J]. 中国领导科学，2016（12）：4-5.

[7] 房俊成. 新时代国有企业党的建设研究 [D]. 吉林：吉林大学，2021.

新时期国企党建促进生产经营方法探究

摘　要：2016 年全国国企党建工作会议的召开，为加强和完善党对国有企业的领导、加强和改进国有企业党的建设，坚定不移将国有企业做强做优做大指明了航向。在此背景下，国企更加重视党的建设，积极探索党建融入中心的新举措和新方法。但通过分析现状，因受各种主客观因素影响，一些单位党建促进生产经营效果还不明显。就此，本文阐述了国企党建促进生产经营的重要性、提出了国企党建促进生产经营存在的共性问题，并从思想认识、制度建设、人员培养、工作模式、经验启示等方面提出了建议方案。

关键词：国有企业；党建；促进生产经营；方法

党的十八大以来，随着全面从严治党战略持续深入推进，国有企业党的建设工作不断加强，抓党建强党建的良好氛围正在逐步形成，国企党建工作不断取得了新进展和新成就，党组织凝心聚力、促进经营发展的独特优势不断彰显。但是，由于部分国有企业对党建工作新要求贯彻落实不彻底，部分领导干部思想上仍存在“搞好生产经营，党建工作自然有成效”等误区，党的建设推进乏力，在一定程度上还存在弱化、虚化、淡化、边缘化的情况。习近平总书记在 2016 年全国国有企业党的建设工作会议上指出，坚持党的领导、加强党的建设，是我国国有企业的光荣传统，是国有企业的“根”和“魂”，是我国国有企业的独特优势。因此，加强国企党建与生产经营的深度融合，是落实习近平新时代中国特色社会主义思想，贯彻落实全国国有企业党建工作会议精神，实现国有企业做强做优做大的必由之路。

一、国企党建促进生产经营中存在的共性问题

（一）思想认识有偏差

部分党员干部对国企党建工作会议精神、习近平总书记对核工业的指示批示精神学习掌握不到位，思想认识存在一定偏差。一是部分单位班子副职对党建工作很少过

问，以专业不同为由推脱“一岗双责”。二是党管安全认识不到位，部分单位缺乏党对安全工作的领导，党员干部安全检查流于形式，安全隐患未及时发现，导致出现多次安全事故，造成人员伤亡，对企业信誉和职工家庭造成极大的负面影响。三是部分单位干部存在惯性思维，认为企业以盈利为目的，而党建属于政治工作范畴，与经济发展关系不大，更多关注生产、开拓市场、取得更多经济效益，而忽视了党建工作对生产经营的促进作用，参加党委理论中心组学习，以业务繁忙、出差为由不参加学习。四是部分党员干部认为党建工作效果不能立即显现，不如经济工作成果立竿见影，因此在工作中未能有效落实“一岗双责”；对分管单位、部门的党风廉政建设工作很少过问。在以上思想的左右下，有关部门对党建工作不够重视，配合、支持党建工作积极性不高，从而出现党建工作自上而下被弱化、虚化、淡化、边缘化。

（二）制度建设不完善

制度建设不完善主要体现在以下方面：一是“三重一大”决策有关事项未落实党委会前置程序，党对生产经营的领导作用未能充分发挥，党的领导地位一定程度上被弱化。二是制定党建工作制度中，照搬照抄上级单位关于反对形式主义、官僚主义等有关制度，未结合本单位实际分解；建立领导干部基层调研制度内容宏观、空洞，对于基层单位而言可操作性不强；建立党建工作考核制度，有的“高大上”、不接地气、未形成管理闭环，导致制度难以落地。三是缺少切实可行的党建工作规划，党建工作要求、内容、形式、目标、措施未予以明确，未能与生产经营有机衔接和融合，导致党的制度建设虚化。四是缺乏有效的奖惩措施，党建工作倾向量化考核，由于对党建工作质量、贡献度的考核存在缺失，或缺乏科学的考量标准，同时对党建促进生产经营的良好实践未能及时有效激励和宣传推广，一定程度上挫伤了党务工作者的积极性。五是制度执行不力，对于违反党纪法规的苗头性、倾向性问题，未能按照监督执纪“四种形态”及时提醒、纠偏，对于党员干部违规报销履职待遇、业务支出，以及在领取交通补贴的同时乘坐公务用车等问题，未能按规定严肃惩处，或走过场、选择性惩处，一定程度上为部分党员干部的腐败埋下了隐患。

（三）人员选配不到位

党建工作质量高低很大程度上取决于党务工作者队伍素质和能力强弱。由于受党员流动性较大、兼职党务工作人员更换频繁等客观因素影响，部分企业存在党务人员选配力度不够的情况。主要表现为：一是基于成本，专职党务工作人员的配备达不到单位工作人员总数的1%。二是人员梯队不健全，专职党务工作人员青黄不接，兼职党务工作人员配备较少，党建力量被弱化。三是对党务工作人员的培训较少，且培训内容局限于党建业务知识，未能有效解决党务人员不懂生产经营、生产经营管理人员不熟悉党建等难点问题。

（四）工作模式较单一

主要表现为：一是实际工作中，部分单位经营管理部门秉持固有的“重业务、轻党建”思想，加之考核机制存在缺陷，党建工作主要由党委书记及有关职能部门承担，其他干部落实“一岗双责”大打折扣。二是党委中心组学习、主题党日活动、支部党员学习形式较为单一，局限于照本宣科，未能通过理论联系实际进行研讨，学习效果不明显。三是基于党建工作侧重于量化考核制度的局限性，党建工作运行中，多为上传下达，满足于完成任务，而工作质量、党建创新融入生产经营的潜能未得到有效挖掘。四是党群、组织、人事、纪检等部门仅负责分管领域的工作，未能形成强大合力。

二、新时期国企党建促进生产经营的有效方法

（一）转变学习思路方法，把握核心要义，提高政治站位

思想认识有偏差，归根结底在于学习只做表面文章，不求内在联系，没有把握核心要义。要解决思想认识问题，就要着重解决学习方法问题。要激发党员干部对学习的渴望，变被动为主动学习，赋予学习内容以生命，追寻“历史–现在–未来”的学习知识延伸思路，追求学习质量和效果。学习某项理论，要研究历史渊源，遵循历史发展规律，结合实际研究理论的现实意义，将理论与企业发展规划相结合，用理论指导实践、促进工作。

（二）发挥党的领导作用，优化制度体系，激发基层活力

一是要充分发挥党对国有企业的领导作用。把党的领导融入公司治理各环节，把企业党组织内嵌到公司治理结构之中，明确和落实党组织在公司法人治理结构中的法定地位，落实党委会前置程序，为党组织参与企业发展决策、落实各项与职工利益相关决策等提供制度保障。二是要坚持“五步走”优化党建工作制度。全面推进党的制度体系建设；以国有企业党建工作会议精神为指导，科学分析本企业的发展现状和短板，有针对性地明确党建工作形式、内容、方向和目标；强化顶层设计，搭建党建各业务板块制度体系框架；坚持以最新理论和要求为导向，结合实际建立、优化党建工作子集制度，定期听取党内外意见建议，补齐短板，保障制度的针对性和指导性；按照“制定修改–贯彻执行–监控检查–分析整改–评估考核–再修订”的方法，促进问题解决、加强管理，对已形成的制度体系“回头看”，综合评估，优化完善。三是建立科学有效的奖惩机制。建立党务干部职级晋升机制，保障党务干部待遇，不断完善

党务干部关怀制度，建立创新激励机制，鼓励和支持基层党建工作创新，深入落实党纪党规，切实开展监督检查，把握运用好“四种形态”，对发现的违反党纪法规的苗头性、倾向性问题及时提醒、纠偏，对违规违纪行为作出严肃处理。

（三）强化党务人员培养，提升综合素质，夯实业务能力

一是加强党务人员培训。培训内容要综合化和流程化，既涵盖党务知识、企业性质、发展目标、方针及相关业务知识，也要坚持精简高效原则，探索运用各类网络、视频培训方式，不断强化培训效果。二是注重加强党建工作信息化工作。将党建工作与信息化管理相结合，运用“智慧党建”等平台，结合企业发展实际，建立一套党建工作智能化、信息化的管理模式。三是注重通过“传帮带”加强党务人员队伍建设。建立专兼职党务人员后备人才库，采取工作对口、按需选择和自主定向结对帮带等方式，开展党务干部结对帮扶，通过“传帮带”和岗位实践，建强党务人员队伍。

（四）夯实党委主体责任，创新工作载体，促进党建融入生产

一是明确党建工作责任。建立党委落实全面从严治党主体责任清单和领导班子“一岗双责”清单，加强责任落实情况的监督和考核，压实管党治党责任；采取定性与定量、现场评价与日常考核相结合的方式，改进和完善党建考核；在日常工作中，对发现的问题及时提醒、纠偏；在干部年度述职考核中，增加落实“一岗双责”的考核指标，并将考核结果与薪酬待遇挂钩。二是创新党建活动载体。结合企业生产经营活动中的重点、难点工作开展党建活动，拓展党建活动阵地，促进生产经营；探索建立“党员领办制”，积极引导基层党支部、党员围绕生产经营“选题”“做题”“破题”；强化企业与合作单位的联动，通过“党建联建”“结对共建”等创新活动载体，促进组织建设互帮、党员活动互助、优质资源互享、重要工作互促；以“党建+N”模式，将党委的领导作用、党支部的战斗堡垒作用、党员的先锋模范作用充分体现于企业发展的安全环保、科技创新、作风建设、企业文化等各个环节，把党的政治优势转化为企业发展优势，实现高质量党建引领高质量发展的目标。

三、国企党建促进生产经营的经验启示

（一）党建促进生产经营，必须充分体现党的领导

中国特色社会主义最本质的特征是中国共产党领导。国有企业是国民经济的重要组成部分，必须坚持党的领导不动摇，让企业党组织切实发挥把方向、管大局、促落实的领导作用。明确党组织在公司法人治理结构中的法定地位，党组织研究讨论是董

事会、经理层决策重大问题的前置程序，并在实际工作中加以贯彻落实。

（二）党建促进生产经营，必须坚持党管干部原则

坚持党管干部原则，要按照国有企业好干部标准“信念坚定、为民服务、勤政务实、敢于担当、清正廉洁”的标准选拔和使用干部。回顾近年来国有企业发生的腐败案件，绝大多数是企业党管干部的原则落实不够，个别领导干部特别是主要领导干部把自己的权力凌驾于党组织和法律之上，把国有资产当成自家财产，肆意挥霍，造成国有资产流失，给企业和国家带来无法挽回的损失。由此可见，必须坚持党管干部的原则，把权力关进制度的笼子。

（三）党建促进生产经营，必须发挥党员先锋作用

充分发挥党员先锋模范作用，是实现党建与生产经营工作深度融合的有效途径。党员是从群众中的优秀分子发展而来的，在国有企业中，党员就是生产经营工作的主力军，每一项工作完成的好与坏，党员往往起到至关重要的作用。因此，国有企业党建与生产经营深度融合，党员的先锋作用不可或缺，每项科技攻关、技术创新都能充分展示党员的聪明才智，体现党组织的凝聚力和战斗力，为企业带来经济效益和管理效益，相融相促、共同进步。

（四）党建促进生产经营，必须坚持为民服务宗旨

坚持以人民为中心，是党建工作与生产经营工作的出发点和落脚点。企业做强做优做大，归根结底是要让职工群众有获得感、幸福感。国有企业全心全意依靠职工群众，一是要落实职工代表大会制度，让职工群众有参与权、决策权；二是从员工发展角度，要让职工群众体现自我价值；三是从凝聚团队力量的角度，要丰富职工群众的文化生活，关心困难职工群众。党建工作，只有坚持以人民为中心，调动职工群众力量，企业发展才更有生命力、战斗力和凝聚力，才能不断发展强大。

（作者：张　晶）

第五部分

严密组织体系
凝聚各方力量

新征程上严肃党内政治生活的实施路径探析

——以中国核工业集团有限公司为例

摘　要：党要管党，首先要从党内政治生活管起；从严治党，首先要从党内政治生活严起。严肃党内政治生活是全面从严治党的基础，本文从理论角度出发，围绕党内政治生活在制度建设、党内民主、组织生活等方面，结合中核集团的主要做法进行阐述，分享严肃党内政治生活的举措，为构建风清气正的政治生态提供参考。

关键词：党内政治生活；国有企业；举措

习近平总书记指出，党要管党，首先要从党内政治生活管起；从严治党，首先要从党内政治生活严起。作为全面从严治党的重要着力点，党的十八大以来，以习近平同志为核心的党中央在如何加强党内政治生活方面采取了一系列的重大举措，从根本上解决了管党治党宽松软状况。在新征程上，国有企业党组织要紧紧围绕党的政治建设，抓紧抓实严肃党内政治生活，把党内政治生活的政治性、时代性、原则性、战斗性贯穿在企业生产经营管理之中，推动全面从严治党在国有企业取得更大战略成果。

一、加强党内政治生活制度建设，严明政治纪律和政治规矩

制度具有根本性、全局性、稳定性和长期性，加强党内法规制度建设是全面从严治党的长远之策、根本之策，只有把制度建设贯彻到党内政治生活的各个环节，落实到各个层面，党内政治生活才有规可依、有章可循。

（一）建章立制，持续推进党内政治生活制度化

党内政治生活制度化建设是一项长期的系统性工程。习近平总书记指出，加强和规范党内政治生活，既要坚持过去行之有效的制度和规定，也要结合新的时代特点与时俱进，拿出新的办法和规定。这就要求我们发扬改革创新精神，在党内政治生活的

内容范畴、方向目标、原则要求、方法途径等方面与时俱进，不断推动党内政治生活常态化、制度化、规范化。

一是优化全面从严治党主体责任清单。在制订党风廉政建设责任制的基础上，不断细化优化党组织落实全面从严治党主体责任清单，将党建工作与企业的中心工作同谋划、同部署、同推进、同考核。中国核工业集团有限公司（以下简称“中核集团”）在制度中突出党建考核比重，将党建工作考核指标由原来的二级指标调整为一级考核指标，所占权重为 25%；制订党组落实全面从严治党主体责任工作任务清单，充分将全面从严治党主体责任传递到基层。二是明晰重大事项请示报告制度。严格贯彻落实党中央重要部署，明晰重大事项请示报告内容清单，工作中重大问题向上级党组织及时请示报告，按照《领导干部违规插手干预重大事项记录报告管理办法》制定落实制度的具体措施，及时提醒督促领导干部履职尽责。三是深化党内组织生活制度的可执行性。加强党务人员基础培训，编制指导手册，进一步细化“三会一课”、主题党日、组织生活会、民主生活会等操作办法，规范各项流程，利用党支部记录本加强党支部工作和党员活动“痕迹管理”，让组织生活更“实”。

（二）理论武装，将党内政治生活制度内化于心

回首中国共产党成立 100 年来，在党中央的坚强领导下，党内法规制度建设从无到有、由弱到强，特别是党的十八大以来，坚持依规治党，形成比较完善的党内法规体系。围绕党内法规制度建设取得丰硕成果，坚定不移强化制度学习，推动更好地尊规、守规、用规。

一是加强党内法规学习。把学习党内法规形成工作常态，特别是对党章和党的自身建设法规的学习，将每年第一次党支部活动集体学习党章、重温入党誓词作为固定议程，在学习过程中对照检视自身的不足和问题，达到坚定理想信念、树牢宗旨意识的效果。二是强化纪律教育。选取中纪委和地方纪委监委通报的与企业特点相适应的典型案例，剖析违规违纪行为，定期将案例发送给党员学习，同步实现学习纪律和警示教育效果。注重身边事教育身边人，深化运用违纪违法案件查处成果，加大对企业内部典型案例的挖掘，通过拍摄警示教育片、案例剖析等，以案释纪、释法、释德，进一步加强警示教育。三是夯实理想信念。大力弘扬“两弹一星”精神，围绕“强核报国、创新奉献”新时代核工业精神和“时代楷模”彭士禄先进事迹进行宣讲，教育引导广大党员干部坚定理想信念，自觉抵制不良思想的侵蚀，永远保持共产党人的先进性。

（三）贯彻落实，将党内政治生活制度外化于行

党内政治生活制度是党组织工作遵循的根本，必须不折不扣抓好党内政治生活制

度落实，将党内政治生活贯穿在企业生产经营管理之中，充分发挥党组织的战斗堡垒作用和党员的先锋模范作用，不断推动企业生产经营再上新台阶。

一是党内政治生活融入企业安全生产。围绕中心、服务大局，找准促进企业发展的切入点，积极探索并不断创新党内政治生活的方式方法，如围绕解决企业经营管理、安全生产、职工生活等方面的难题，通过调查研究、问题反馈、技术攻关、结对帮扶等形式，不断完善“一线吹哨、党员报到”工作机制，调动广大党员主动参与党内政治生活的积极性，推动党员干部下沉到一线、力量汇聚到一线、问题解决到一线，为党内政治生活真正融入企业安全生产，发挥更大作用。二是探索多样化的党组织活动方式。邀请党校专家做专题辅导、集中培训、座谈交流，倡导“请进来”与“走出去”相结合，到红色资源、党性教育基地开展爱国主义教育；结合“党课开讲啦”活动，倡导青年党员代表上讲台，分享工作经验和人生感悟；利用 Welink 和核工业党校 App 开展线上培训、党课教育等，促进组织生活制度落地。

二、畅通党员参与讨论党内事务，坚持科学民主决策

党内民主是党内政治生活积极健康的重要基础，党员积极了解和参与党内事务，党员领导干部经常听取党员群众的意见，按照集体领导、民主集中、个别酝酿、会议决定的原则，对重大问题事项集体讨论，科学作出决定。

（一）保障党员权利，履行党员义务

习近平总书记指出，党员是党的肌体的细胞。党的先进性和纯洁性要靠千千万万党员的先进性和纯洁性来体现，党的执政使命要靠千千万万党员卓有成效地工作来完成，党要管党，从严治党必须落实到党员队伍的管理中去。保障党员权利是发扬党内民主的必备条件，也是党员在党内政治生活中发挥作用的基本前提。

一是推进党务公开。按照文件通知、会议传达、新闻宣传等确定党务公开的内容、方式和范围，将召开的重要会议内容和精神，作出的决议决定向党员通报，保障党员及时了解党内事务，确保党员知情权、参与权、选举权、监督权落到实处。二是畅通意见反馈渠道。通过开展企业开放日、领导接待日、支部书记与党员交流谈心等活动，设置意见箱、监督栏等形式，广泛听取党员意见和建议，营造党内民主讨论的良好氛围。三是履行党员义务。认真贯彻执行党的基本理论、基本路线、基本方略，充分发挥先锋模范作用；立足岗位实际，为党的事业特别是贯彻落实“三新一高”实现“双碳”战略目标等方面建言献策；遵守党的政治纪律、政治规矩，做到清正廉洁；对党忠诚，言行一致，拒做“两面人”等。

（二）深入调查研究，践行群众路线

“一切为了群众，一切依靠群众，从群众中来，到群众中去”的群众路线，是我们党的生命线和根本工作路线。在企业改革发展中坚持贯彻群众路线，深入群众调查研究，倾听广大职工的意愿、意见和经验，用心走好新时代群众路线。

一是深入推进“我为群众办实事”实践活动。多往职工群众意见多的地方走，深入开展需求调查，找准职工群众“急难愁盼”的问题，对存在的职工住房、工伤保险等“久拖不决”重大历史遗留问题，主动担当，敢于攻坚克难，推动问题解决，不断增强职工的获得感、归属感、安全感。二是积极推进“幸福中核”建设。积极完善办公室、休息室、餐厅等基础设施建设，加强对职工群众日常关心关爱，组织开展婚育送祝福、探望慰问住院职工等活动；强化“幸福中核”理念宣传，坚持在艰苦奋斗中体会幸福、在干事创业中收获幸福、在改革创新中成就幸福。三是汇聚群众智慧谋发展。坚持在改革发展中问计问策于职工，面向全体职工开展建议征集、问卷调查等活动，多角度全方位征求意见和建议，形成集思广益谋发展的良好局面。

（三）坚持党内民主，凝聚智慧力量

历史和现实都表明，一个政党能否获得人民群众的广泛认同，能否长久执政，能否保证国家的长治久安，在很大程度上取决于这个政党内部民主的发展水平。

一是掌握民主集中制科学内涵。发挥董事会、党委会、总办会分级决策作用，进一步完善党委会议事规则和决策事项清单，既讲民主，监督党委书记末位表态发言，又讲集中，防止议而不决、决而不行，保证团结统一、行动一致和高效执行。二是加强自上而下监督和同级互相监督。认真贯彻落实党中央关于加强“一把手”和领导班子监督的要求，通过党组织书记述责述廉和党建考核，加强对下级党组织和党员领导干部的监督，推动各级“一把手”带头严肃党内政治生活。党组织主要负责人履行好第一责任人责任，监督好所有班子成员；纪委强化对同级党委履行职责、行使权力的监督，发现问题及时上报上级纪委，推动领导班子履行“一岗双责”，严肃党内政治生活，抓好管党治党工作。

三、提高党的组织生活质量，营造批评与自我批评良好氛围

党的组织生活是党内政治生活的重要内容和载体，是党组织对党员进行教育管理监督的重要形式。需要创新组织生活方式方法，增强党的组织生活活力。

（一）抓好“三会一课”制度，增强党性修养

“三会一课”制度是党的基层支部必须长期坚持的基本制度，是贯彻党的民主集中制原则，健全党的组织生活，加强支部建设，严格党员管理，加强党员教育，发挥党支部的战斗堡垒作用的重要手段。

一是认真执行“三会一课”制度。党员必须参加党支部活动，如党员大会、党小组会和党课，党员领导干部要结合工作在所在党支部或党小组讲党课，将党建工作融入中心工作。二是突出“三会一课”的政治学习和教育功能。把《习近平谈治国理政》《习近平新时代中国特色社会主义思想学习纲要》等辅导材料作为必修课，深刻领会蕴含其中的马克思主义立场、观点、方法，不断提高政治判断力、政治领悟力、政治执行力。三是创新“三会一课”形式。调动党员的积极性，将一人领学变为多人讲学；注意将“三会一课”、主题党日和党史学习教育常态化制度化结合起来，积极组织开展形式多样的系列活动，如答题竞赛、技能培训、志愿服务等。

（二）过好双重组织生活，勇于自我革命

党员领导干部要放下架子，摆正态度，勇于自我革命，严格落实党员领导干部双重组织生活制，带着对组织的热爱，出于真心融入组织生活中去。

一是用好批评与自我批评有力武器，党员尤其是党员领导干部聚焦重大工程建设、科技自立自强、改革发展等方面，立足“三新一高”实现“双碳”战略目标开展对照检查，在组织生活会、民主生活会上敢于批评，直指在贯彻新发展理念、“双碳”目标等方面的不足，不仅谈工作问题，更深挖作风问题，避免互相批评和自我批评浮于表面。二是狠抓问题整改。对检视出来的问题，深刻剖析，建立问题、措施、责任台账，分类施策，立行立改，采取适当方式公开整改清单完成情况，接受党员群众监督，真正做到整改落实。三是加强对下级民主生活会、组织生活会的督导。制订督导工作方案，建立分级督导机制、成立督导组。党委委员（党组成员）下沉参加对党建责任区单位民主生活会的督导，该肯定的给予肯定，该指出不足的明确指出，并提出改进要求。

（三）用好谈心谈话制度，激励担当作为

谈心谈话制度作为党的组织生活重要形式，是丰富完善党的组织生活，增强党内政治生活的针对性、有效性的有效抓手，为严肃党内政治生活、形成良好政治生态打下良好基础。

一是谈心谈话常态化。谈心谈话制度体现在日常工作中，注重分析党员思想状况和心理状态，立足于小、着眼于早，对苗头性、倾向性问题及时进行约谈、提醒，有

针对性地做好思想政治工作。二是注重班子成员之间谈心。主动亮明自身存在的问题，诚恳指出对方在贯彻落实党组织决策部署上存在的问题，深入探讨解决问题的意见建议，帮助提高，对一些有误解、有分歧的问题要敞开谈，消除隔阂，互相激励担当作为。三是讲究谈话艺术。一般采用一对一、面对面的方式沟通交流，以真心换取真心，坦诚相见；谈心谈话不是批评教育，多给对方表达的机会，尽量避免当面记录，以免让被谈话人产生顾虑。

（作者：高　佳）

浅析“合聚”支部工作法的实践途径

——以中核集团战略规划部党支部为例

摘　要：建强基层党组织，提高党的建设质量，是国有企业贯彻新时代党的组织路线，必须深刻理解、准确把握的重要命题。本文结合中央国家机关工委开展的“总结支部工作法活动”，探索在国有企业基层党组织中应用支部工作法的现实意义，分析应用支部工作法的三个关键环节，并结合中核集团战略规划部党支部工作开展实际，提出“合聚”支部工作法，进一步探索加强基层党建的有效途径。

关键词：国有企业党的建设；基层党建；支部工作法

习近平总书记在全国国有企业党的建设工作会议上明确提出加强国企党建工作的总要求，强调要坚持建强国有企业基层党组织不放松。支部是中国共产党组织力量的根基，国有企业立足新发展阶段、贯彻新发展理念、构建新发展格局，推进高质量发展，必须贯彻落实新时代党的组织路线，持续加强基层党建，把支部建设放在更加突出位置，总结提炼好经验好做法，不断提高党支部建设质量。

一、支部工作法应用的现实意义

支部工作法是在总结日常工作经验基础上，通过研究提出的具有普适性、成熟性、有效性、可推广性的理论方法，是党建工作的生动实践和积极创新，对于国有企业贯彻落实新时代党的建设总要求和新时代党的组织路线，提高党的建设质量具有重要的推动作用。

（一）衡量支部党建工作成效的直观体现

衡量和考评支部党建工作成效有多种形式，例如专项考评、量化考核、评价打分等。支部工作法作为支部工作思路和经验的高度凝练，可以作为党建工作成效评价的客观参考。支部工作法的提炼与应用具有长期性特点，伴随党建工作和业务工作持续开展，是支部关于组织领导、重视程度、核心能力、工作保障等方面的直接呈现和鲜明展示，更是支部运用系统思维，实现精细化管理、促进党建与业务深度融合的综合体现。

（二）推动支部党建工作开展的重要抓手

思路决定出路，思想方法和工作方法对于工作成效具有决定性作用。以支部工作法作为党建工作开展的重要抓手，紧密围绕中心工作要求，结合党员队伍实际和职工群众迫切期盼，把业务工作难点和薄弱环节折射出来的党员队伍建设问题作为支部工作的切入点，广泛征集党员群众的意见建议，让每一名党员成为支部建设的实践者、参与者、受益者、推动者。以支部带党员、以党员带群众、以党建促发展，营造以上率下、以点带面的良好党建工作氛围，更好发挥支部战斗堡垒作用和党员先锋模范作用。

（三）解决支部党建工作难点的有效途径

随着进入新发展阶段，国有企业基层党组织党建工作会遇到各种问题和挑战。在攻坚克难的过程中，以支部工作法作为突破点，紧密围绕习近平总书记在全国国有企业党的建设工作会议上提出的全面从严治党在国企落地工作要求，让支部成为团结群众的核心、教育党员的学校、攻坚克难的堡垒，通过系统思维，纵深发力，严格执行，实现精细化管理，充分发挥支部工作法的作用和效能，为更好推动国有企业党建工作打下坚实基础、提供有力支撑。

二、支部工作法应用的三个关键环节

（一）要充分发挥支部战斗堡垒作用

《中国共产党党章》明确指出，“党的基层组织是党在社会基层组织中的战斗堡垒，是党的全部工作和战斗力的基础”。国有企业基层党组织发挥战斗堡垒作用，需要两个方面共同发力，一是持续加强党员自我建设，二是紧紧依靠职工群众。支部工作法要以业务需要和党员成长作为出发点和落脚点，以加强党性锻炼和完成好中心工作作为工作重点，以落实全面从严治党、落实党风廉政建设主体责任为着力点。群众路线是党的生命线和根本工作路线，通过应用支部工作法，要深入基层联系和服务群众，解难题、办实事，调研群众需求和愿景，听取群众意见和建议，持续对支部工作法进行修正和完善，不断增强基层党组织“战斗力”。

（二）要充分加强支部组织建设

党的十九大报告指出，基层党组织要以提升组织力为重点，突出政治功能。进入新发展阶段，国有企业基层党组织需要进一步发挥组织功能，将基层党组织的良好经验提炼为理论方法，以此指导党建工作实践，并在推动过程中持续完善和优化，形成理论与实践结合的闭环。建立并应用支部工作法，进一步规范支部工作，建强优化党员队伍，全面提升从严管党治党，持续提升基层党组织的战斗力。力争将支部工作法打造成为支部工作品牌，在不断完善过程中互相借鉴学习，形成“比学赶帮超”的良好党建工作范围。

（三）要充分促进党建与业务深度融合

党建与业务融合，是基层党建工作开展过程中的重点和难点。我国核工业在创业征途中，既创造了举世瞩目的业绩，也积淀了丰厚的文化底蕴和精神财富，在新时代要大力弘扬和传承，更好地指导实践。支部工作法要在理念上，明确以核工业精神谱系作为指引，以党建促业务，以业务促党建，力争做到“两手抓，两手硬”；在举措上，强调持续加强学习领会，坚持党建与业务同谋划、同部署、同落实。以支部工作法推动强化理论武装，以“关键少数”示范带动“绝大多数”，充分发挥示范引领的“头雁”作用。以支部工作法推动实现入脑入心，以“三型”支部建设，将理论学习与中心工作结合起来，把学习成效转化为工作动力和工作实绩。以支部工作法推动主动担当作为，紧扣高质量发展主题，以政治引领为根本，突出基层党组织主体功能，坚持融入中心工作。

三、探索提炼“合聚”支部工作法

中核集团战略规划部党支部高度重视党建工作，持续探索新形势下党建工作的创新方法，逐步总结提炼形成“合聚”支部工作法（图 1）。“合聚”支部工作法从战略规划部党支部工作实际出发，结合弘扬核工业精神谱系的实践探索，以组织引领为内生驱动，打造“三型”支部为内层指引，六维理论学习法为中层支撑，政治建设、思想建设、组织建设、作风建设、纪律建设、制度建设为外层保障，聚集在“两弹一星”精神、“四个一切”核工业精神和“强核报国、创新奉献”新时代核工业精神的旗帜下，形成支部党建工作合力。

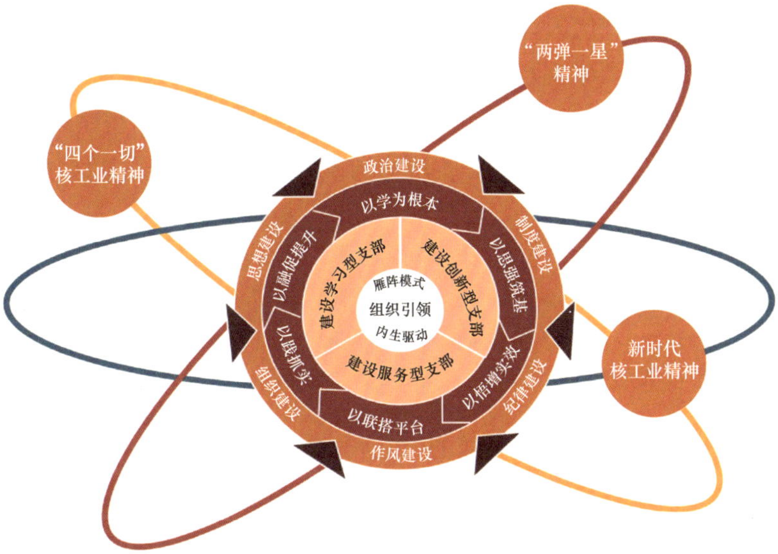

图 1 "合聚"支部工作法

（一）坚持组织引领，激发内生动力

靠着团结协作精神，候鸟才能领空翱翔，完成长途迁徙。在雁阵飞行过程中，在头雁的带领下，通过"领飞"，带领队伍坚定正确的方向目标，各成员不断依靠"补位"和"对齐"，团结协作，高效配合，相互"助飞"，使整个雁阵达到"高飞、快飞"的成效。支部建设亦如此，抓队伍的关键是抓好组织，固本强基靠"头雁"，组织的核心在于组织带头人充分履行第一责任人职责，带领队伍持续向前。以充分发挥"雁阵效应"作为"合聚"支部工作法的核心，为支部建设和支部工作开展提供强大的内生驱动力。

（二）打造"三型"支部，明确方向指引

以打造"学习型、创新型、服务型"的"三型"支部为支部建设目标，着力增强过硬本领，树立好学理念、坚持科学标准、运用有效方法，夯实学习型支部建设基础；着力践行党的宗旨，强化服务意识、完善工作内容、树立群众情怀，把握服务型支部建设根本；着力保持蓬勃生机，增强创新意识、营造良好环境、保持蓬勃朝气，激发创新型支部建设活力，将加强"三型"支部建设作为"合聚"支部工作法的内层指引，在核心的强大驱动下，为支部工作的开展提供正确的方向指引。

（三）抓好六维理论学习法，构建行动指南

深刻领会习近平新时代中国特色社会主义思想的核心要义、精神实质，做到学懂

弄通，学深悟透，是新时代国有企业党建工作的一项重大政治任务，也是全体党员的成长需要和行动自觉。要掌握行之有效的理论学习方法，切实提升理论学习成效。六维理论学习方法包含“学、思、悟、联、践、融”六个维度，紧密联系，形成完整闭环，统筹推进理论学习和业务工作，实现协同发展。六个维度共同发力，推动理论学习取得良好成效，筑牢信仰之基、补足精神之钙、把稳思想之舵，进而深化理想信念教育。将应用六维理论学习方法作为“合聚”支部工作法的中层支撑，为圆心点和内层圆持续提供“动力源”和“方法论”，为支部工作的开展提供正确的行动指南。

（四）抓好六大建设，强化工作支撑

支部工作法是通过长期积累形成的，培育与建设过程需要有合理的建设布局作为支撑。支部工作法是基层党组织的特色展示，要突出使命与担当，结合中心工作内容，聚焦服务和满足社会和群众需求，助力支部党建工作走在前，做表率。通过全面贯彻落实党的十九大提出的新时代党的建设总要求，以党的政治建设为统领，以坚定理想信念宗旨为根基，以调动全党积极性、主动性、创造性为着力点，全面推进党的政治建设、思想建设、组织建设、作风建设、纪律建设，把制度建设贯穿其中，深入推进反腐败斗争，不断提高党的建设质量，确保支部工作法落到实处，起到实效。

（五）弘扬核工业精神谱系，形成“合聚”效应

“两弹一星”精神是20世纪中国人民自强不息、艰苦奋斗所形成的可贵民族精神；“四个一切”核工业精神是国企精神的杰出代表，是对社会主义核心价值观的丰富表达，是国有企业改革发展之魂和宝贵的无形财富；“强核报国、创新奉献”的新时代核工业精神是核工业人在新时代奋力实践的精神财富，是实现核工业人初心和使命的根本动力。三种精神既一脉相承又与时俱进，是传承与发展。将核工业精神谱系作为支部工作的出发点、立足点和目标点，将支部工作法的四个层次紧紧“合聚”，可以产生助推支部高质量发展的强大动力。

四、思考与启示

习近平总书记在全国国有企业党的建设工作会议上的重要讲话中指出，新形势下，把国企做强做优做大，最重要的是要有一种为国家、为人民真诚奉献的精神、一个坚强有力的领导班子、一支勇于攻坚克难的高素质干部队伍、一支充分组织起来的职工队伍，为国企改革发展提供坚强组织保证。通过结合工作实际，构建特色支部工作法，并持续做好应用和优化，对于落实习近平总书记重要讲话精神，建强基层党组织，提高党的建设质量具有重要的推动和促进作用。

核工业精神谱系，集中体现了核工业人的理想信念、根本宗旨、道德品质、工作作风和精神风貌，是一系列优良传统和作风的集中概括。通过构建“合聚”支部工作法，引导支部全体党员在党建工作开展过程中，持续加强学习领会，将核工业精神谱系的传承和弘扬嵌入支部工作法中，用伟大精神引领党建，用伟大精神带动党建，用伟大精神指导党建，实现弘扬核工业精神谱系与支部党建工作深度融合，促进党的建设高质量发展，是弘扬核工业精神谱系的实践探索，是支部党建工作的积极创新与跃升。

历史照亮未来，精神引领奋进。下一步，中核集团战略规划部党支部将继续完善和优化“合聚”支部工作法，大力弘扬“两弹一星”精神和“四个一切”核工业精神，践行“强核报国、创新奉献”的新时代核工业精神，严格按照中核集团党组统一部署和直属党委工作安排，实现新作为，作出新贡献。

（作者：王　超）

积分管理在国有企业“三基”建设中的实践研究

——以中核华辰建筑工程有限公司为例

摘　要：本文以中核华辰建筑工程有限公司为例，通过分析“三基”建设中存在的主要问题、实行积分管理的现实意义，探索在“三基”建设实施积分制管理的主要措施，旨在进一步激发和调动基层党组织和党员服务公司改革发展的创造力和积极性，使党建工作与课题研究有机结合，形成在实践基础上进行理论凝练和在理论指引下进行“三基”建设提升实践探索的工作机制，全面提升提升党建工作水平，助推企业高质量发展。

关键词：积分制；基本组织；基本队伍；基本制度

习近平总书记在全国国有企业党的建设工作会议上明确指出，全面从严治党在国有企业落实落地，必须从基本组织、基本队伍、基本制度严起。这是习近平总书记对国有企业基层党组织突出问题的深刻洞悉，也为新形势下加强基层党建工作指明了方向。加强“三基”建设，是贯彻落实好新时代党的建设总要求、做好国有企业党建工作的“必修课”。本文将以抓实、抓严国企“三基”建设为重点，不断探索基层党组织发挥作用的有效途径和办法，积极探索将积分制管理有效融入“三基”建设，构建一套务实管用、科学合理的基层党建质量工作制度和管理体系，使党建融入中心的制度更加成熟，使党建引领发展的效能更加突显，党建工作的质量水平不断提升。

一、“三基”建设中存在的主要问题

按照新时期新形势下对基层党建工作提出的新要求，结合中核华辰建筑工程有限公司（以下简称“中核华辰建工”）“三基”建设的现状，通过党建检查、走访调研以及开展支部书记座谈会等对发现的问题进行了梳理，主要表现在以下三个方面。

（一）基本组织建设方面存在的问题

一是思想重视不够，对党建工作在实际生产与经营中的引领作用缺乏深刻认识，不能很好地将党组织的政治优势转化为促进公司改革发展的优势，党建工作推进质量和效果不均衡。二是部分基层单位在日常工作中对党建工作存在“讲起来重要，做起来不重要”的敷衍导向，当前，基层党建工作重形式轻内容、重过程轻结果、重数量轻质量的问题还一定程度存在。三是部分基层单位将党建工作“简单化”，认为做好党建就是开展好学习、组织好活动，而不能将党建工作上升助推生产经营、提升全员素质、助推公司高质量发展等方面考虑，对基层党建工作明显缺乏整体思维和政治思维。

（二）基本队伍建设方面存在的问题

一是基层党务人员理论知识和技能有待提升。部分党务工作者党建专业知识和能力欠缺，对党建工作理解片面，工作缺乏创新的主动性，开展工作的方法相对单一，党建工作推进浮在表面。二是党员党性观念有所淡化。有的党员参加组织生活缺乏积极性，被动应付，理论学习不扎实，解决实际问题的能力不足，无法体现党员在实际工作中的担当作为。三是党员先锋模范作用发挥不够。部分党员不思进取，不注意学习和提高个人业务能力和技能水平，在推动公司改革发展、安全生产、服务职工群众等方面缺乏开拓创新和奉献精神，不能充分彰显党员身份。

（三）基本制度建设方面存在的问题

一是党支部工作制度体系还不够完善，有的可操作性不强，虽然各项制度对工作流程有作要求和说明，但较分散，缺少科学系统、可量化的一套工作实操手册、责任清单、工作台账模板，这是造成制度落实不到位的重要因素。二是贯彻执行党建工作制度的力度不够，对于发布的制度“挂在墙上”，却没有“放在心上”，未认真研究制定各项举措和要求，导致在发展党员、换届选举等基础党建工作中出现程序简化、不合规程的情况。三是放松了对党内各项规章制度的执行，基层单位生产任务繁重，有时不能妥善处理生产经营和政治理论学习、党内组织生活的关系，错误地认为组织集中学习、开展党内组织生活挤占了生产经营的时间，没有做到落实“三会一课”制度常态化。

二、在“三基”建设中实行积分管理的现实意义

习近平总书记强调，党的力量来自组织，组织能使力量倍增。要推动全面从严治

党向基层延伸，全面提升和加强基层党建工作水平，就要把抓基层打基础作为长远之计和固本之策。在“三基”建设中实行积分管理，可以进一步强化基层党支部的功能定位、发挥党支部的“支点作用”，促进党建工作与中心工作互动双赢。

（一）在“三基”建设中实行积分管理是新形势下落实全面从严治党的有效途径

在“三基”建设中实行积分管理顺应了落实全面从严治党的新要求。近年来，中核华辰建工党委高度重视基层党组织建设，层层压实责任，坚定不移推进全面从严治党，持续深化党支部标准化建设，补短板强弱项，推动党建工作与业务工作深度融合，促进基层党建建设取得一定成效。但同时，支部建设还存在一些政治纪律和政治规矩不严，责任追究“宽松软”等问题。因此，必须推动全面从严治党向基层延伸、向纵深推进，使每个支部都强起来、每名党员作用都发挥出来，才能构筑起推动全面从严治党纵深发展的坚实基础，确保党永葆旺盛生命力和强大战斗力。

（二）在“三基”建设中实行积分管理是保证党支部党建工作水平全面提升的有效措施

以积分数据客观评价各级党组织党建工作成效，合理设计每个积分项目的内容细节和得分标准，用具体的数据规范党建工作、衡量各项党建工作的成效，既可以客观地反映出党支部党建工作阶段性目标的实现程度，又可以直击党建工作中存在的问题，突出问题导向、强化整改落实，有效地解决党建与生产经营“两张皮”的问题，让党支部在基层工作中唱主角，引导党员干部团结带领广大职工群众投身企业高质量发展的新征程。

（三）在“三基”建设中实行积分管理是加强组织体系建设的有效抓手

习近平总书记指出，必须更加注重党的组织体系建设。党的工作最坚实的力量支撑在基层，最突出的矛盾问题也在基层，加强党的组织体系建设必须更加重视夯实党执政的组织基础，认真做好抓基层打基础工作，以高标准工作推进高质量发展。积分制管理运用于“三基”建设的实践，可以进一步科学规范党务工作流程，为加强基层党建工作注入了新的生机活力。通过建立积分量化管理实施细则和考核机制，让基层党组织、党员干部工作有目标，行为有规章，成效有监督，有力推进党建与生产经营深度相融共促，进而促进基层党建工作全面发展。

（四）在“三基”建设中实行积分管理是汇聚党员作用发挥的有效合力

积分制管理可以体现个人价值与组织价值高度融合，使每名党员变成“主角”，用积分记录党员立足岗位履职、参加组织生活、履行党员义务等方面行为，做到了肩上有责、争先有标、行为有尺、考核有据，时刻提醒党员当好风向标、带头人。党员个人不仅能够通过自身表现充分实现出彩，而且可以在汇聚这种正向能量的基础上，充分发挥“党员+”效应，推动党组织建设和企业经营发展形成最大合力，实现组织目标和价值的汇聚。

三、在“三基”建设实施积分制管理的主要措施

在“三基”建设实施积分制管理，必须要树立“一盘棋”思想，建立健全推动积分管理与“三基”工作融合的领导体制和工作机制，将有机融合情况纳入党建工作责任制考核，形成相互配合、齐抓共管的工作格局。

（一）建立健全组织融合机制，以强化组织建设聚合力

1. 举旗定向，明确考核任务目标

以提升组织力为目标，将落实党建责任制、完成生产经营指标任务和维护公司稳定发展情况作为衡量党建工作成效的重要考核指标，建立党建工作任务清单，做好顶层设计，明确党支部党建工作年度、季度、月度和日常工作目标，量化党建基础工作具体任务，逐项细化为具体的若干目标，按主次轻重设定百分考核分值，使“软任务”分解为清晰具体的“硬指标”，做到党支部建设有目标、有举措、有考核，着力打造一批政治引领力强、推动发展力强、改革创新力强、凝聚保障力强、党建活力强的“五强”党支部。

2. 分类指导，合理设立考评指标

积分制管理要坚持定量与定性结合，科学合理做好指标任务分解。一要注重差异化管理。针对不同单位党支部在人员规模、生产任务、基础设施等方面存在的不平衡性，有针对性的合理设定目标值。二要注重自由度和留有创新性发展空间。对指标的设置应留有余地，允许在一定范围内波动，让党支部可以自主创新，搞一些“自选动作”，增强活力。三要注重激发性。指标既不能唾手可得，也不能高不可攀，以充分调动干事创业的积极性为原则，本着刚性与弹性结合的原则搞好指标分解并抓好落实。实际操作中，加强可操作性，明确“刚性”内容，在执行时不许走捷径或缺项漏项，“刚性”制度执行情况实行扣分项，如有出现党建工作程序违反制度规定、出现操作错误的进行扣分；明确弹性内容，可结合实际做适当调整，“弹性”制度设置创新分值，党支部根据工作实际制定的特色制度及制度保障机制对党建工作有明显推动作用的，可视情况进行奖励分数，大力激发内在活力。

3. 因地制宜，彰显特色积极打造党建品牌

积分制考评细则要遵循基本方向一致但兼具特色的原则。鉴于各个党支部因党员数量、生产规模、生产经营任务不同等的具体实际，鼓励各党支部结合自身的管理模式特点、重要工程任务等情况，坚持因地制宜、务实创新、突出重点，坚持引导基层党组织把积分制管理工作与各单位中心工作结合起来，切实做到“两促进、两不误”。各党支部结合本单位实际，形成经验总结并申报特色亮点工作，根据实际工作成效，报上级党委审定，从实际出发抓好酌情奖励分，打造特色党建品牌。

（二）建立健全素质提升机制，以建好基本队伍增内力

一是压实责任，培育“领头雁”，建好“责任田”。党支部根据企业经营发展、安全生产等中心工作分解任务指标，形成支委会《重点工作议事清单》，再经党员大会表决通过，将支部书记和支委的任务清单、党员示范岗的任务指标，进行公开公示，接受职工群众监督评议。每季度支部大会通报过程完成情况，纳入党员积分管理，带头践行岗位职责，发挥好示范引领作用。

二是正反激励，激发党员队伍干事创业活力。在利用现有学习强国平台学习数据的基础上，根据“遵守纪律和规矩、履行党员义务、履行岗位职责、发挥先锋模范作用”四个模块党员日常考核内容，采取“先锋基本指数+正向加分指数–反向扣分指数”的模式，主要对党员带头学习贯彻党的路线方针政策、按时参加组织生活、履行岗位职责和在工作中发挥先锋模范作用等方面设置指标，对在工作中出现纰漏，不尽责、不作为等情况设置反向扣分规则，促使党员增强身份意识，充分发挥先锋模范作用。先锋基本指数共计 80 分，正向加分指数和反向扣分指数可根据实际情况制定。加分后党员先锋指数总体评价最高分为 100 分，扣分后总体评价最低分为 0 分，将原本笼统的表现情况清晰地体现出来，着力建设一支政治素质优、岗位技能优、工作业绩优、群众评价优、廉洁自律优的“五优”党员队伍。

三是创新载体，党建引领助力安全文化建设。持续深化“党员先锋岗”“党员安全责任区”“党员示范岗”等制度落实，制定《党员安全先锋岗考核表》《党员安全责任区考核表》，纳入积分制管理，督促党员自觉承担“抓违章、查隐患、保安全”的重任，促进基层党建深度融入安全生产。发挥党员在落实安全先锋岗的示范带动作用，激励全员自觉安全生产，主动参与安全管理，有效推动党建与安全生产融合落地，逐步实现党建工作与安全生产工作“双提升”“双促进”，为公司安全生产良好局面筑牢根基。

（三）建立健全制度执行机制，以狠抓制度落实强执行力

一是以确保规范运行为基础，构建科学考核程序。在党支部积分评定过程中，按

照“制定积分细则－支部自评－检查核实－民主评议－党委评议－公示等级－评定格次”等流程，年终时结合党建责任制落实评定支部等级；在党员积分评定过程中按照“制定积分细则－确定记录员－党员申请－考核等级－支部评定－公示等级－上报备案－年底评议－评定等级”等流程进行操作，年终时根据考评结果评定党员等级。要采取日常考核、重点工作考核和集中考核相结合的方式，上下联动，积分制与党建责任制考核相结合搞好督促检查，加大对“三基”建设重点任务落实情况的督查、通报、考核力度，切实增强党支部书记抓党建的主责主业意识、党员发挥先锋模范作用的榜样意识，推动基层党建各项任务落实。

二是公开晾晒，及时兑现，让积分制管理的活力永续保持。积分制，不仅要重在积，更要重在结果的用。将党支部年度积分情况作为党支部书记履职尽责、提拔任用、评优评先的重要参考依据，与生产经营、薪酬绩效考核挂勾，从积分排名靠前的党支部中推荐产生受上级表彰的基层党支部和五星党支部。对于党员个人积分管理要做到“每季度公布一次”；每半年对积分考评情况作为“两优一先”表彰及召开组织生活会的重要参考，做到“每半年一小结”；年底还将年度积分情况作为提拔任用、评优评先、民主评议等方面的重要依据，体现“每年综合考评一次”。对那些积分落后和现实表现较差的党支部和党员，公司党委和各党支部会根据情况对其实行“约谈”，帮助其改进提升，充分发挥积分制管理的激励和导向作用，不让任何一个支部落后，不让任何一名党员掉队。

三是注重动态调整，确保常态长效。对党支部的评星定级实行动态管理，建立“量化考评、分类定级、动态监管、达标晋级”机制，实行全面检查、重点抽查、定期复查的动态管理模式，确保基层党支部时时刻刻不松懈，充分发挥积分管理的激励作用和导向作用，通过典型带动、指导推动、帮扶促动，实现评定工作的长效化、常态化，提升党支部建设整体水平。

（作者：任　钰）

规范容错纠错机制 激励干部担当作为研究

——以中核（天津）机械有限公司为例

摘　要：正确处理领导干部在改革发展过程中的失误，对激发他们干事创业、勇于担当起着至关重要的作用。本文阐述了建立容错纠错机制的重要性，剖析了在建立和运用容错纠错机制过程中存在的难点问题，提出了规范运用容错纠错机制的方法路径，旨在通过建立领导干部激励和容错纠错机制，旗帜鲜明为那些敢于担当、不谋私利的干部撑腰鼓劲。

关键词：容错纠错；激励机制；联动效应

党的十八大以来，党中央集中整治党内不正之风，严厉惩治领导干部腐败问题，政治生态持续向好，"打虎""拍蝇"雷霆万钧，取得了令人瞩目的成绩，党心民心为之一振，党风政风焕然一新。但与此同时，少数领导干部表现出顾虑增多、唯恐犯错的现象，甚至出现"只要不出事，宁可不干事"的消极心态。因此，要建立领导干部激励和容错纠错机制，旗帜鲜明为那些敢于担当、不谋私利的干部撑腰鼓劲。

一、建立容错纠错机制的重要意义

（一）建立容错纠错机制是落实全面从严治党的内在要求

创新是推动历史发展进步的动力和关键，创新既立足于传统、又突破传统。一个单位，领导干部想要在某一新发展领域做出成绩、干成事、干好事，基本没有现成的、相同的模板可以参照；创新发展也不像在纸上轻描淡写，错了可以涂掉再来。改革创新的路上，客观条件不成熟，前方没有指明灯，也许经过反复推敲、深思熟虑后的决策仍是失误的、错误的；也许历经数次的探索尝试，仍不成功。基于这种心理，有人就会打"退堂鼓"，遇事不敢担责，出现不作为或假作为、出工不出力的现象。全面从严治党与促进领导干部担当作为、干事创业是辩证统一的关系，是相辅相成的。从严管党治党过程中，建立容错纠错机制，就是对勇于开拓创新、敢于担当作为的党员干部的一种爱护、支持与鼓励，是激发党员领导干部在改革前沿探索创新时可控性试错的勇气，同时也是为冲锋在第一线的党员领导干部队伍吃下的一颗“定心丸”，是落实全面从严治党的内在要求。

（二）建立容错纠错机制是落实“三个区分开来”的重要抓手

当前，我国改革进入攻坚期、深水区，干部在创新立业的实践中犯错误在所难免，最需要的是敢干、敢当。习近平总书记指出，要按照“三个区分开来”要求，对失误干部要严管与厚爱同向用力，保护那些作风正派、敢做敢为、锐意进取的干部。建立容错纠错机制，就是要依照事业为上、实事求是、依法依纪的标准，精准运用“三个区分开来”，分清“公”与“私”，“无心”与“有意”，理清 “严禁”“失误、错误”“违纪、违法”的界线；仔细辨析干部干事创业的动机目标、工作中的态度，再依据当时客观条件，工作过程中决策程序、方式方法，参照失误造成的影响、损失挽回情况等，认真鉴别，不搞“一刀切”。没有容错纠错机制，“三个区分开来”的落实就是空喊口号，就会成为“空中楼阁”，没有着力点。在容错纠错过程中，对党员干部所犯错误从客观的角度进行分析，全方位给予评价，可以让因缺乏经验、先行先试中的无意过失得到纠正和补救，保护作风正派、敢作敢为、锐意进取的党员干部继续干事创业，最大限度调动广大干部的积极性、主动性、创造性。

（三）建立容错纠错机制是激励党员干部敢干、敢担、敢为的必要举措

落实“三新一高”要求，打造一流企业，国有企业仍任重道远。面临着极为复杂的竞争形势，国有企业要实现高质量发展，必须继续在改革和创新中，推动生产经营模式转型升级，以自我革命推动自我突破。建立容错纠错机制，就是要在改革发展过程中，让“不想干事、不敢担事”“更不想出事”的人没有空子可钻，就是要对想干事、敢干事的干部以最大的鼓励。正确运用容错纠错机制，找准平衡点，解除党员干部思想上的禁锢，夯实为干事创业者保驾护航的制度基础，既可以通过有效监督给党员干部加压，又可以通过关爱信任给干部加力，有利于充分激发党员干部主动担当作为。

二、容错纠错机制在建立和运用过程中存在的问题

（一）配套制度不完善，容错纠错没有支撑点

未建立对失误干部的定期回访、谈心谈话机制。部分党组织对因失误受到责任追究的党员干部关心不够，定期回访、谈心谈话没有及时跟进，想起来会反反复复

谈，想不起来就晾在一边不谈；未建立健全对失误干部的提拔任用机制。部分党组织对于因失误受到过问责、追责的党员干部，即使影响期已满，在干部考察、评优评先、提拔任用时，会习惯性“另眼相看”，不能与其他同志一视同仁，先入为主认为这个干部“犯过错”，而不会关注其所犯错误是否已纠正；未建立可容之错清单及启动实施程序。部分党组织建立的容错纠错制度比较宽泛，一般都是要求多、量化少，操作性不强。未针对领导责任层级、不同业务领域进行明确划分，细化容错范围；未明确容错纠错实施程序及调查、评价、判定机制。相关配套制度的缺失，不利于因大胆尝试而犯错的干部放下心理包袱，容易挫伤其工作积极性，出现破罐破摔现象。

（二）理解模糊、混淆概念，容错纠错被滥用

容错纠错初心是为大刀阔斧搞改革、一心一意谋发展者解决后顾之忧，然而由于容错纠错是新生事物，在实践中可参考的案例较少，容易让有些别有用心的人当成“挡箭牌”，变相搞纪律“松绑”，形成“不作为”甚至“乱作为”现象。有些干部在工作中遇到组织善意的提醒、批评时，无法做到具体问题具体分析，故意混淆“包容失误”“试错空间”与“钻制度空子”的区别，无视容错的界限和纠错的范围，一味盲目照搬套用容错纠错机制，动不动就举起“容错纠错”的大旗为自己“喊冤叫屈”；部分干部对容错纠错机制还存在着认识不深入、理解不透彻等情况，容易将容错纠错与纪律检查理解为格格不入的独立个体，完全对立起来。遇到组织对其违法违纪问题的问责，不从自身找原因，片面认为组织处理违背容错纠错机制，将容错纠错泛化，变相成了个别党员干部的“保护伞、护身符”。这种现象，将“容错”变成了“纵错”，违背容错纠错机制建立的初心。

（三）容错纠错处置不恰当，实施效果不明显

制度的生命力在于执行。在改革创新过程中，面对因失误给干事创业者造成的质问和围攻，要让他们及时、真切感受到组织的鼓励、关怀与理解。开展容错纠错，不是口头上开展容错，走走表面程序，而是在精神层面上要给予党员干部关心与保护。工作过程中出现了失误，就需要组织以公平、公正的心态调查处理，查清错误原因、不良影响，及时公开容错纠错对象、事件、原因、处理结果等，客观公正的评价与处理，才能够让党员干部感受到温暖和鼓励。如果党组织发现有对党员干部进行不实的举报、控告和质疑，组织人事部门、纪检监察部门应当及时在适当时间、适当范围内给予其澄清或公开说明情况，让党员干部切身感受到容错纠错机制给自己带来的组织的宽容、理解和保护，这样他们在干事创业过程中才不会畏手畏脚。

三、规范运用容错纠错机制，激发党员干部干事创业积极性

（一）完善容错纠错机制，建立健全配套实施制度

党委要加强对容错纠错工作的统一领导，审定容错事项、免责事项、领导责任认定等，压实主体责任，强化统筹协调、组织实施和监督检查。要明确容错纠错的受理、初核部门，监督、调查、核实部门，初步认定及申请、上报责任部门，各尽其责，同向发力，保障容错纠错机制畅行；建立受处分党员干部跟踪回访制度，对处分期内的回访谈话及影响期满后的组织谈话进行明确规定，及时掌握受处分党员干部思想动态、家庭状况，既让对受处分党员干部放下思想包袱，体现组织的关怀，同时，鼓励引导他们重拾干事创业的决心和信心；对党员干部改革创新中出现的错误、失误，经确定属于容错纠错免责的，不应当影响其评优评先、提拔任用；对受到组织处理或轻处分的党员干部，只要他们汲取教训、认错改错，在影响期满后，能使用的依然大胆使用。宽容、谅解党员干部在探索尝试中出现的无意失误，形成“为负责者负责、为担当者担当”的选拔任用领导干部导向。

（二）建立容错清单和纠错程序，发挥激励作用

发挥容错纠错的正向激励作用，首先要厘清探索创新中因经验缺乏、受环境和条件所限的失误与明知故犯、我行我素导致的违法违纪、谋取私利的界限；要根据实际情况，建立容错清单并定期更新，明确相对应的纠错措施与方法，以此作为容错纠错机制实施的依据；精准问责，严管与厚爱相结合，不能纵容个别党员干部拿关爱、容错、激励当“保护伞”。实施过程中，既要将容错纠错与监督执纪“四种形态”有效衔接，审慎稳妥运用好“四种形态”，充分体现严管厚爱，将“防”字放在首位，在日常监督中提前防范，对在改革创新探索中出现的苗头不对、偏离方向性的问题，做到早督促和提醒，力争提早纠偏，防患于未然。要坚持严格管理，用大胆容错、精准问责体现对党员干部的关爱。要慎重问责、精准问责，防止问责泛化。

（三）大胆容错纠错，推动加油鼓劲与舒压减负协同发力

将容错纠错机制真正、恰当地运用到出现失误的干部身上。对干部因失误造成损失或者影响的，要根据行为动机、行为过程、行为结果等要素，及时帮助干部认真查找原因，采取补救措施消除影响、挽回损失；党组织要对线索不清、明显失实或已有结论的，经组织研判后可直接了结；已经查实的问题要做到不重复函询、多头函询，不翻旧账。防止替罪羊式的问责，避免“棒打出头鸟”。对因犯错而问责的干部也不

能一棍子打死，应及时肯定他们正确的作法，帮助认识不足，减轻干部不必要的心理负担；及时公开澄清容错纠错调查结果，对其作出的贡献进行表扬奖励，消除影响；对属于容错和纠错范畴的，要让其汲取教训、制定改进措施，防止重复犯错。

（四）有容必谈纠，探索容错纠错联动效应

容错与纠错二者是辩证统一、互相促进的。在实际中，要掌握好容错纠错的尺度，让二者产生联动效应。要明确容错不是无底线的听之任之，可容之错是在改革发展过程中出于为公之心、尽职尽责履职探索新领域时出现的一些偏差，是探索试错过程中出现的问题和失误，对于这些问题要充分分析研判，面对可容之错要大胆宽容；容错与纠错是相辅相成的，如果遇事只谈容错，不提纠错，等于工作只做了一半，如果出现知错不改现象，就意味着将容错变成了纵错，也违背了容错纠错机制建立的初衷与本质要求。组织决定适用容错的同时，就要立即启动纠错程序，只“容”不“纠”，就是一种放任与不负责任的表现，既敢于容错又积极纠错才有可能达到预期效果；容错纠错机制中要明确鼓励和引导党员领导干部主动纠错，作为党员干部个人，应当在出现错误和失误后的第一时间采取补救措施将错误带来的损失或影响降至最低，为企业挽回损失，并从中汲取教训。

（作者：李　敏）

发挥离退休干部优势作用的探索与实践

——以中核集团社会事务部为例

摘　要：离退休干部是党和人民的宝贵财富，为我国的革命、建设和改革事业的胜利作出巨大贡献。必须充分发挥离退休干部政治优势、经验优势和威望优势，引导离退休干部在坚持科学真理、坚定理想信念中贡献力量，在总结宝贵经验、传承红色基因中贡献力量，在传承优良作风、弘扬传统美德中贡献力量。

关键词：离退休干部；政治优势；经验优势；威望优势

习近平总书记强调，广大老干部是党和人民的宝贵财富，是执政兴国的重要资源，是推进中国特色社会主义伟大事业的重要力量。离退休干部工作承载党中央关心关爱广大老同志的重要任务，在党的工作中具有特殊重要地位，也是全面从严治党重要组成部分。离退休干部是一个优势突出、作用显著的特殊群体，历经风雨考验、亲历战争险阻、奉献智慧心血，是一个可以从中汲取养分和力量的源泉。一直以来，中核集团社会事务部（离退休干部局）高度重视发挥离退休干部独特的政治优势、经验优势和威望优势，既是对离退休干部的尊重和认可，也是加强党的建设、推动全面从严治党向纵深发展的重要举措。

一、充分发挥离退休干部政治优势，在坚持科学真理、坚定理想信念中贡献力量

习近平总书记强调，老干部工作承载着党和国家关心爱护老干部的重要任务，从本质上讲是党建工作，说到底是政治工作。全面从严治党，政治建设和思想建设是根本，解决好这个问题，全面从严治党就有了牢固的思想基础、强大的精神支柱和不竭的动力源泉。广大离退休干部长期经历党内政治生活的锻炼，具有思想政治觉悟高、辨别是非能力强，始终坚持真理、坚定理想、忠于信仰的政治优势。社会事务部（离

退休干部局）坚持做好离退休干部工作，充分发挥离退休干部政治优势，引导他们在坚持真理、坚定理想信念上贡献力量。

（一）强化政治引领，引导离退休干部做“两个维护”的表率

社会事务部（离退休干部局）始终坚持学习贯彻党的十九大精神和习近平新时代中国特色社会主义思想，扎实开展学习研讨，不断健全和落实离退休干部文件阅读、学习参观、情况通报、重要会议和重大活动参与等制度，采取举办报告会、专题研讨、读书班、座谈会等多种方式，组织广大离退休干部积极开展内容丰富、形式多样的理想信念、政治理论、形势政策和政治纪律等教育活动，有效加强离退休干部思想政治建设。注重建立健全离退休干部政治建设、思想建设和组织建设各项制度，坚持从离退休干部实际出发创新活动形式和内容，利用“三会一课”、主题党日活动等组织形式，教育引导老干部增强“四个意识”，坚定“四个自信”，做到“两个维护”，造就铁一般使命担当的核工业离退休干部队伍，在全面从严治党工作中做好“两个维护”的表率。

（二）加强思想建设，引领离退休干部做党史学习教育的“活教材”

坚持马克思主义信仰、坚定共产主义信念，是每一名共产党员的政治灵魂。在全面从严治党工作中，把牢坚定理想信念是离退休干部思想理论建设的核心，是加强离退休干部党性修养的终身课题，是端正离退休干部的世界观、人生观、价值观的重要任务，是补足离退休干部精神之“钙”、练就“金刚不坏之身”、筑牢信仰之基的基础。社会事务部（离退休干部局）开展丰富多彩的党史学习教育活动，积极引导离退休干部时刻严守政治纪律和政治规矩，时刻严格对照党章党规规范自我言行，时刻保持在舆论是非面前政治立场坚定、旗帜鲜明，积极引导离退休干部自觉遵法、守法、爱法、学法、用法，争做法制社会的坚强捍卫者。通过集中学习、专题研讨、主题活动等形式，切实把党中央和中核集团党组决策部署传达到每个离退休党支部、每名老党员，使他们始终保持信念坚定、思想常新、理想永存，引导离退休干部珍惜光荣历史、不忘革命初心、永葆政治本色，涌现出离休老红军党员李一非的先进典型，98 岁高龄几乎没有缺席过任何一次支部活动，甚至因风雨交加迟到仍向组织递上“只要能走，支部会我是一定要参加的”的字条。

（三）加强组织建设，着力发挥离退休党支部战斗堡垒作用、老党员先锋模范作用

全面从严治党是一项系统工程，离退休党组织建设和离退休党员队伍建设是全面从严治党的基础工程。对于离退休干部的教育引导，要政治上从严，形式上多样，因地制宜切合实际地完善组织机构设置、丰富活动方式，有效应对离退休干部高龄多病、

行动不便等问题，切实保证离退休干部与党组织始终联系不断、感情不减。深入了解离退休党员所在居住地及其日常学习活动场所情况，积极探索基层党组织或临时党组织的建立，创新党组织设置，综合考虑党性、身体素质条件和工作经验等因素，选配优秀离退休党员担任支部书记或支部委员，建立健全离退休党支部工作制度，强化党支部的政治功能和服务功能，充分发挥党支部战斗堡垒作用和老党员先锋模范作用。社会事务部（离退休干部局）创新方式方法，为集中居住在燕达养老中心的党员成立流动党支部，极大丰富老党员组织生活，有效发挥党支部服务老党员的作用，让老党员找到党组织、增强归属感，感受到党中央和组织的关怀和温暖。在新冠肺炎疫情期间，核工业离退休干部局党委第一时间响应党中央号召捐款抗疫，原 18 个离退休党支部 372 名党员捐款 12 万元。核工业老领导刘书林住院期间委托子女送来捐款 5 万元，体现了核工业老党员的爱党爱国情怀。

二、充分发挥离退休干部经验优势，引导他们在总结宝贵经验、传承红色基因中贡献力量

习近平总书记强调，要组织引导老同志讲好中国故事、弘扬中国精神、传播好中国声音。离退休党员队伍是我们党经受考验最多、忠诚度最高、人生阅历和工作经验最丰富、群众基础最深厚的党员群体，是执政兴国的重要基础，是推动全面从严治党和培育践行社会主义核心价值观的一支重要力量。

（一）有效发挥离退休干部先锋及楷模作用

离退休干部大多熟悉精通党史、国史、改革开放史、社会主义史，是建党百年伟大成就的见证者、参与者、奋斗者。社会事务部（离退休干部局）引导离退休干部争做听党话、感党恩、跟党走的“先锋模范”，争做乐天生活的“榜样达人”，争做感恩社会、回馈社会、引领社会的“时代潮人”，争做推动科技进步、传承工匠精神的“科技达人”。积极创造条件、搭建平台，组建弘扬“两弹一星”精神老同志宣讲团并颁发聘书，组织引导离退休干部进机关、进企业、进学校、进社区，以亲身经历讲述红色故事，宣讲建党百年伟大历程特别是核工业事业辉煌成就和宝贵经验。截至目前，老同志宣讲团已走进机关单位、社区学校开展《“两弹一艇”研制中党的领导》《弘扬“两弹一星”精神，肩负新时代使命》等专题宣讲 20 余场，受众达万余人次。

（二）有效发挥离退休干部典型工作经验传承作用

老领导、老专家、老同志积累了丰富的经验，是社会进步和企业发展的一座“富

矿”，如何让“富矿”发挥作用，从离退休干部的经验中获得思想方法启迪、攻坚克难法宝，助力社会建设各项事业，是广大离退休工作者义不容辞的重要职责。社会事务部（离退休干部局）注重深入挖掘离退休干部工作经验的“富矿”，通过访谈老领导、老院士、老专家在项目攻关、科技创新等方面的优势作用并形成经验材料，报送中核集团领导决策参考。

（三）发挥离退休干部在关心下一代方面的独特作用

尊重、爱护、学习老同志，着力发挥老同志作用，为青少年思想道德的建设提供了重要力量。离退休干部在很多方面具有不可替代的独特优势，离退休工作者要精准了解离退休干部的专长，结合离退休干部特长兴趣，组织形式多样的主题活动，注重发挥“五老”优势模范践行社会主义核心价值观，培养社会主义接班人。引导青少年学习党的历史，在青少年中广泛播撒爱党、爱国、爱社会主义的种子，让红色基因代代相传，红色精神薪火相传。核工业离退休干部局第九党支部赵之瑄同志退休不褪色，立足实际多次走进平谷区峪口中心小学校园参与红色教育和教学活动、讲述英雄故事、传承红色基因，为关心下一代、培育新时代好少年开展正能量工作。

三、充分发挥离退休干部威望优势，引导他们在传承优良作风、弘扬传统美德中贡献力量

回望党的光辉历史，我们党开创的宏伟革命事业和形成的一整套优良传统及作风，都是老一辈革命家用心血铸就和凝练的。在长期奋斗和家庭家风的培育形成中，广大老干部凝练了很多光荣传统和优良作风，对新时期加强和改进党的作风建设有着重要作用。传承好党的优良作风、大力弘扬中华民族传统美德，有必要认真做好新形势下的离退休干部工作。

（一）引导老干部弘扬艰苦奋斗生活作风

党的百年风雨历程中，无数离退休干部亲身参与并见证了在苦难中砥砺前行、不断壮大的中国共产党奋斗征程，靠着艰苦奋斗的顽强精神，取得了一次又一次伟大胜利。以习近平总书记为核心的党中央，带头发扬艰苦奋斗的优良传统作风，以身作则、率先垂范，狠抓工作作风改进，出台中央“八项规定”，开展整治“四风”特别是形式主义和官僚主义，向全党发出了继续弘扬吃苦耐劳、勤俭持家、艰苦奋斗优良作风的号召。社会事务部（离退休干部局）通过微信公众号“核工业不老松”平台积极宣传离退休干部艰苦奋斗的生活作风，弘扬离退休干部勤俭节约的优良传统，大力宣传节约光荣、浪费可耻的思想观念，树立艰苦奋斗、风清气正的良好生态。

（二）引导展示老干部求真务实工作作风

求真务实是每个共产党员必备的政治品格，更是党和人民事业兴旺发达的关键所在。老干部人生阅历和工作经验丰富，工作方法独到，工作作风扎实。很多离退休干部都曾在不同部门担任过重要领导，或者是某个方面的权威专家或技术领军人才。他们认真负责、严谨细致，以身作则、率先垂范，勇于担当、善于作为，遵纪守法、严守纪律，在长期的科研工作和管理服务中形成了扎实的工作作风。社会事务部（离退休干部局）通过搭建平台、选树典型、宣传引导，大力弘扬老干部敢于开拓、勇于担当、狠抓落实的工作态度；创新方式方法，以写、访、说等形式总结提炼离退休干部心存敬畏、严守规矩的清廉作风。以此发挥老干部群体的作风优势，引导广大干部职工发扬求真务实精神，大兴求真务实之风，坚持一切从实际出发，自觉按客观规律办事，坚决做到求真务实、真抓实干，创造实实在在的业绩，形成干事创业良好氛围。

（三）发挥老干部培育传承优良家教家风的独特优势

老干部生活情趣高雅、道德情操高尚，在家庭中往往具有很高的威望与影响力，拥有较强的话语权和决策权，承担着引领和建设良好家风的重任。发挥老干部培育和传承优良家庭、家教、家风的独特优势，要从日常家庭教育着手，从言行举止细微之处着手，潜移默化地将社会主义核心价值观渗透到工作和生活之中，帮助其他家庭成员树立正确的道德标准、形成良好的生活习惯，以及提高服务社会、回馈社会的担当意识。社会事务部（离退休干部局）通过举办“传承核工业精神，弘扬优良好家风故事”系列活动，邀请核工业老干部讲述一家几代人在为核事业奋斗中传承接替的“核”家故事，向全社会展现核工业人质朴而坚毅的家风形象，展现核工业老干部始终践行“两弹一星”精神、“四个一切”核工业精神和“强核报国、创新奉献”新时代核工业精神的高贵品质，为促进离退休干部家风建设营造优良环境和广阔平台。通过身边事、身边人的真实写照，拉近离退休干部与社会大众的距离，提升大众共情度，构建起广大寻常家庭与优秀传统文化之间的纽带。运用互联网+、微博、微信、客户端等大众媒体进行传播，用大众更易于接受的语言和话语，扩大宣传优秀离退休干部优良家风，深刻阐述核工业敬老文化的独特内涵。

（**作者：**杜吉国、黄润平、李　敏）

新形势下离退休服务管理工作的实践与探索

——以中核集团二二一局上海管理处为例

摘　要：习近平总书记指出，要发挥老同志的政治优势、经验优势、威望优势，组织引导老同志讲好中国故事、弘扬中国精神、传播中国好声音。本文根据中核集团二二一局上海管理处服务管理的原二二一厂离退休人员的状况，结合离退休服务管理工作实际，就进入“双高”期的离退休职工队伍面临的困难与问题进行分析，通过实践探索形成措施经验，为相关工作提供借鉴。

关键词：实践与探索；企业离退休；服务管理工作

习近平总书记十分关心二二一厂离退休职工，两次作出重要批示。2021 年 6 月 14 日，《人民日报》头版头条刊发了文章《不朽的功勋　闪光的精神——访习近平总书记关心的二二一厂离退休职工》，回顾了原子弹、氢弹研制的艰苦创业历程和取得的历史功绩，体现了习近平总书记对以二二一厂老同志为代表的老一辈核工业人的亲切关心关怀。

上海管理处是中核集团直属单位核工业二二一离退休人员管理局（以下简称“二二一局”）下设的二级单位，2000 年成立，主要负责为原国营二二一厂（中国第一个核武器研制基地）撤厂后被安置到江、浙、沪（两省一市）60 个县区的 700 多名老同志提供离退休服务管理工作。目前，管理处服务管理老同志 455 名，其中离休 4 名，退休 410 名，遗属 42 名。在中核集团党组和二二一局党委的领导下，上海管理处全体干部职工用心用情、精准服务，全面贯彻落实批示精神，积极践行“让总书记和党中央放心、让中核集团党组及二二一局党委信任、让二二一老同志满意”的新时代离退休工作目标。

一、提高政治站位，强化责任担当，不折不扣落实总书记批示精神

在中核集团党组和二二一局党委领导下，上海管理处提高政治站位，强化责任担

当，克服时间紧、任务重及新冠肺炎疫情影响，不折不扣落实总书记批示精神有关工作。

（一）确保老同志生活待遇落实

认真按照二二一局及局有关处室部署和要求，以高度负责的态度认真细致做好各类资料的收集，人员信息采集、查对、测算、填报、发放工作，工作中克服时间紧、任务重、工作人员少的困难，全体工作人员全力以赴分工协作加班加点，确保老同志顺利加入央保，老同志养老金待遇得到大幅度提升；同时，对老同志的生活补贴、取暖费、节日慰问费做到及时申报和发放，确保老同志各项生活待遇及时落实到位。

（二）确保老同志医疗待遇落实

为减轻老同志因生病激增的医疗费压力，上海管理处按照二二一局有关医疗费报销管理办法，对离退休老同志医疗费做到即时报销；组织所有的家属遗属参加属地居民医保和大病保险，对因大病造成生活困难的老同志实行医困救助，防止出现因病致贫现象。

（三）提升老同志居住环境

对所有老同志的住房进行了全面的实地调查摸底并建档，对房屋确需维修且生活困难的老同志的住房进行了维修，从而大大改善老同志居住条件。

二、牢固树立用情用心用力服务理念，真正让老同志老有所为、老有所乐、老有所安

（一）搭建平台，让老有所为

建立老同志微信群，定期发送党和国家有关政策、中核集团及二二一局最新信息，不定期召开老同志座谈会（上海地区每年 4 次，江浙较集中居住地区每年 2 次），对分散居住的老同志通过走访、电话寻访等方式广泛宣传党和国家的方针政策，中核集团及二二一局有关会议精神，广泛征求老同志合理化建议，引导老同志在身体允许的情况下，积极为社区建设、传承弘扬“两弹一星”精神发挥余热，确保老同志老有所为。

（二）文化养老，让老有所乐

在上海地区，上海管理处采取自建或与属地社区共建老同志活动室或活动场所，在活动室为老同志订阅报刊，配备电视机、空调等，引导老同志自觉自愿、量力而行就地就近参加书画、舞蹈、台球、乒乓球、象棋、门球等文体活动；对分散居住的老

同志利用走访、电话巡访等时机宣传鼓励老同志走出家门，积极参加当地社区有益身心健康的文化养老活动，展示阳光心态、体验美好生活；鼓励动员书画、摄影爱好者创造更多作品，有写作能力的撰写回忆录等。上海管理处每年组织老同志开展喜闻乐见的文体活动不少于 4 次，让老同志有机会共叙感情，愉悦心情，实现老有所乐。

（三）提升服务，让老有所安

上海管理处不打折扣地落实老同志离退休待遇，及时发放生活补贴、取暖费和节日慰问金等；日常工作中坚持实行“一岗双责”，落实“包保责任”，把工作的触角由原来被动地坐在办公室里解决问题，延申到老同志居住的社区，延伸到老同志的家中。变上访为下访，工作中做到“三必访”，即经常性走访、重点访和节假日访；变被动为主动，工作中做到“四必到”，即老同志生病住院必到、老同志病故必到、老同志遇到意外必到、老同志碰到困难必到；变消极为积极，树立尊老、敬老、爱老意识，用心、用情、用力做好服务，对上门的老同志坚持做到“四个一”，即一张笑脸相迎，一把椅子让坐，一杯热茶相敬，一腔热情办事，用实际行动体现尊老敬老的传统美德。推行“首接责任制”，对老同志反映的问题，做到件件有回音，事事有着落，从而化解了矛盾，沟通了感情，让老同志老有所安。

三、开展党建联建，发挥老同志作用，大力传承弘扬“两弹一星”精神

上海管理处有离退休党员 203 名，党组织关系全部属地化管理，每名离退休党员均融入所在城市和社区基层党组织。上海管理处一直以来高度重视离退休党建工作，积极主动与社区开展党建联建和发挥老同志作用有机结合起来。

（一）加强与地方社区党组织对接，深入开展党建联建活动

为了更好地服务老同志、传承弘扬“两弹一星”精神，上海管理处主动与浦东新区上钢街道党委沟通协调，将居住在济阳三村原二二一厂 30 多位老党员单独成立“两弹一星”党支部。同时，上海管理处党支部、“两弹一星”党支部与济阳三村社区党支部联合创建“党建+服务”微综合体，包含党群议事之家、党群活动之家、绿色健康小屋等功能室，集党员学习教育、社区志愿服务、居民文体活动、矛盾纠纷化解于一体，形成济阳三村社区党支部、上海管理处党总支、“两弹一星”党支部、小区党支部、物业公司党支部互联互动的党建工作体系。在南通、常州、南京、杭州、无锡等老同志居住的城市，上海管理处党支部都积极与当地街道社区党组织对接，共同为老同志发挥作用搭建平台。

（二）共建“两弹一星”爱国主义教育基地，充分发挥老同志传承红色基因作用

在中核集团、二二一局和上海管理处的大力支持下，浦东新区上钢街道与居住在西营路 80 多位原二二一厂退休老同志共同创建了全国第一家“两弹一星”爱国主义教育基地，创建至今近 20 年，20 多位老同志一直坚守教育基地，做义务讲解员，以传承弘扬“两弹一星”精神、“四个一切”核工业精神和“强核报国、创新奉献”新时代核工业精神，以讲好核工业故事为己任，无怨无悔；近 20 年来，教育基地共接待来自全国各地的参观团队 1200 多个，参观人数 16 万余人次；教育基地先后被命名为“浦东新区爱国主义教育基地”“浦东新区未成年人教育基地”“上海市四史教育示范基地”“中核集团首批党性教育基地”等。“两弹一星”党支部被评为“全国离退休干部工作先进集体”。为了充分发挥教育基地作用，加强企地联建，二二一局党委还与浦东新区上钢街道党工委签订了《“两弹一星”爱国主义教育基地共建协议》，上海管理处主动与上钢街道对接沟通，双方定期召开联席会议，双方安排专人做好教育基地参观团队接待及讲解员安排工作。

（三）搭建平台创新形式，有效发挥老同志关心教育下一代作用

浦东新区 10 多所大、中、小学校将参观“两弹一星”爱国主义教育基地作为学生爱国主义教育的现场教育课堂，前来参观的学生无不为二二一老同志的事迹所感动，纷纷表示要弘扬和继承“两弹一星”精神，为中国梦而奋斗。上海管理处与上钢街道还组织老同志著书立说，写回忆录，参与央视和地方台宣传记录片拍摄等多种形式，为加强青少年思想政治工作贡献力量，组织 80 多位“两弹”老同志撰写回忆文章，并编印成书《红柳》。该书已先后出版 4 次，4 万多册，供参观者免费领取，并到学校赠送给学生。组织由“两弹”功臣组成的“两弹一星”精神宣讲团到大、中、小学宣讲 100 多场次，接受教育的青少年达 3 万多人次；组织 10 多位“两弹”功臣通过报刊、广播、互联网、微信公众号等平台讲述亲身经历的艰苦创业故事、讲好核工业故事，并创作情景剧《追寻两弹足迹　挺起中国脊梁》，拍摄制作“两弹一星”专题微电影《追梦》，并走进校园，到多所大、中、小学校巡演或播放；多位老同志还被附近 10 多所中、小学校聘为校外辅导员，开展“红润进学校”活动，利用开学时间，到学校开展“开学第一课”宣讲活动，教育引导青少年树立“爱党爱国、无私奉献”的人生观和世界观。“有为才有位”，“两弹一星”爱国主义教育基地被命名为“浦东新区未成年人思想道德教育基地”，二二一老同志许震贵被评为“上海市关心下一代先进工作者”，还有多位老同志被评为浦东新区或上钢街道关心下一代先进工作者。

四、结合高龄实际，对接属地资源，主动精准开展亲情服务

二二一老同志是我国第一颗原子弹和氢弹研制事业的参与者，是我国“两弹一星”伟大精神的孕育者。如今这个英雄和功勋群体的平均年龄已经84岁了，整体进入了“双高期”。管理处全体干部职工以“等不起”的责任感、“坐不住”的紧迫感、“慢不得”的使命感，用心、用情、用力开展个性化、亲情化、精准化服务。

（一）建立信息档案，夯实精准服务基础

为所有的离退休老同志及家属遗属建立基本信息档案，建立了老同志、家属遗属和老同志子女三个微信群，工作人员通过微信群与老同志或老同志子女保持联系沟通，随时了解老同志本人或家庭情况。重点关注重病、失能、失独、空巢、独居、生活困难的40余名老同志，按照“一人一档”原则建立专门信息数据库，形成本人基本信息、健康状况、家庭状况、子女信息及联系方式、服务需求等详细的信息档案，并及时更新。同时，在所有老同志比较集中居住地区都设立联络人，开展干部职工与老同志及家属遗属结对联系服务，每名工作人员对接2～3名联络人，负责3～4个片区老同志的服务工作，联系人每周至少与联络人电话联系一次，每个季度至少与对接的老同志或家属遗属电话沟通一次，随时了解老同志本人及家庭情况，从而奠定精准服务基础。

（二）按照“一人一策”原则，开展精准亲情服务

对重病、失能老同志引入专业机构，开展日间照料、医疗护理、家政服务。对失独、空巢、独居老同志开展定期走访看望或电话慰问，积极主动争取属地街道社区支持，组织当地社区志愿者到老同志家中开展聊天谈心活动，提供精神慰籍服务。对生活困难和有其他特殊困难老同志，开展精准困难帮扶和特困救助，上海管理处每位工作人员主动与3～4名生活困难的老同志对接，做到一对一帮扶和服务，精准帮扶特困群体。

（三）主动对接属地政府，让老同志享受更加便利的惠老政策和服务

上海管理处积极主动与上海市相关部门沟通、协商，让安置在上海的老同志享受上海市的长期护理险政策、医疗互助险政策、免费家政服务、优惠社工服务和支内补贴、节日慰问金等；在与浦东新区上钢街道签订的基地共建协议中，双方达成“共同做好老同志服务和管理工作”，上钢街道为西营路80多位老同志免费提供70多平方米的活动室，每年组织老同志免费体检、旅游，每年与上海管理处共同为老同志组织

两次文化养老活动、协助解决生病住院等；安置在江苏、浙江的老同志，上海管理处主动与老同志属地街道社区对接沟通，争取属地政府的支持，让老同志享受属地社区免费文化养老、图书阅览、法律援助及政务服务、困难救助等，解决了部分地区因户口迁到青海转为城市户口而无法享受当地居民的优惠政策、高龄补贴、住房拆迁安置等问题。

（作者：邓晓阳）

第六部分

深化整治工作
持续惩治腐败

国有企业纠治“四风”问题的实践研究

摘　要：“四风”令人深恶痛绝，为害不浅。党的十八大以来，“四风”治理成绩显著，但形势依然严峻。“四风”在不同时期、不同企业有不同表现，纠治“四风”应当因时而异、因地制宜。“四风”具有长期性、复杂性、传染性，纠治“四风”必须坚持“问题导向”“抓早抓小”“纠树并举”的主要原则，坚持“把严的主基调长期坚持下去”的基本理念，坚持“三不”一体的重要方略。以求真务实的新风正气，为“十四五”开局起步提供有效保障。

关键词：“四风”问题；重点难点；内因外因；基本经验

党的十八大以来，尽管“四风”治理取得了显著成绩，但形势依然严峻复杂。因此，认清其实质，揭露其危害、剖析其成因，并结合系统内实践，指出治理“四风”的重点、难点，总结治理“四风”问题的基本经验，对于加强和改进国有企业的作风建设，提升企业治理能力，具有重要的理论意义和实践价值。

一、“四风”问题令人深恶痛绝

党的十八大之前的一些年，广大党员和人民群众对党员干部的腐败问题和不正之风，是有着强烈反应的，是感到忧心忡忡的。

（一）“四风”问题危害极大

“四风”问题小则害人害己，大则腐蚀党的根基。从党员个体来说，很多党政机关、国有企业落马干部往往都是从不守小节、不守规矩等作风问题开始，最终突破党纪国法的红线，成为被温水煮熟的“青蛙”。可见，“四风”是腐败滋长的温床。从政党总体来看，作风问题关系党的形象，关系人心向背，关系党的生死存亡。革命时期，毛泽东主席曾在延安说过，用“延安作风”打败“西安作风”。正因如此，党章指出，“我们党的最大政治优势是密切联系群众，党执政后的最大危险是脱离群众”。

（二）“四风”成因错综复杂

从中央纪委通报的典型案例及中核集团内查办案件的情况看，“四风”问题成因错综复杂。从内来看，形式主义的根源是政绩观错位、责任心缺失，用轰轰烈烈的形式代替了扎扎实实的落实，用光鲜亮丽的外表掩盖了矛盾和问题；官僚主义的根源是官本位思想严重、权力观扭曲，做官当老爷，高高在上，脱离群众，脱离实际；享乐主义的根源是世界观、人生观、价值观不正确，拈轻怕重，贪图安逸，追求感官享受；奢靡之风的根源是思想堕落、物欲膨胀，灯红酒绿，纸醉金迷。从外来看，形式主义、官僚主义与传统文化中的官本位思想、特权意识等糟粕一脉相承，与体制机制中的权力过分集中、监督制约失灵、选人用人不科学、考核机制不完善等问题密不可分；享乐主义、奢靡之风与资本主义的个人主义、金钱至上等腐朽思想互为表里，与市场经济条件下等价交换、效益最大化等自由原则息息相关。

二、“四风”治理必须把握难点、突出重点

党的十八大以来，党中央以落实中央八项规定为开篇，狠抓作风建设，带动全党作风大转变。群众反映强烈的突出问题得到遏制、不正之风得以扭转。习近平总书记强调，党的十八大以来，尽管党风廉政建设和反腐败斗争取得了历史性成就，但形势依然严峻复杂。

（一）纠治“四风”必须知难而进

一是“四风”问题具有长期性，稍有松懈就会反弹回潮。历史反复告诫人们：只要有权力存在，腐败问题就不会消失。中国共产党自成立以来，高度重视作风建设。从“三大纪律、八项注意”“跳出历史周期率”“两个务必”“进京赶考”“三反五反运动”，到“两手抓、两手都要硬”，再到“反对四风”“八项规定”“全面从严治党”“打铁必须自身硬”……这些平实而深刻的语言，彰显着中国共产党惩治不良作风的鲜明态度。党的十八大以来，“四风”特别是享乐主义、奢靡之风得到有效遏制。但要看到，作风问题是痼疾，很容易反弹回潮。习近平总书记强调，纠正“四风”不能止步，作风建设永远在路上。2021 年以来，共查处国有企业人员违反中央八项规定精神问题 4386 起，批评教育帮助和处理 5853 人，给予党纪政务处分 3706 人，持续释放出国有企业持之以恒落实中央八项规定精神、驰而不息纠治“四风”的强烈信号。

二是“四风”问题具有复杂性，高压之下谨防隐形变异。“四风”问题在不同时期、不同地区、不同企业有不同表现。党的十八大以来，高压之下享乐主义、奢靡之

风问题在面上有所好转，顶风作案的有之，但相对过去在群众的眼皮底下搞不正之风的少了，更多的是巧立名目，给“四风”问题披上了隐形的外衣。例如，国有企业以商务接待等名义大吃大喝、大肆收送礼品，巧立名目违规发放津贴补贴，打着集体活动的“幌子”公款旅游。值得警惕的是，相比之前的“脸难看，事难办”“什么都敢说，什么都敢干”“监督检查缺位”等带来的显性危害，现在更多的是“脸好看，事依然难办”“宁愿不做事，只求不出事”“检查评比走马灯”等造成的隐形伤害。对这些形式主义、官僚主义新表现，必须要大力整治。

三是“四风”问题具有传染性，要从源头遏制滋生蔓延。俗话说，上梁不正下梁歪。不正之风是有“典型示范”作用的，会一级带动一级腐化变质。享乐主义、奢靡之风表面上是吃吃喝喝，背后则是搞小圈子、山头主义，依托各种“饭局”拉关系，利用不同圈子谋私利。从查处的中核建中系列案件来看，一个领导干部倒下，“拔出萝卜带出泥”，牵出腐败窝案。形式主义、官僚主义是痼疾顽症，传染性丝毫不逊于病毒。2018 年全国“两会”期间，江西省政协主席姚增科曾提到这么一个现象：现在写文章做报告，讲成绩“依靠领导”，讲不足“缺少领导”，讲打算“加强领导”，就连被“传染”的一些乡村干部，也满口大话空话，像“卖瓦盆的，一套又一套”。

（二）纠治“四风”必须突出重点

反对“四风”要抓住要害，突出重点。2020 年全国查处违反中央八项规定精神问题 136203 起，批评教育帮助和处理 197761 人，其中党纪政务处分 119224 人。形式主义、官僚主义问题 78711 起，占总数的一半以上，“在履职尽责、服务经济社会发展和生态环境保护方面不担当、不作为、乱作为、假作为，严重影响高质量发展”“在联系服务群众中消极应付、冷硬横推、效率低下，损害群众利益，群众反映强烈”“贯彻党中央重大决策部署有令不行、有禁不止，或者表态多调门高、行动少落实差，脱离实际、脱离群众，造成严重后果”问题排在前三位，分别为 60184 起、3369 起、3203 起，占比 76.46%、4.28%、4.07%。享乐主义、奢靡之风问题 57492 起，“违规收送名贵特产和礼品礼金”“违规发放津补贴或福利”“违规吃喝”问题位居前三位，分别为 16488 起、14351 起、10996 起，占比 28.7%、25.0%、19.1%。2021 年上半年上述六类问题仍表现突出。

近年来，国有企业在落实中央八项规定精神、治“四风”树新风方面取得了较大成效。但是必须清醒看到，一些企业文件多、会议多、材料多，过度留痕等形式主义、官僚主义仍然存在；收受礼品礼金、违规接受宴请、旅游安排等违反中央八项规定精神的问题时有发生，作风建设仍需加强。

三、“四风”治理的基本经验

党的十八大以来，纠治“四风”成效显著，其成功经验主要有坚持“问题导向”“抓早抓小”“纠树并举”的主要原则，坚持“把严的主基调长期坚持下去”的基本理念，坚持“‘三不’一体，标本兼治”的重要方略。这些重要经验，必须长期坚持。

（一）纠治“四风”的基本理念

反对“四风”不可能一蹴而就，要把严的主基调长期坚持下去。一方面要全面从严，严是全方位、全过程的严，体现在严教育、严管理、严监督、严查处、严整改、严制度的全链条，以此实现不敢腐、不能腐、不想腐的综合效应。特别是，发现下级纪委在监督执纪过程中“宽松软”的，要及时纠偏，甚至严肃问责。另一方面要长期坚持，要从政治上认识加强作风建设的重要性，驰而不息纠“四风”树新风，一个问题一个问题解决，一个节点一个节点坚守，以“钉钉子”精神打好作风建设持久战，推动化风成俗、成为习惯。

（二）纠治“四风”的主要原则

一是聚焦具体问题，靶向纠治。习近平总书记强调，党的十八大以来，党和国家事业取得历史性成就、发生历史性变革，其中一条很重要的经验就是坚持问题导向，把解决实际问题作为打开工作局面的突破口。哪里问题突出，哪里就是推进作风建设的着力点。不同地方、不同企业滋生“四风”的土壤不尽相同，其表现形式也并非一样。因此，纠正“四风”没有完全一样的套路，不能大而划之、照搬照抄，必须根据具体情况制定不同的措施。要聚焦群众反映强烈的突出问题和“急难愁盼”，通过调查研究、监督检查、线索核查等方式摸清情况，坚持靶向纠治，开展专项治理，以点带面，用小切口推动纠治“四风”全面深化。

二是抓早抓小，不搞不教而诛。反对“四风”无小事，“四风”和腐败互为表里、同根同源。一开始，人们是不知道“四风”的，只是“四风”慢慢兴起时，一些人见怪不怪，甚至沉迷中。一些人不拘小节，搞“国企特殊论”，认为吃点喝点、收点送点是促进企业经营发展的“润滑油”，结果从量变演化成质变，铸成大错，蜕变为靠企吃企的“蛀虫”。因此，要从一顿饭、一杯酒等小问题抓起。对于问题轻微的，要及时开展谈话提醒、批评教育、履责约谈。让党员干部不犯或少犯错误，不触碰纪法的高压线。

三是纠“四风”与树新风并举。我们党抓作风建设，历来注重纠树并举，既坚决纠正党内不良风气，又继承发扬党的光荣传统。一方面，要抵制歪风邪气，及时严厉查处各种顶风违规违纪行为，坚决纠治各类隐性变异问题，使党中央的铁规禁令生威增效；另一方面，要树立新风正气，企业“一把手”和班子成员要发挥“头雁效应”，以“少数”带“多数”，纪检干部要走在前、作表率，要求别人做到的自己首先做到，提倡新理念、引领新风尚。

（三）纠治“四风”的重要方略

习近平总书记在十九届中央纪委四次全会上强调，一体推进不敢腐、不能腐、不想腐，不仅是反腐败的基本方针，也是新时代全面从严治党的重要方略。这是党中央关于全面从严治党和反腐败斗争经验的科学总结。实践证明，只有以“三不”一体推进的理念深化作风治理，才能不断释放标本兼治的综合效应。

1. 坚持查处问题严肃化，突出“不敢”

一体推进作风领域“三不”建设，首要是强化“不敢腐”的震慑，才会使一部分人逐步丢掉侥幸，而转化为“不能”“不想”。一是深挖细查。严肃查处企业人员违反中央八项规定精神问题线索，从“小切口”入手，深挖背后的利益输送问题，做实作风建设“大文章”，让“四风”问题无处可藏，让腐败分子“断念想”。二是开展以案示警。加大违反中央八项规定精神典型案例通报曝光力度，持续强化警示震慑，不断释放纠治“四风”寸步不让的强烈信号，让广大干部职工知敬畏、守底线。三是强化结果应用，将“作风关”作为干部选拔、评先评优标准；把作风建设纳入领导班子成员“画像”、政治生态分析评价、党风廉政建设考核，与 MKJ 挂勾。

2. 坚持制度建设规范化，强化“不能”

有的企业制度不健全，导致问题频发。一体推进作风领域“三不”建设，关键是扎牢“不能腐”的笼子。要将严肃查处个案和解决共性问题结合起来，深化以案促改，建立长效机制。一是建章立制补漏洞。针对监督检查发现的制度缺失及网眼过大等问题，要及时修订履职待遇、公务接待、财务管理、选人用人、绩效考核、监督检查等相关管理制度。二是权力运行强制约。针对有制度不执行的问题，要加强信息化建设，把制度的分权制衡与技术的程序制约有机结合起来，让权力行使“自动监控”、权力运行“留痕存迹”。三是严明规矩出禁令。要根据习近平总书记最新指示批示精神和党中央有关要求，及时修订贯彻落实中央八项规定精神措施办法、作风建设正负面清单，划出红线、亮明底线。

3. 坚持学习教育常态化，筑牢“不想”

信仰、信念、信心是最好的防腐剂。一体推进作风领域“三不”建设，根本要靠思想自觉、行动自律。一是强化思想引领。党的十八大以来，以习近平同志为核心的党中央狠抓作风建设，他在重要会议上讲、在基层调研时讲、在实践活动中讲，形成了鲜明的政治导向。习近平总书记的重要论述，是我们加强作风建设的重要遵循，要在学习培训、“三会一课”、实践活动中不断强化。二是加强宣传教育。2013 年以来，全党范围内相继开展了 5 次主题教育活动；2016 年以来，中核集团持续开展反腐倡廉教育月活动，都把加强作风建设作为重要内容。要以重大活动开展为契机，以反腐倡廉教育月活动为抓手，深入开展党的优良传统和作风教育，大力弘扬核工业精神谱系。三是发挥典型带动。要宣传好“时代楷模”“核工业功勋人物”及本单位优秀共产党员的先进事迹，引导广大干部向先进典型看齐。

（作者：王振齐）

整治形式主义、官僚主义的难点与对策研究

摘　要：坚决整治形式主义、官僚主义是一项严肃而重大的政治任务。国有企业作为党执政兴国的重要物质基础和政治基础，要深刻认识加强作风建设的重大政治意义，要高度重视形式主义、官僚主义顽固性、反复性、复杂性、多样性、变异性的特点。坚持综合施策，在立足新发展阶段、贯彻新发展理念、构建新发展格局，推进高质量发展过程中，切实担当起"六种力量"的神圣使命，确保中央决策部署全面有效、不折不扣落地落实。

关键词：国有企业；作风建设；形式主义；官僚主义

习近平总书记多次就查摆和纠正形式主义、官僚主义问题作出重要指示批示，强调"纠正'四风'不能止步，作风建设永远在路上"，向全党发出强烈信号——坚定不移全面从严治党，驰而不息改进作风。

一、深刻认识整治形式主义、官僚主义的重大政治意义

（一）整治形式主义、官僚主义是党的宗旨、使命的内在要求

习近平总书记强调，江山就是人民、人民就是江山，打江山、守江山，守的是人民的心。深刻揭示了党的初心、使命与根本政治立场，体现了习近平总书记爱民、亲民、为民的公仆情怀、赤子之心。形式主义、官僚主义忽视人民利益、违背党的初心使命，与我们党全心全意为人民服务的根本宗旨、与党的性质、与党实事求是的思想路线、与党的优良作风格格不入、水火不容，与党的远大理想和崇高追求背道而驰，是党的大敌、人民的大敌。

（二）整治形式主义、官僚主义是践行"两个维护"的具体行动

百年党史证明，中国共产党从成立那一刻起，就带领中国人民不可逆转地走向伟大复兴，百年苦难辉煌，中国人民迎来了从站起来、富起来到强起来的伟大飞跃。党

的十八大以来，在习近平新时代中国特色社会主义思想的科学指引下，在以习近平同志为核心的党中央的坚强领导下，我们党和国家事业取得了历史性巨大成就。形式主义、官僚主义严重阻碍党的路线方针政策和党中央重大决策部署落实，消解党中央权威和集中统一领导，最终损害的是党和国家利益。所以，坚决做到“两个维护”是党和国家前途命运所系，是全国各族人民根本利益所在，是我们必须遵守的最根本的政治纪律、政治规矩。

（三）整治形式主义、官僚主义是落实群众路线、巩固党的执政基础的重要路径

“形式主义实质是主观主义、功利主义，根源是政绩观错位、责任心缺失，用轰轰烈烈的形式代替了扎扎实实的落实，用光鲜亮丽的外表掩盖了矛盾和问题。”习近平总书记反复强调形式主义、官僚主义的危害，为全党敲响了警钟，深刻总结了作风关乎社稷安危、治乱兴衰的历史规律，深刻提出了全党要以历史教训为鉴、始终毫不松懈地抓作风建设的重大任务。形式主义、官僚主义在政治上造成巨大危害，直接破坏党群干群关系，动摇党的执政根基。

（四）整治形式主义、官僚主义是提升国家治理体系和治理能力的客观要求

习近平总书记对全党提出谆谆告诫，要求全党必须不驰于空想、不骛于虚声，必须全面提升国家治理体系和治理能力，必须以“踏石留印、抓铁有痕”的实干作风抓好落实。形式主义、官僚主义最突出的表现就是假的、空的、虚的，贻误改革、阻碍发展、败坏风气、滋生腐败，成为我们全面提升国家治理体系和治理能力现代化路上的“绊脚石”，成为实现中华民族伟大复兴路上的“拦路虎”。在实现中华民族伟大复兴进入了不可逆转的历史进程中，我们必须保持“永远在路上”定力，坚决加以防治；必须保持“警钟长鸣”的韧劲，坚决筑牢防线；必须保持“零容忍”的决心，坚决加以整治清除。

（五）整治形式主义、官僚主义是国有企业实现高质量发展的基础保障

我国国有企业是党亲手缔造并在党的领导下逐步发展壮大的，是党执政兴国的重要物质基础和政治基础。国有企业的治理能力也是国家治理能力的重要组成部分。党的十九大发出深化国有企业改革、推动国有资本做强做优做大、培育具有全球竞争力的世界一流企业动员令。在推进高质量发展过程中，国有企业必须做到胸怀“两个大局”，聚焦“国之大者”，把握“三个有利于”方针，切实担当起“六种力量”的神圣使命和职责，并以此作为捍卫“两个确立”的生动实践，所以国有企业必须站在政治

的高度重视作风建设，确保中央决策部署全面有效、不折不扣落地落实。

二、形式主义、官僚主义在国有企业基层单位的主要表现

形式主义、官僚主义具有顽固性与反复性共生、复杂性与多样性并存、变异性与传染性同在的特点。当下，在国有企业基层单位主要反映在以下六个方面25类共性问题。

（一）落实中央决策部署，上级党组（党委）决定决议方面

一是贯彻落实习近平新时代中国特色社会主义思想空喊口号，只表态落实少。学习不系统，就学习论学习，学用结合不紧，领会把握精神要义的广度、深度、厚度不够。二是对党的路线方针政策和中央精神、上级党组（党委）精神机械式传达，囫囵吞枣、上下一般粗。学习缺乏主动性和系统性，对内在要求不求甚解，不求实效。三是对上级下发的文件不学习、不研究、不安排，搞一阅了之、一圈了之。四是贯彻落实上级党组（党委）的决策部署浮于表面，把发文开会、提要求喊口号作为主要工作方法，缺乏有效可行的具体措施。五是贯彻落实上级决策部署阳奉阴违、急功近利、脱离实际，打折扣、报假账，搞变通、做选择。

（二）调查研究、求真务实方面

一是调查研究深度不够，对基本情况不明，数据不清，心中无数。二是调查研究浮在面上，走过场走形式，缺乏针对性。调研成果虚化，成绩、亮点、面上问题说的多，矛盾、不足、深层问题谈的少，措施建议不具体、高大上、难落实。三是陷入文牍主义、事务主义泥坑，机械做事，低效无效；以开会部署代替工作落实，或就同一事项反复开会，议而不决、议而不动、议而无果。四是汇报工作粉饰太平，放大成绩、掩饰问题。热衷于搞形象工程、表面业绩，只管“面子”，不管“里子”。不想抓落实、不会抓落实、不去抓落实，用“干过了”代替“干好了”，“布置了”代替“干完了”，出工不出力，沙滩流水不到头，虎头蛇尾甚至有头无尾。

（三）思想解放、观念创新方面

一是思维固化、观念陈旧保守，不求过得硬、只求过得去，方式习惯于亦步亦趋，不敢越雷池一步，市场意识不强。二是作风做派陈旧，方式方法老套，不敢破立，不担当，事不关己高高挂起，遇见问题推、拖、躲、绕。

（四）服务基层方面

一是当官做老爷的思想比较严重，对基层、对干部群众没有感情或感情淡薄，不

平等待事待人。二是把心思放到揣摩领导脸色上、放到内耗上。在领导面前唯唯诺诺，讨喜欢；面对群众颐指气使，态度蛮横。对下属简单粗暴，讲官话，摆架子，脾气大。三是当一天和尚撞一天钟，不愿意下基层，不愿意吃苦，不愿意担责，混日子得过且过，有问题拖一天算一天。对下级诉求冷漠处理，能推则推，急事缓办、慢事不办。四是与群众争功夺利，见好就上，跑荣誉要待遇。

（五）团结协作方面

一是缺乏合作共事的意识，喜欢单打独斗。谈成绩都是自己的，讲问题都是别人的，自以为是，不能正确对待同事。二是纪律松弛，不讲规矩，有令不行、有禁不止。三是无中生有、搬弄是非、破坏团结。

（六）担当作为方面

一是弄虚作假，不说实话、不办实事，口是心非、知行不一。二是不敢担责，怕麻烦、怕吃亏，事事瞻前顾后，信奉“只要不出事，宁愿不做事”。只要“帽子”“位子”“票子”，不想干事担责。三是遇到问题绕道走，大事“等上级指示办”，难事“再等一等”。有责上推下卸，以会议决策规避个人应担之责。四是对历史遗留问题，新官不理旧账，一棒接着一棒往下传。五是落实工作拖拉、推诿，行动迟缓，推一推动一动，不推不动，甚至推了还不动；搞“选择性落实”“应急性落实”“补救性落实”。六是不思进取，能力不足，得过且过，庸碌无为。工作没思路、没想法、没主意。不懂装懂、夸夸其谈，以己昏昏使人昭昭。七是不顾实际情况、不经科学论证，违反规定程序乱决策、乱拍板、乱作为。管理随性，有规不依，没有章法。

三、整治形式主义、官僚主义的难点与原因分析

党的十八大以来，全党上下驰而不息正风肃纪，享乐主义和奢靡之风问题得到有效整治，但因其复杂性而无法得到根治。究其原因，主要体现在以下“五个难”。

（一）难发现

形式主义、官僚主义如过街老鼠，人人喊打、人人深恶痛绝，但对其危害的认识却远远不够。从群众信访举报、巡视巡察和各类监督检查发现的问题来看，反映的问题当中鲜有直接举报或者揭露形式主义、官僚主义的问题线索。由于其造成的危害具有一定的滞后性和潜藏性，致使隐匿其中的问题往往“被忽视”“被过滤”。比如，2019年东莞双洲纸业“2・15”较大中毒事故、江苏响水“3・21”特别重大爆炸事故、内蒙古银漫矿业“2・23”井下车辆伤害重大生产安全事故等重特大安全生产责任事故

背后都存在形式主义、官僚主义的影子。再比如，涉及虚报浮夸、编造经验、弄虚作假等问题，因无直观的经济财产损失或人身伤害，形式主义、官僚主义行为多在群众的一句抱怨或调侃中隐身虚化，不被引起重视。

（二）难界定

在基层一线，因形式主义、官僚主义问题的具体表现、违纪动向不同，往往难以准确把握。比如，在查处形式主义、官僚主义问题时，大多集中在查处失职失责等方面，而针对异形变相的问题更加难以得到有效界定，如“现场会议少了，视频会议多了；正式通知少了，便函通知多了；纸面布置少了，微信布置多了”的“新文山会海”问题则很难得到有效纠治。再如“躺平式干部”的问题，学用脱节、学风不正的问题等。

（三）难取证

形式主义、官僚主义多是在工作过程中随机发生的，鲜有记录，且因其表现形式复杂，具有很强的欺骗性和模糊性，再加之有时其带来的损失和危害体现的不直接不直观，所以不易辨别，难以固定证据。比如调研指导工作只谈宏观不谈具体、只讲战略不讲战术，正确的废话讲一箩筐。再比如工作不积极不主动，只求过得去，仅完成面上工作，满足最基本要求的问题；汇报工作夸大其词、真的假的掺着说，不如实报告工作情况等。

（四）难问责

实际工作中，针对形式主义、官僚主义行为的问责，因如何界定“情节较轻”“情节较重”“情节严重”的标准界限相对模糊，且受限于难界定、难取证，加之“老好人思想”“家丑不可外扬”等观念和“不以为然”“熟人社会”等因素的影响，在具体的基层单位实施问责的少之又少，大部分问题归结于工作纰漏、瑕疵，而被忽略甚至视而不见。

四、综合施策，强力整治形式主义、官僚主义

“对形式主义、官僚主义要毫不妥协，全面检视、靶向纠治。”习近平总书记关于作风建设的重要论述精神表明了党中央整治作风顽瘴痼疾的坚定决心，是我们坚决破除和防止形式主义、官僚主义的根本遵循和行动指南。

（一）坚持党的领导，加强思想教育

“作风建设永远在路上”，整治形式主义、官僚主义需要综合运用各种方式和手段，

而这个根本保障就是坚持党的领导。抓实作风建设，首先就是必须坚定理想信念，学懂弄通做实习近平新时代中国特色社会主义思想，领会贯穿其中的马克思主义立场观点方法，持续筑牢克服形式主义、官僚主义的思想政治根基。各级党组织和党员领导干部必须认真学习、深刻领会习近平总书记关于作风建设的重要论述精神，特别是力戒形式主义、官僚主义的重要论述精神，树立危机意识、树牢底线意识，做到居安思危，站在事关人心向背，事关党的生死存亡，事关国家前途命运的高度，去认识防止和整治形式主义、官僚主义的极端重要性，坚持与习近平总书记重要指示精神和党中央要求对标对表，在百年党史中汲取不竭动力，把防止和整治形式主义、官僚主义作为牢固坚定“四个自信”、树立“四个意识”、坚决捍卫“两个确立”、坚决做到“两个维护”的具体行动，作为严守政治纪律和政治规矩的具体体现，作为不断提高政治判断力、政治领悟力、政治执行力的具体实践。

（二）坚持以上率下，突出“关键少数”

善禁者，先禁其身而后人。整治形式主义、官僚主义，必须始终突出抓好“关键少数”。党的十八大以来，全面从严治党从中央政治局立规矩开始，习近平总书记率先垂范、以上率下，党风政风为之一新，党心民心为之大振。“党的十八大以来的实践证明，作风建设必须以上率下，用‘钉钉子’精神抓落实”。党政领导干部的从政行为具有极强的示范效应，整治形式主义、官僚主义关键在领导干部。各级党组织和党员领导干部要自觉并从严落实《中共中央关于加强对“一把手”和领导班子监督的意见》精神，把对“一把手”和领导班子监督摆在管党治党突出位置，通过抓好“关键少数”带动“绝大多数”。要把自己摆进去，带头查摆解决形式主义、官僚主义问题，深刻剖析、直面矛盾，以自我革命的精神挖病根、去病灶，立行立改，坚决破除；带头转作风、治歪风，以上率下、言传身教，一级做给一级看，一级带着一级干，积极推动作风转变。

（三）坚持群众路线，密切干群关系

知屋漏者在宇下，知政失者在草野。整治形式主义、官僚主义必须坚持马克思主义群众观点、贯彻党的群众路线，把出发点和落脚点归结到实现好、维护好、发展好最广大人民根本利益上来，归结到为民务实清廉上来，使改进作风的过程成为贯彻执行党的理论和路线方针政策的过程，成为推动改革发展的过程。“党的作风是党的形象，是观察党群干群关系、人心向背的晴雨表。党的作风正，人民的心气顺，党和人民就能同甘共苦。”“我们党来自人民、根植人民、服务人民，一旦脱离群众，就会失去生命力。加强作风建设必须紧紧保持党同人民群众的血肉联系，增强群众观念和群众感情，不断厚植党执政的群众基础。”习近平总书记多次强调，我们党的最大政治

优势是密切联系群众，党执政后的最大危险是脱离群众。保持党密切联系群众这一最大政治优势，需要党员干部强化务实作风，真正深入基层、深入群众、深入一线，大兴调研之风，问计于民、问策于民、问需于民；强化服务意识，围绕人民群众关心、关注的热点、难点问题，为民办事、替民解忧，多办实事好事，多解难题，在联系群众、服务群众中守初心、担使命。

（四）坚持问题导向，强化靶向纠治

“在任何工作中，我们既要讲两点论，又要讲重点论”。整治形式主义、官僚主义必须增强抓主要矛盾的自觉意识，善于用抓主要矛盾的方法解决问题，带动和促进次要矛盾的解决，提高整治效能。要以落实中央八项规定及其实施细则精神为主要抓手，加大查处、问责、通报、曝光力度。要时刻警醒防止出现“喘口气、歇歇脚”的念头，时刻对隐形变异、反弹回潮问题保持高度戒备。对形式主义、官僚主义突出问题精准施治、有效纠治，坚决防止原始毒株、变异毒株滋长蔓延、成风成势。在基层一线抓好作风整治，必须聚焦落实习近平总书记重要指示批示精神和党中央决策部署、上级党委（党组）决定决议，执行党内法规制度过程中存在的形式主义、官僚主义问题；必须聚焦基层群众身边腐败和不正之风；必须做好工作疏失与有意为之的辨识，以正视听。要坚持透过现象看本质、透过个性看共性，综合运用信访举报、巡视巡察、专项（综合）检查、自查、调查研究等工作成果，对有关形式主义、官僚主义共性问题、突出问题进行归集、梳理并加以整治，做到以小见大、以点带面，抓细抓常抓长，推进良好习惯养成，巩固拓展作风建设成果。

（五）坚持标本兼治，注重破立并举

“解决‘四风’问题，要标本兼治，既治标又治本”。形式主义、官僚主义问题成因复杂，它与党的思想建设、政治建设、组织建设、干部队伍建设以及整个社会、单位的环境、氛围相互关联，也与领导干部的素质及政治修养、道德修养息息相关。整治形式主义、官僚主义，必须采取标本兼治、综合治理的思路，既要强化党委纪委“两个责任”落实，又要调动发挥职能监督和群众监督合力；既要从思想根源上“把脉问诊”，又要注重从制度层面“对症下药”；既关注点上的“个别案例”，又要关注面上的“行为习惯”；既注重批评惩戒，又要注重激励褒奖。必须坚持纠“四风”与树新风并举，一体推进不敢腐、不能腐、不想腐体制机制建设；必须坚持把系统观念作为推进作风建设的思想方法和工作方法，既保持纠治常态化，也同步抓好制度建设、日常教育，彰显“三不”一体推进的综合功效。

（**作者：**单广宁）

纪检监察组近年来查办职务违法犯罪案件浅析

摘　要： 国有企业由于权力集中、资金密集、资源丰富等原因，历来是腐败与反腐败的主战场、“围猎”与“被围猎”的重灾区。中管企业纪检监察体制改革以来，中核集团纪检监察组如何立足自身实际，依托“室组地”协作配合工作机制，进一步加大反腐力度，一体推进不敢腐、不能腐、不想腐战略目标，保障国有企业高质量发展，成为亟待解决的问题。

关键词： 国有企业；反腐败；协作配合

2019 年中管企业纪检监察体制改革以来，纪检监察组全面贯彻落实习近平总书记关于“加大国有企业反腐力度”的重要指示，聚焦重点领域，盯紧“关键少数”，严肃查处中核集团原副总经济师刘某、中核二四原副总经理孙某等一批恣意妄为、损公肥私的企业“蛀虫”。在严管的同时，纪检监察组持续深化以案促改，强化警示教育，把依法惩治、制度约束、教育引导结合起来，不断提高治理效能，强力推进中核集团全面从严治党工作不断向高质量发展。

一、国有企业腐败问题的主要特点

从纪检监察组近年来查办的贪腐案件来看，中核集团腐败问题主要有以下几个特点。

（一）重大工程建设单位腐败现象尤为突出

中核集团部分企业、事业单位在核电、核燃料循环、核技术应用等领域承担着核科技开发、设计、制造和经营任务，极高的安全和保密特性使得部分干部职工用涉核、涉密等当“保护伞”和“安全壳”，“靠企吃企”。有的以工艺技术稳定为借口设立门槛，接受他人请托；有的以核安全质量为理由指定品牌，为亲友谋取利益；有的以科研生产任务急需相要挟“量身定制”，收受供应商巨额财物。

（二）三级及以下单位腐败问题时有发生

一方面，因为党的十八大之前，基层单位纪委政治站位普遍不高、审查调查手段严重不足，无法开展有针对性的调查核实工作，间接导致当时已经暴露出来的苗头性、倾向性问题没有被有效遏制，“办事要收钱、收钱乱办事”的潜规则逐渐蔓延开来。另一方面，上级纪检监察机构因距离较远监管力度不够，地方纪委监委受制于管辖权限无法开展有效监督，从而导致这些单位长期失管失察，成为腐败问题的“温床”。例如，在党的十八大以来中核建中就陆续暴露出一系列问题，违反中央八项规定精神等不正之风禁而不绝，公司党委、纪委对中央巡视和中核集团内部巡视多次提出的采购领域廉洁风险敷衍塞责，以致公司整个采购领域形成塌方式腐败，令人震惊。

（三）“一把手”腐败易发多发

长期以来，国有企业“一把手”权力高度集中，人、财、物权一人说了算，成为贪污腐败的高危岗位。在纪检监察组查处的腐败分子中，有相当一部分犯罪事实是发生在他们担任“一把手”期间。“一把手”们在年轻时大都敢打敢拼，在某一行业领域内作出过突出贡献，随着职务的升迁，自认为贡献大、收入少的失衡心理开始作祟，对一些不正当竞争、行业潜规则习以为常，党纪国法更是束之高阁，最终以身试法，身陷囹圄。

（四）“关键岗位”大面积腐败比较严重

处于项目招投标、资金管理、物资采购等关键岗位、重要环节的干部职工往往利用监督不到位、制度不完善，“钻空子”、打“擦边球”，想尽办法把手中权力变现，谋取私利。尤其在中核建中采购领域系列腐败案件中，从需求到计划、从采购到验收，一些关键岗位干部职工长期与供应商内外勾结、设租寻租，通过提前告知采购信息、指定品牌型号、设置倾向性条款等方式获取不当利益。

（五）腐败“年轻化”逐渐凸显

一方面“90 后”“00 后”因职务普遍偏低，收入不高，在受到多重价值观的冲击之后，导致他们往往抵不住诱惑，在尝到“甜头”后更是变本加厉，最终走上违法犯罪道路。另外，部分单位内部监管机制不健全、不落实等原因，亦使他们有机可乘。2021 年以来，中核集团相继发生 2 起“90 后”员工严重违法犯罪案件，其中有的利用公司网银管理漏洞，一人掌握资金支付、审核设备，虚构名目侵吞巨额公款。有的利用单位薪酬管理制度漏洞，在发放薪酬、奖金过程中弄虚作假，将他人收入据为己有。这 2 起案件在集团内部引起强烈震动且给国有资产造成巨额损失。

二、多措并举、扎实推行，强化“不敢腐”的震慑

2019 年以来，纪检监察组通过“室组地”协作配合工作机制，以踏石留印、抓铁有痕的坚韧与执着严肃查办了物资采购、民用建设、资金管理等领域腐败问题，实现“1+1+1>3”的良好效果。截至目前，纪检监察组通过与地方监委联合办案或指定管辖的方式，共对 15 名涉嫌职务违法犯罪的党员干部采取留置措施，其中 13 人因涉嫌职务犯罪被移送检察机关审查起诉，另有 2 人因情节轻微、认错态度良好按照“第三种形态”处置。

（一）充分利用“室”的指导协调优势

一是通过中央纪委国家监委协助开展银行交易流水、不动产权登记等信息查询工作，拓宽调查取证的渠道，精准扎实做好初核工作，提高成案率，奠定与地方监委开展联合审查调查或者移送管辖的基础。二是在取得较为扎实、详尽的证据支撑后，通过中央纪委国家监委对口联系监督检查室帮助联系地方监委，协调推进职务违法犯罪案件的管辖事宜，畅通“组地”渠道。三是及时将案件查办工作进展、措施使用、涉案财物收缴、诉讼管辖等事宜向对口联系监督检查室请示报告，为腐败案件规范化、法治化办理夯实基础。尤其是在中核建中采购领域系列腐败案件中，纪检监察组及时将案件查办工作情况向对口联系监督检查室请示汇报，重点针对涉案人员移送管辖、依据“四种形态”区别处置、改善发案单位“政治生态”等方面寻求协助和指导，为纪检监察组打出建组以来反腐“第一重拳”提供了强有力的支持和保障。

（二）借助“地”的经验丰富优势

《纪检监察机关（机构）在监督检查审查调查工作中开展协助配合的指导意见（试行）》《关于查办“双管”公职人员案件协作配合有关问题的意见》等协作配合工作制度出台以后，纪检监察组积极探索、拓宽与地方纪委监委之间的协作配合渠道，先后与四川、河南、河北等省市纪委监委组成联合审查调查组，利用地方监委查办腐败案件经验丰富、措施有力之长补纪检监察组经验欠缺、手段不足之短，同向发力、密切协作，重拳惩治了一批国资“蛀虫”，使得纪检监察组办理职务违法犯罪案件取得突破。在查办中核建中原计划部主任余某案件初期，限于当时的纪检组监察部措施有限，一直未有突破。2019 年，中管企业纪检监察体制改革后的纪检监察组与相关地方监委组成联合审查调查组后，通过抽调精干力量开展银行、通信等信息查询以及采取留置措施等手段，余某与供应商之间错综复杂的关系逐渐清晰，“拔出萝卜带出泥”，相关人员涉嫌受贿犯罪问题也浮出水面。

（三）发挥“组”的内生动力

未改革之前的党组纪检组因办案手段有限、资源较少、力量较弱，腐败案件办理质量普遍不高，未在中核集团内部形成强有力的震慑。中管企业纪检监察体制改革以后，纪检监察组全面履行中央纪委国家监委赋予的职责，聚焦主责主业，转职能、转方式、转作风。纪检监察组领导统筹部署、靠前指挥，多次赴有关地方纪委监委沟通合作方式。专案组人员扎根一线，梳理合同资料、财务账目、银行交易流水等信息，加强谈话力度，在书证的基础上挖掘言词证据，精准发现相关人员违法违纪事实，为地方监委内审工作提供突破点。发挥纪检监察组“娘家人”特性，根据涉案问题或人员身份的不同，巧妙地变换谈话策略，分类施策，促动部分干部职工主动向组织说清问题。做好被留置人员家属思想安抚、政策教育工作，充分摸清被留置人员家属的思想情绪、工作生活困难等情况，帮助家属消除顾虑和担心，传递中核集团党组和纪检监察组的关怀，确保留置案件安全查办。

（四）加强与司法机关的协作配合

整合各方资源，加强与公安、检察院、法院等司法机关以及其他派驻纪检监察组等部门的协调衔接。2019 年底，纪检监察组与地方监委组成联合审查调查组决定对 1 名涉案行贿人采取留置措施时，该名涉案人员丢弃手机并通过搭乘车辆迅速潜逃至邻省某宾馆内，联合审查调查组积极协调地方公安机关通过采取电信监听、调取电子监控等技术侦查措施精准定位其隐匿地点并将其安全带至留置点。

（五）坚持“受贿行贿一起查”

“受贿行贿一起查”是精准、有效打击腐败问题的重要手段。纪检监察组清醒认识到不法商人不择手段“围猎”中核集团内部党员干部是当前腐败事件仍有发生的重要原因，因此在严肃查办党员干部的同时，对多名涉案老板采取留置措施，并将部分行贿人移送检察机关追究其刑事责任。尤其在中核建中采购领域系列腐败案件中，一些私营企业老板长期围绕中核建中做生意，他们既无技术、也无产品，通过搭“天线”、找“靠山”，以金钱开道，拉拢腐蚀一批公司领导干部、采购管理人员和设备使用人员，在相关人员的“关照”下，获取巨额利润，严重破坏中核建中政治生态和外部营商环境，必须予以严惩。

（六）畅通下级纪委与地方监察机关的沟通渠道

成员单位纪委由于与地方纪委监委沟通渠道不畅通、纪检干部经验不足以及缺乏查办案件底气和勇气等原因，腐败问题“内部消化”时有发生。针对上述情况，纪检监察组进一步强化对下级纪委的监督、指导，针对部分成员单位纪委发现的涉嫌职务违法犯罪问题线索，出谋划策、靠前指挥，增强下级纪委办案的底气，并通过帮助联系成员单位所在地纪委监委，推动腐败案件移送管辖或商请协助调查。2019 年以来，纪检监察组指导下级纪委办理职务违法犯罪问题线索十余件，移交地方监察机关管辖并采取留置措施 5 人，切实将反腐触角向基层延伸，真正做到反腐工作无禁区、全覆盖、零容忍。

（七）精准运用“四种形态”

纪检监察组坚持宽严相济、分类施策的工作理念，综合考虑涉案人员思想态度、行为影响、涉案金额等因素，区分不同情形，精准运用“四种形态”。对积极配合组织调查、认错态度诚恳、主动向组织交代情况的涉案人员给予从轻减轻处置；对拒不配合组织调查且涉案金额大、行为影响恶劣、情节严重的涉案人员坚决移送司法机关，切实发挥执纪执法的政治效果、纪法效果和社会效果。例如在中核建中采购领域系列腐败案件中，纪检监察组先后 3 次在单位内部组织召开专项动员大会，开展 3 轮二百余次谈话，经过动员会和谈心谈话工作，促动四十余名干部职工主动向联合审查调查组或中核建中纪委说明情况，退缴违纪违法所得，最终得到从轻减轻处置。在查办中核建中原副总经理孙某案件时，纪检监察组充分考虑其在接受组织审查和地方监委调查期间均能主动交代组织未掌握的问题，且大部分违纪违法事实发生在党的十八大之前等原因，经与地方监委充分沟通，并报中核集团党组和中央纪委国家监委有关领导同意，决定对孙某有关问题按照“第三种形态”处置。对于同样接受组织审查调查的丁某，因其案发初期态度不端正，且大部分违纪违法事实发生在党的十八大之后，属于不收手、不收敛，行为影响恶劣等情形，由地方监委依法将其涉嫌受贿犯罪问题移送司法机关。通过一系列教育警醒、帮助挽救、惩治震慑措施的推进，中核建中的政治生态明显改善。

三、以案促改、狠抓落实，扎牢“不能腐”的笼子

以案促改是深化正风肃纪反腐工作的重要抓手，是实现反腐败工作标本兼治的重要举措。纪检监察组始终坚持“惩治防”有机融合，一体贯通，从办案伊始就提前谋划、思考如何通过查办个案，改善案发领域或单位政治生态，建立风险防控机制。

（一）坚持由点及面，发挥“辐射效应”

统筹办理重点领域腐败案件，注重从典型案例中发现重点领域、单位存在的普遍共性问题，结合专项整治工作，对整个行业政治生态进行全面体检，综合会诊，切实

起到查处一案、警示一片、治理一域的治本效果。

（二）坚持防治结合，规范权力运行

把腐败分子“怎么钻空子”“如何搞勾结”的作案手段转变成落实“两个责任”、补齐制度短板、完善职能监管、做深监督检查等工作的有利契机，深入分析案发单位突出问题、薄弱环节，向有关党组织或单位发出纪律检查建议或监察建议，帮助其查找制度漏洞、监管盲点，形成制度管权管事管人的长效机制。

（三）坚持久久为功，形成闭环管理

与监督检查室、党组巡视办或中核集团总部有关职能部门形成监督联动，加强对以案促改全过程的监督指导，推动督促案发领域、单位扎实做好建章立制、整改治理、风险防控等工作，形成闭合链条，达到标本兼治。

四、以案释纪、深化认识，增强“不想腐”的自觉

（一）加大违法典型案件通报曝光力度

将有关人员接受审查调查情况在中央纪委国家监委网站予以通报，在中核集团总部和成员单位引起较大反响。将西安核设备有限公司员工马某、中核武汉核电运行技术股份有限公司员工聂某等人接受地方监委审查调查情况在中核集团内部网站予以通报曝光，以通报曝光常态化促进警示教育的常态化。

（二）筑牢防腐拒变“警示教育”

以中核建中采购领域系列腐败案件中有关人员违纪违法真实案例为反面典型，制作以“斩断黑手·廉以兴核”为主题的警示教育片。通过深入剖析案发原因、涉案人员现身说法和深刻忏悔等内容，以身边事教育身边人，使广大党员干部受警醒、明底线、知敬畏、存戒惧。

国有企业工作人员对腐败没有天然的免疫力，中核集团反腐治理永无止境。在监察体制改革的背景之下，纪检监察组将不断探索、先行先试、开拓创新，持续发力、久久为功，坚持“三不”一体推进，为中核集团风清气正的干事创业局面保驾护航。

（作者：何　颖）

纪委委员“三职一效”实职化工作体系的探索与研究

——以中国核电工程有限公司为例

摘　要：纪委委员是纪检干部队伍的重要组成部分，是新形势下有效落实党内监督、深入开展党风廉政建设和反腐败斗争的重要力量。本文以中核工程为例，通过探索构建纪委委员“三职一效”实职化工作体系，即“定本职－强履职－促尽职－求实效”四个步骤的有机统一，依托总体监督、专项督导、情况通报、成果共享等机制的深化研究、探索和实践，达到统筹纪委委员监督力量、提升监督效能的目的，为企业高质量改革发展提供坚强保障。

关键词：纪委委员；实职化；监督；三职一效

中国核电工程有限公司（以下简称“中核工程”）纪委基于公司业务经营特点、组织机构情况和公司纪委工作实际，结合公司纪委委员实职化具体工作实践，以公司纪委委员党风廉政建设和反腐败工作联系点、责任区对口工作机制为基础，将推动实现纪委委员监督具体化、常态化、长效化作为研究重点，进行了推进纪委委员实职化工作的大胆尝试。

一、研究的背景和意义

（一）推进纪委委员实职化是推进全面从严治党向纵深发展的有力措施

习近平总书记在党的十九大报告中指出，坚持和加强党的全面领导，坚持党要管党、全面从严治党。推进全面从严治党向纵深发展，推进党内监督全覆盖，仅仅依靠各级纪检机关、巡视巡察和派驻机构的监督还远远不够。纪委委员作为各级纪律检查委员会的重要成员，是推进全面从严治党、加强党风廉政建设和反腐败工作的重要组成力量，是发挥纪委专责监督作用的有效方式。提高纪委委员的职责意识、有效发挥纪委委员职能作用，是对当前公司“业务部门自我监督－归口管理部门职能监督－纪检机构再监督”三级监督体系的重要力量补充，是纪检工作在新形势下的一个重要切入点和突破口。

（二）推进纪委委员实职化是落实党章党规赋予纪委委员神圣职责的必然要求

党章第四十五条规定，党的基层委员会是设立纪律检查委员会，还是设立纪律检查委员，由它的上一级党组织根据具体情况决定。党的总支部委员会和支部委员会设纪律检查委员。根据《中国共产党党内监督条例（试行）》的规定，纪委委员应承担参与决策、监督检查、组织协调、质询询问和调查研究五项工作职责。发挥基层纪委委员作用，既是落实党章要求的具体体现，也是加强基层党组织建设，推动基层党组织落实全面从严治党主体责任，提升基层党组织凝聚力和战斗力的有力举措。

（三）推进纪委委员实职化是扩大党内民主、加强党内监督的有效手段

纪委委员通过民主选举产生，来自各基层单位和重要部门，具有良好的群众基础和较高的群众威信。作为各项业务工作和管理工作领域的骨干人才，拥有丰富的专业知识，掌握较高的业务技能，加强对纪委委员监督范围的合理规划，可以进一步推动监督工作在基层党组织和重点领域的全覆盖、无盲区。同时，纪委委员作为专职纪检机构监督力量的有力补充，加强对基层党组织“一把手”和领导班子的监督，倒逼“两个责任”落实，可以有效解决上级监督远、同级监督软、下级监督难的问题，对于进一步扩大基层党内民主、加强和改进基层党组织作风建设、推动全面从严治党向基层延伸具有十分重要的意义。

二、当前影响纪委委员发挥职能作用的影响因素

尽管党章和党内监督条例曾对纪委委员的职责作了相应明确，但结合国有企业等基层工作实践层面，针对基层纪委委员履行职责的具体制度还不够健全完善，纪委委员在履职的过程中还存在一些不足，难以与国有企业工作实际实现有机结合。

（一）职责界定不明晰

关于纪委委员职责界定的制度系统性、严谨性、实用性不到位，就会导致基层纪委委员职责权限不够明确，不清楚有何“为”、有何“不为”。有的纪委委员对应尽职责不了解，不清楚具体负责哪些领域或具体应当开展哪些工作，“眉毛胡子一把抓”。有的纪委委员对履职认识不到位，以为纪委委员就是“挂个名”“开个会”“表个态”，除参加纪委会外，对纪委的日常工作很少过问和关心，也很少提出有价值、有意义的

建议意见，存在只任职、不履责的现象。

（二）体制机制不健全

大多数委员自身不是不想发挥作用，而是不知道通过什么途径、采取什么方式发挥作用，不知道如何“为”、凭何“为”。纪委发挥作用的职责不清权利不明，使委员发挥作用缺乏操作规范和制度依据。特别是国有企业的基层纪委，对纪委委员的组织管理缺少统筹规划，主动与纪委委员开展沟通交流不够充分，纪委委员履行职责的路径单一、平台受限。缺乏从系统全面的角度健全相应的配套工作制度和措施保障，包括健全完善的纪委委员履职目标责任考核制度等，不利于对纪委委员履职情况进行全方位的掌握和客观的评价。

（三）纪检业务不熟悉

纪委委员大部分是兼职纪委委员，人事岗位归属在不同领域，平时接触更多的是本部门的业务工作，部分纪委委员对党建工作特别是纪检工作的要求不是很熟悉，想“为”不能“为”，无法真正开展监督工作。此外，许多纪委委员与基层单位的沟通和联系较少，难以真正站在全面推进党风廉政建设工作的角度做好监督检查，挖掘问题往往受到业务思维影响，难以从思想根源、组织层面进行挖掘，提出的意见建议存在一定的局限性和浅表化。同时，国有企业纪委委员身兼数职现象比较普遍，时间和精力难以保证，无暇对纪委委员的职责进行深入思考，无法做到全面性、经常性地开展监督工作。

（四）协调管理不到位

由于缺少必要的组织管理机构和机制，长期以来纪委委员履行职权时基本处于松散状态，“为”与“不为”一个样。纪委委员平时都是各自为阵，除去定期参加纪委会外，平时较少主动与纪委沟通和联系，缺乏有效系统的管理机制带动，各纪委委员的沟通不够经常，信息交流不对称，委员反馈问题少、能够针对办理的问题也少，往往使履职成为“一纸空谈”。

三、推进纪委委员“三职一效”实职化工作体系的探索与实践

中核工程纪委从健全完善配套制度入手，充分考量影响纪委委员履职的不利因素，探索构建“三职一效”工作体系，即通过“定本职－强履职－促尽职－求实效”四个步骤的有机统一，实现工作实职化、流程制度化、标准规范化，尽可能为纪委委员发挥作用提供更为广阔的平台，在推动纪委委员实职化的过程中，与其他监督形式

有机结合、同向发力，达到推进各基层党组织党风廉政建设和反腐败工作持续深入的工作目的。

（一）以制度定本职，夯实纪委委员实职化工作基础

一是以党章、党内纪律监督条例为依据，贯彻落实纪检监察体制“三个为主”改革，结合公司工作实际，规定纪委议事制度、纪委委员联系点制度、述职述廉制度等，明确纪委委员各项工作职责。升版完善《中国核电工程有限公司纪委工作规程》，针对性明确职责任务，坚持系统思维建立健全履职工作制度，形成整体联动的工作机制。二是坚持定期通报和集体协商制度。公司纪委坚持每季度召开情况通报会，向委员通报公司反腐倡廉建设工作情况，及时向纪委委员传达布置上级单位和公司党风廉政建设、反腐败工作的指导精神和工作要求。会后将纪委会议纪要和相关行动项发送纪委委员阅知，方便其了解掌握工作动态。三是建立重大事项参议和决策制度。发挥纪委委员在公司纪委会议中的决策作用，组织纪委委员参加公司党风廉政建设工作会、警示教育大会、纪检干部培训交流等各类会议，对公司党风廉政建设全局性工作安排提出意见建议，对公司纪委拟作出的重要决定进行审议表决。根据案件办理情况适时开展问题线索查办和纪律处分专题会议，对案件核查情况和量纪情况进行审议。

（二）以机制强履职，搭建纪委委员实职化工作平台

为推进纪委委员实职化工作，中核工程探索建立纪委委员党风廉政建设工作对口联系机制，公司纪委在年初充分分析考量每名纪委委员的日常工作范围、工作经历和擅长工作领域，综合回避原则、简便原则、高效原则对责任区进行统筹安排，每位纪委委员负责 2～3 个责任区，每半年开展一次定点联系走访、调研督导和作风检查，对监督检查发现的问题现场反馈并提出整改建议，每半年组织纪委委员集中向公司纪委会汇报并进行集体审议。监督过程中要抓住“关键少数”，对联系单位的班子成员，特别是“一把手”实施监督，发现苗头性问题及时向公司纪委报告。

（三）以实干促尽职，拓展纪委委员实职化工作渠道

公司纪委协助督促党委完善公司巡察体制机制，将纪委委员纳入公司巡察人才库，根据被巡察单位的主营业务和组织机构的特点，选派纪委委员作为巡察组组长带队对被巡察单位开展巡察。发挥纪委委员在掌握行业政策、熟悉业务流程等方面的专业优势，在符合工作纪律的前提下，组织其参与线索核查、案件审理等专业性较强的工作。在公司纪委的统一协调下，纪委委员参与到专项监督检查和问题整治工作中，形成良好经验反馈。

（四）以反馈求实效，实现纪委委员实职化工作意义

纪委委员在履职过程中，把党的路线方针政策和全面从严治党要求传导下去，增强被检查党组织和党员干部党的意识、纪律意识；将检查发现的问题及时向被检查党组织反馈，督促其边查边改、立行立改，形成立竿见影的整改效果。公司大部分纪委委员作为基层纪委书记或基层党组织的负责人，通过对其他党组织各项工作情况和工作经验的调研和交流，可以充分学习各单位的良好实践和优秀做法；同时，在对其他单位重点领域监督检查的工作过程中，对检查发现的问题对照自查，吸取经验教训，同步实现自我检视的“反光镜”效果。公司纪委办公室对纪委委员党风廉政建设和反腐败工作“责任区”单位监督检查发现问题进行归纳梳理，形成了《公司纪委委员“责任区”监督检查发现共性问题清单》，在总结提炼中推动多向反馈，切实体现问题清单的“风向标”作用。

四、推进纪委委员实职化工作的思考与建议

（一）聚焦政治监督是推进纪委委员实职化的根本定位

纪委是党的政治机构，纪委委员开展的监督是政治监督，要把政治建设摆在首位。突出政治导向，准确把握政治监督职能定位，紧盯主体责任落实情况，特别是推动党中央和上级重大决策部署落地落实工作开展情况，督促被监督单位党组织担负起管党治党政治责任；聚焦“关键少数”，紧盯被监督单位领导班子及其成员，着力发现苗头性、倾向性问题，有效发挥对同级纪委监督的补充作用；强化日常监督，做细做实监督第一职责，督促被监督单位建立好重大廉洁风险点防范工作机制，抓早抓小，抓出成效。

（二）加强能力提升是推进纪委委员实职化的关键环节

纪委委员是党的纪律检查委员会的组成人员，要进一步强化纪委委员的监督意识，杜绝职责不明、履职虚化的现象。把纪委委员纳入纪检系统干部教育培训计划中，定期组织纪委委员参加上级指示精神的学习，及时了解掌握党和国家最新的理论政策和规章制度，在学习中锤炼提升思想觉悟；组织纪委委员参与纪委一些纪律审查、监督检查等专业性较强的工作，在具体实践中有针对性地强化学习、查漏补缺，不断提高业务知识水平和履职能力。

（三）抓好长效机制是推进纪委委员实职化的重要保障

将纪委委员履职内容清单化、制度化，通过日常工作的不断积累让纪委委员充分

参与到公司的各项纪检工作中来，在日常工作中摸索经验，在经验积累中打开思路，努力实现纪委委员由“听政”向“参政”转变，把履职当作“分内事”，真正成为纪委的“家里人”。建立健全纪委委员责任区督导制度、纪委委员述职评价制度、纪委委员履职考核制度等，充分运用相关机制推动实职化工作的落地落实、长效长治。

（作者：李　芳、吴　萍、常芳媛）

参考文献

[1] 黎志隆. 浅议支部纪检委员监督作用的发挥［J］. 视听，2017（4）：236－237.

[2] 宿迁市纪委监委. 市湖滨新区纪工委三项举措促进乡镇纪委委员发挥职能作用［EB/OL］.（2016－11－29）［2021－09－01］.

第七部分

健全监督体系　提升治理效能

构建国有企业"大监督"体系的实践探索研究

——以中国核能电力股份有限公司为例

摘　要： 在习近平新时代中国特色社会主义思想和党的十九大精神、习近平总书记全国国企党建会议重要讲话精神指引下，中国核电党委纪委聚焦贯彻落实"三新一高"发展要求，统筹协调纪检、审计、巡察、法务等监督力量，探索构建"大监督"体系和工作机制，贯通协同凝聚监督合力，实现对贯彻落实中央及上级党组织重大决策部署、党的建设、公司治理及经营发展的全面监督，推进公司科学决策、依法治企、合规经营，为公司高质量发展保驾护航。

关键词： "大监督"；协同制衡；公司治理

党的十九届六中全会强调，构建以党内监督为主导、各类监督贯通协调的机制。习近平总书记在十九届中央纪委五次全会上强调，要把监督贯穿于党领导经济社会发展全过程，把完善权力运行和监督制约机制作为实施规划的基础性建设，构建全覆盖的责任制度和监督制度。这就要求新时代纪检监察工作必须不断完善权力监督制度和执纪执法体系，协调贯通各类监督，形成常态长效的监督合力。中国核能电力股份有限公司（以下简称"中国核电"）作为央企上市公司，企业规模大、资产量大、经营管理环境复杂，迫切需要将监督融入企业治理，以高质量监督工作保障公司高质量发展。中国核电党委纪委统筹协调纪检审计等多种监督力量，多措并举创新构建了"大监督"体系，经过四年多努力取得了丰硕成果。

一、统一思想，明确目标，坚持"两个一以贯之"领航高质量纪检监督工作

党的十九届五中全会强调，要推进国家治理体系和治理能力现代化，完善党和国家监督体系。国有企业治理体系和治理能力是国家治理体系和治理能力的重要组成部分。国有企业贯彻落实国企党建会"两个一以贯之"要求，首先要找准党委纪委在公

司治理体系中的定位。国有企业党委发挥好“把方向、管大局、促落实”的作用，纪委发挥“监督保障执行、促进完善发展”作用，首先要明确自身在决策、执行、监督各环节的权责定位，厘清与其他治理主体权责边界，形成各司其职、各负其责、协调运转、有效制衡的公司治理机制。国有企业面对“十四五”规划和2035年远景目标，处于做强做大做优、科技创新引领、攻坚克难的关键阶段，只有不断深化公司治理体系建设，形成科学制衡高效的治理结构，才能有的放矢地促进改革创新，提高核心竞争力和资源配置效率。

党的十九届五中全会强调，要充分发挥全面从严治党引领保障作用，确保“十四五”时期目标任务落到实处；要健全党和国家监督体系，以党内监督为主导，不断完善权力监督制度和执纪执法体系，各种监督协调贯通，形成常态长效的监督合力。国有企业要深刻认识、准确把握这一要求，把监督融入公司生产经营管理的各个层面、各项工作，充分发挥“监督保障执行、促进完善发展”作用。针对监督主体多元、协调效率不高、监督质量不高等现象，国有企业要以党内监督为统领，建立起党委统一领导，各监督主体协调执行的工作机制。明确界定各监督主体履行专业监督、职能监督、专责监督的职责和要求，统筹巡视巡察、审计、法务等各种监督力量，充分利用大数据等先进信息科技手段，推动监督工作全面深入开展。要建立健全职责清晰、约束有力的监督体系，完善横向协同、纵向贯通、互联互动、全面覆盖机制，有效解决多头监督、各自为政的问题，解决监督工作中的形式主义、官僚主义以及监督效果不明显等问题。

在党的十九大精神及习近平总书记国企党建会重要讲话精神指引下，中国核电纪委深入学习领会上级文件及会议精神，结合实际深入开展学习研讨，紧跟时代步伐推进监督工作创新，与时俱进、统一思想、明确目标，探索构建“大监督”体系，推进公司科学决策、依法治企、合规经营，保障公司高质量发展。

二、守正创新，贯通协调，构建监督工作融入公司治理的“大监督”体系

（一）国有企业“大监督”工作内涵

中国核电党委纪委认真学习领会习近平新时代中国特色社会主义思想，贯彻落实习近平总书记“两个一以贯之”要求，厘清党委会、经理层、纪委会权责边界，明确公司纪委在公司治理中的职能定位、主要内容、组织方式和工作机制。在公司党委领导支持下，公司纪委强化协同制衡、规范高效，统筹协调纪检、审计、巡察、法务等多种监督力量，以“法、规、纪、效”为评价依据开展监督及督促整改工作，实现对

党的建设、公司治理及经营发展的全面监督，实现对权力运行的制约和监督，推动公司科学、健康、稳定发展。

中国核电纪委在党委领导支持下，着力构建“大监督”治理体系（图 1），党委会、经理层、纪委会的内核“三角形”是日常经营决策和监督的主体，体现稳定、协同、制衡的关系。党委会坚持党的领导、加强党的建设，决策或前置研究公司重大事项；经理层贯彻执行党委决策部署及要求，履行公司经营管理职责；纪委监督协助党委科学决策、监督督促经理层有效落实党委会决策部署。

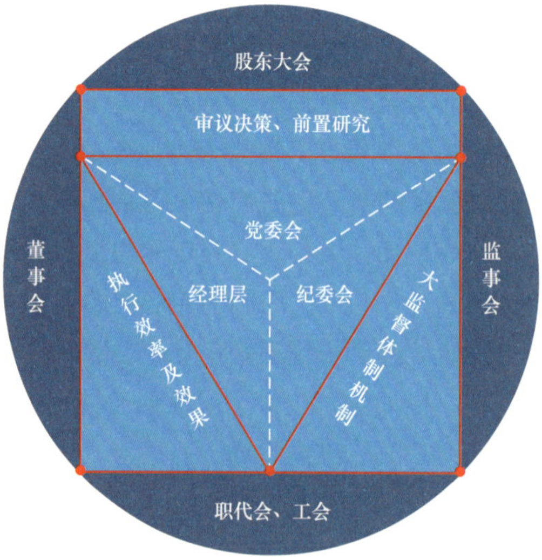

图 1　公司“大监督”治理体系结构图

外围“四边形”则是非日常的、更高层面的经营决策和监督的主体。内核“三角形”和外围“四边形”是公司治理结构的“七梁”，共同构成中国特色国有企业治理结构框架。通过公司党委的领导，不断增强干部队伍的政治定力、班子引力、领导能力、纪律压力、业务实力、发展动力、支部战斗力，最终汇聚成企业生产力，这就构成了公司治理的支撑力量，可以说是公司治理的“八柱”。

具体来讲，“大监督”体系建设由中国核电纪委统筹资源成立工作组，协调联动和组织实施，把公司本部纪检、审计、巡察、法务力量以及各成员单位上述监督力量进行有效整合，必要时协调联动监事会力量，形成横向联合、纵向联动的组织体系。中国核电纪委编制了《大监督工作手册》，在上级纪检监察组领导下发挥好对同级党委班子“把方向、管大局、促落实”的督促提醒，对经理层高效执行、效率效果及发展质量的监督督促；为确保权力始终在正确轨道上运行，中国核电纪委推动公司党委对下级党组织，特别是“一把手”的监督，强化公司纪委对下级纪委指导督促，督促同步构建“大监督”体系，形成上下贯通的监督合力；中国核电纪委还明确加强安全环保、招标采购、选人用人、投资管理、财务管理等重点领域经济活动的监督检查，通过法律审查、纪检监督、巡察监督、审计监督职能整合，以“法、规、纪、效”为监督评价依据。“大监督”体系架构及主要内容如图 2 所示。

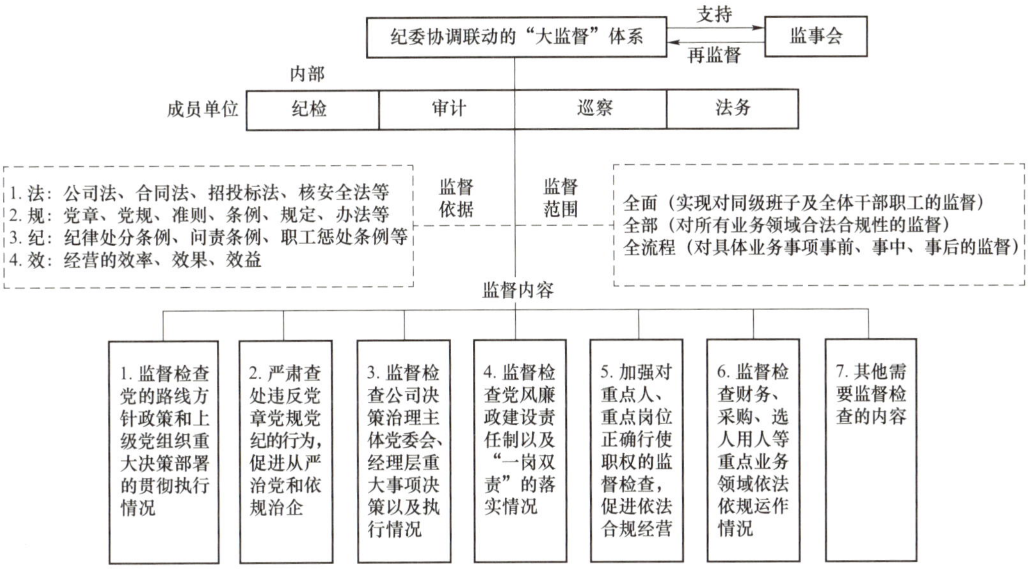

图 2 中国核电“大监督”体系架构图

（二）开展“大监督”工作的主要举措

一是推动“大监督”体系不断完善。近 4 年的“大监督”工作从认识到体系化、从理论到实践、从总结到完善提升，关键在于不断强化“大监督”顶层设计，实现“大监督”制度化、系统化，发布了“十三五”大监督体系建设专项规划，“十四五”规划已形成定稿；发布了《“大监督”工作实施意见》《组织体系及工作机制实施办法》《“大监督”工作要点》等系列制度 9 份；2021 年结合“大监督”工作实际，全面修订完善了纪检、审计、法务、巡察等领域的制度 48 份。发布“大监督”简报 8 期，“大监督”共性问题清单 163 项。

二是把政治监督摆在首位，对重大决策部署和重点任务开展监督。中国核电纪委坚持把政治监督摆在首位，重点抓住领导干部这个“关键少数”，聚焦领导班子特别是“一把手”，印发了《中国核电纪委强化政治监督工作实施意见》，聚焦了 10 个方面的政治监督内容，明确 7 种监督方式方法，开展了一系列政治监督工作。通过动态跟踪、专项监督等方式，积极督促协助党委及各级党组织落实并坚持“第一议题”制度，及时学习传达贯彻中央及中核集团重要会议精神、重大决策部署；督促各级党组织扎实做好“不忘初心、牢记使命”主题教育、党史学习教育等，发出监督建议书 6

份，提出意见 50 余条；以高度的政治责任感和敏锐性，上下两级纪委联动组建“大监督”工作组，对各单位的国企改革三年行动、抓落实年、巡视整改、疫情防控、科技创新、“华龙一号”重点工程建设等系列重点工作开展专项监督，发现问题和不足 897 个，提出整改意见和改进建议 1104 个。

三是以采购领域为改革试点，以降低廉洁风险、促进管理为目标强化监督。2017 年以来，中国核电纪委选取采购领域作为纪委监督和改革的试点领域，开展采购领域“解剖麻雀”式监督检查，全面分析采购领域存在的共性问题，向公司党委提出整改方案建议，将一年半时间确立为“整改、适应、提升”三个阶段，在各成员单位深入自查整改的基础上，对 13 家单位 5424 份采购合同开展全方位监督检查，有力促进了采购领域制度健全完善、采购方式更加科学合理。2020 年组织各单位采购领域专项监督，形成了核电系统采购领域“三重”清单，涉及重点单位 67 家、重点项目 42 个、重点人员 36 名；2021 年对 7 家成员单位开展采购专项监督检查，对 5 个采购中心的集采工作开展专项审计。四年来，针对采购领域“大监督”发现的问题，详细核查违规违纪问题，严肃问责处理相关责任人。

四是聚焦重点经济领域，以促进提质增效、降本增效为目标强化监督。2017 年以来，中国核电通过纪审联动、上下联动，聚焦财务、投资、收并购、外委业务、库存管理等重点经济领域，连续四年实现对成员单位内部审计全覆盖。先后对 14 家成员单位开展综合检查，对 5 家处级单位开展巡察，均抓住了改革发展的瓶颈问题。其中，针对某成员单位存在的投资风险，对公司党委提出重点聚焦不扩大投资面，降低投资风险的建议；针对某成员单位在新项目推动过程中遇到的难点问题，对党委提出加快该公司转型，兼顾核电市场开发的职能建议。党委会认真研究后，积极吸收采纳，对两家法人单位进行调整改革，促进了科学发展。

五是紧盯中央八项规定精神落实，以促进公司作风建设为目标强化监督。中国核电不断巩固拓展作风建设，保持定力、久久为功，紧盯重要节假日，每年两级纪委联动开展多次专项监督检查，严防违反八项规定精神和“四风”问题反弹回潮。在违反中央八项规定精神问题上持续整改发力，在 2017 年初开展集中清理清退工作，2019 年根据“大监督”中发现的问题，在核电全系统组织开展了住宿费及交通费报销、补充医疗保险专项自查自纠，组织核电全系统开展了全面清查整改、清退、谈话提醒等工作。以“执行力提升年”“抓落实年”为契机，加强督促检查，督促各单位反“四风”、强作风、转作风、树新风，深入推动基层减负工作，督查检查数量呈逐年下降趋势。持之以恒抓好精文减会，现场会议数量和会议规模得到进一步控制，发文数量总体控制良好。

三、立足实际，积极探索，“大监督”效应逐步显现

四年来，中国核电纪委积极探索实践“大监督”体系，共策划实施“大监督”工作 240 余项，积极统筹协调、整合监督力量，通过纪审联动、上下联动、与业务部门协同等方式，以“法规纪效”为监督评价依据，坚持把政治监督摆在首位，强化对同级监督，积极推进采购领域、财务管理、工程项目建设、库存管理、业务外委、科技创新、收并购等重点领域监督工作，发现问题近 1300 项，提出整改意见或改进建议 1500 余条，通过纪委督促、问责方式全部进行了整改，有力推进公司管理水平提升和高质量发展。

中国核电创新构建的“大监督”体系将党的领导、纪检监督工作融入公司治理，完全契合党的十九届四中、五中、六中全会及十九届中央纪委四次、五次全会精神，获得了 2019 年中核集团盈创奖，中国核电纪委书记胡松同志荣获“2017—2019 年度全国内部审计先进工作者”荣誉称号，2019 年中国核电《基于新时代审计体制改革的“大集约”审计中心模式管理》获得国防科技工业企业管理创新二等奖；2020 年 12 月，中国纪检监察报专版报道《中国核电把监督融入企业治理》，得到了业内广泛认同。中国核电“大监督”体系在国有企业中已具备一定推广价值，国电投、东方电气等中央企业及中核集团内部单位先后到中国核电交流探讨“大监督”工作。

四、“大监督”工作主要经验

（一）开展“大监督”工作必须增强“两个维护”的政治自觉

国有企业是我们党执政兴国的重要支柱和依靠力量，承担重大政治责任和使命。国有企业纪委要旗帜鲜明讲政治，在开展“大监督”工作过程中，牢固树立“四个意识”，坚定“四个自信”，坚决做到“两个维护”。国有企业纪委开展“大监督”工作就是坚持党的领导、健全党的领导制度体系、完善全面从严治党制度的重要体现，服务于企业完善公司治理、促进改革创新发展、做强做优做大。

（二）落实“双重领导”体制是开展“大监督”工作的重要制度保障

“大监督”体系及工作机制的有效运转充分体现了“双重领导”体制的优势，一方面在中核集团纪检监察组的正确领导指导下，强化对同级党委和班子成员的监督，保证党中央和中核集团党组重大决策部署的贯彻落实；另一方面在公司党委的坚强领导下，得到党委的高度重视、理解和支持，服务于公司治理，整合内部监督力量，对

关键岗位和重点业务领域进行全过程监督，确保监督覆盖到位、质量到位、效果到位。央企“大监督”工作是把党的领导和完善公司治理相统一，充分体现了加强党的领导、深化公司治理的改革创新理念。

（三）“大监督”工作必须全面、深入、主动、权威，在公司治理中切实发挥积极作用

要在扎实开展监督工作基础上，在公司改革创新发展和经营管理方面提出有针对性的监督和改进意见，体现纪委监督的权威性，积极服务于公司治理；要以增强防范风险意识，提高治理效能为重点，全面深入主动加强对同级党委和班子成员、重点业务领域、经营活动全过程监督，把负责、守责、尽责体现在每一项监督任务上，保证权力在正确轨道上运行，督促公正用权、依法用权、廉洁用权；在履行监督职责过程中，要落实“三个区分开来”，配套建立容错纠错机制，激励干部担当作为。

中国核电通过探索创新“大监督”工作，进一步健全和完善了公司治理结构，有效整合了监督力量，提高了监督成效，满足巡视巡察工作职责化、常态化的需要，以高质量纪检监督工作为公司高质量发展提供了坚强保障。

（作者：李照煦、胡可荣、张　超）

纪检监督联动服务保障“华龙一号”重大工程建设的实践探索研究

摘　要：福清核电纪委深入探索新时代国企党建工作格局中的监督体系，创建了“华龙一号”纪检监督联动模式，做深做细“监督的再监督”。在保障“华龙一号”示范工程建设过程中，发挥了积极作用。本文通过阐述“华龙一号”纪检监督联动“12345”监督联动机制，以及“六个聚焦”监督实践和成效，形成经验启示，为其他国有企业重大工程纪委落实全面从严治党要求，开展监督联动，保障重大工程提供借鉴。

关键词：重大工程项目；“华龙一号”；纪检监督联动

2015年，中国自主三代核电技术“华龙一号”全球首堆示范工程经国务院核准在福建福清核电有限公司（以下简称“福清核电”）开工建设，开启我国核工业第三个30年发展的序幕。为积极落实习近平总书记在全国国有企业党的建设工作会议上关于“整合监督力量、形成监督合力”的明确要求，福清核电纪委根据“业主负责下的总承包”的实际，结合党建联建，积极探索创新“华龙一号”纪检监督联动，牵头联合主要参建单位（项目总承包公司、主要分包建设单位、监理公司等）纪委，围绕工程建设，同向发力，履行“监督的再监督”职责，服务保障工程建设，为完善新时代国企党的建设工作监督体系，协助公司党委促进和保障重大工程建设，完善公司治理，建设优质廉洁工程，做了积极实践探索。

一、开展“华龙一号”工程项目纪检监督工作的现状和分析

（一）“华龙一号”建设规模庞大，监督点多、面广、链条长

核电工程建设涵盖设计、制造、施工、调试等专业领域，涉及数千家设备供应商、数以万计的现场施工人员，为保障核安全万无一失，安全、质量和廉洁责任需要延伸到设计、建造和设备供应商等所有参建单位、每一名参建人员。如有的供应商、承包商对核安全重视不够，在设备加工、施工过程中弄虚作假，若总包方和业主监管不到

位，将造成质量隐患和安全风险，影响政府和公众对核电发展的信心。

（二）福清核电肩负确保工程建设安全质量政治责任，责任重、压力大

工程建设期间，业务监督部门在监督过程中发现部分承包商、供应商存在着安全生产责任落实不到位、设备和材料验收管控不到位等方面的问题，安全质量工作面临一定的挑战。

（三）面对新时代高质量发展的要求，纪检监督工作还存在短板弱项

一是监督重点突出不够，监督内容主要集中在招标采购、财务报销、违反中央八项规定精神上，对涉及工程和核安全领域的问题和风险了解不足、跟踪不到位。二是抓早抓小能力不足，事后问责多，事前预防、事中跟踪较少，对廉洁风险的研判不够，被动等待问题线索，主动发现问题能力较弱。三是监督手段不够丰富，主要是传统的报告式、提醒式、查阅式。四是业主纪委单打独斗监督多，与总包方、监理公司及建设单位监督组织协调联动不够。

二、纪检监督联动工作的重要意义

（一）开展纪检监督联动是深入贯彻落实习近平总书记重要指示批示精神的内在要求

建成安全、可靠、高质量的“华龙一号”示范工程，是落实党中央、习近平总书记赋予的重大政治责任，是检验坚决做到“两个维护”的有力判断。党中央重大决策部署到哪里、监督检查就跟进到哪里，业主单位纪委应有效发挥牵头主导作用，联合各参建单位的纪检监督力量，建立联动机制，构建监督组织到位、工作职责到位、任务落实到位的覆盖整个工程现场的监督体系，切实为重大工程顺利建成发挥监督保障执行、促进完善发展的作用。

（二）开展纪检监督联动是贯彻落实全国国有企业党的建设工作会议精神的有力实践

加强党对国有企业的全面领导，切实落实党中央关于构建内部监督体系的各项决策部署，切实落实全面从严治党要求，就是要在重大工程现场构建党统一指挥、全面覆盖、权威高效的监督体系。福清核电及各参建单位纪委作为专责监督力量，结合“华龙一号”示范工程现场实际，开展监督联动是深化监督体制机制的探索创新，实现共同参与、成果共享，党内监督与工程建设深入融合，为加强重大工程现场党的全面领

导提供了重要保证。通过实践，探索出可推广的监督联动经验成果，为国有企业其他重大工程项目纪检监督工作提供借鉴。

（三）开展纪检监督联动是探索高效监督体系，协调助推“华龙一号”工程建设的有效途径

开展纪检监督联动，把全面从严治党贯穿整个重大工程建设的始终，坚持无禁区、全覆盖、零容忍，坚持重遏制、强高压、长震慑，努力打造廉洁高效的核电工程建设新风貌，形成工程现场反应迅速、响应及时的监督力量，增强整个工程现场监督的系统性，监督模式实现从各单位监督力量的单兵作战向合力作战转变，从某一单位相关问题的个别预防向整个工程现场各参建单位系统预防的转变，从以问题为导向的事后监督向事前控制、过程监督转变，形成重在预防、管在日常、严在时常的全方位监督防控体系，进一步促进各参建单位干部职工不敢腐、不能腐、不想腐，形成团结协作、担当尽责的良好合作建设风气。

三、纪检监督联动工作实践

图 1 “华龙一号”示范工程纪检监督联动“12345”工作机制

（一）在“华龙一号”示范工程党建联建模式下，构建纪检监督联动，探索完善新时代国有企业党的监督体系建设

2018 年 9 月，福清核电党委以“军种主建、战区主战”思路，组织工程现场中核集团内参建单位及生态环境与辐射安全监管方共同成立“华龙一号”党建工作联合委员会，以项目推进为目标，推行党建标准化、党建项目化，参与项目的不同单位、不同部门以党建工作为引领，互相协同融合，围绕中心业务开展工作，突击攻坚，有效发挥了党的政治、组织和群众工作优势。

2020 年 4 月，在党建联建模式下，“华龙一号”示范工程纪检监督联动委员会建

立。纪检监督联动与党建联建，一是目标、形式上一致，都是在“华龙一号”示范工程现场，业主发挥关键主导作用，牵头做好组织策划，联合参与工程建设的相关单位，加强新时代国有企业党的体系建设，把党要管党、全面从严治党贯穿工程建设始终，使新时代国有企业党的建设（包括监督体系建设）融入重大工程创新管理模式，促进和保障工程顺利建成；二是机构建立方面，监督联动与党建联建的组织机构均为非常设机构，自成立之日起至项目全面建成后终止；三是工作内容方面，监督联动围绕优质、廉洁工程建设，落实党委、党建联建委员会交办工作并汇报落实情况，同时监督联动机构发挥专职监督作用，独立组织开展相关监督工作。

（二）突出顶层设计，构建纪检监督联动工作机制，服务保障重大工程现场

1. 围绕一个目标，设立纪检监督联动两级机构

福清核电纪委提出以为“华龙一号”示范工程提供坚强纪律保障，共同建设“廉洁工程”为目标，牵头组织总包方、监理公司、其他主要参建单位等 5 家纪委，成立示范工程纪检监督联动工作委员会、监督联动办公室两级机构，委员会主任及办公室主任分别由业主单位纪委书记、纪检监督部门负责人担任。监督联动委员会工作产生费用原则上按照各自人员费用，所属单位承担的原则。通过明确机构人员组成、主要职责，搭建监督联动平台。

2. 明确纪检监督联动工作的三个原则，处理好四种关系

要明确纪检监督联动工作的三个原则：一是坚持党对国有企业的领导这一重大政治原则。推动全面从严治党在“华龙一号”示范工程项目落地，必须坚持树牢“四个意识”，坚定“四个自信”，坚决做到“两个维护”。二是坚持参建单位纪委独立自主原则。各单位现场纪检监督工作仍隶属于所属纪委管理，行政上不改变隶属关系，工作上不干涉各内部事务，不影响工程现场决策体系，各单位纪委仍坚持上级纪委和同级党委的“双重领导体制”。三是坚持参建单位纪委内外联动原则。纪检监督联动配合协助“华龙一号”党建联建联合委员会，促进重大项目建设工作开展。各单位监督力量相互联动，作为独立开展纪检监督工作的补充，发挥专职监督作用。

要正确处理好纪检监督联动工作的“四种关系”：一要处理好“监督的再监督”与业务监督之间的关系，做到纪律监督与业务监督相结合，监督到位但不越位。二要处理好全面监督与重点监督的关系，做到全面监督与重点领域监督相结合，监督全面但主次分明。三要处理好监督深度与监督准度的关系，做到质量监督与进度监督相结合，监督有力但不过度。四要处理好严肃执纪与宽容失误的关系，做到用好“四种形态”与“三个区分开来”相结合，监督严肃但不失温度。

3. 建立纪检监督联动五个工作机制

一是建立会议机制。纪检监督联动工作委员会会议每半年召开，监督联动工作办

公室会议每季度召开。根据工程建设不同阶段，调整频次。委员会会议由业主单位纪委书记主持召开，监督联动工作办公室协办。办公室成员一般都在工程现场，具有及时了解问题信息，快速响应的优势，办公室会议讨论落实监督联动委员会具体行动项安排及跟踪落实情况等。

二是建立汇报协调机制。各参建单位向纪检监督联动工作委员会汇报在监督检查中发现的，涉及工程建设需要协助推动解决的问题，共同协调解决。福清核电纪委定期向所属专业化公司纪委、中核集团纪检监察组汇报工作进展情况。报告需要上级部门协调解决的事项，征求上级部门工作意见。

三是建立信息共享机制。针对工程现场发现的问题线索，或其他工程项目出现的可供经验反馈、需要开展举一反三的问题，或专项监督中共性问题反映出的人员责任落实、腐败和作风问题以及供应商/承包商“黑名单”库更新信息等，及时反馈监督联动工作办公室。监督联动工作办公室以会议通报、发送工作函等形式，通告各参建单位纪委及时予以响应关注，在各自职责权限内组织开展监督工作。

四是建立联合监督机制。公开工程现场信访举报渠道，就重要领域、共性事项开展联合监督检查，如总包合同及其他参建单位签订的涉及工程项目合同中的廉洁从业条款（廉洁从业协议书）执行情况、疫情防控、危化品排查、安全生产责任落实、核安全环保、防范弄虚作假、工程安全等联合检查。

五是建立廉洁共建机制。开展各参建单位纪检监督人员交流，相互学习党风廉政建设的良好实践和经验。共同开展反腐倡廉教育活动，通过开展共签廉洁承诺书，组织党员干部、重点岗位人员参观廉洁警示教育基地，旁听职务犯罪庭审，家庭助廉等形式，将教育范围覆盖整个工程现场参建单位，增强参建单位党员干部、关键领域重点岗位人员的廉洁从业意识，共育“安全兴福核，廉洁树清风”的基地廉洁文化，为示范工程现场营造风清气正的干事环境。

（三）突出“六个聚焦”，营造风清气正干事创业环境，推动促进重大工程顺利建设

“华龙一号”示范工程纪检监督联动坚持以服务保障重大工程建设为中心，以问题、风险、目标及需求为导向，主要聚焦六个方面，促进纪律监督与业务监督深度融合，服务保障重大工程建设。

一是聚焦党员干部纪律作风。将政治监督摆在首位，坚决践行“两个维护”，严明政治纪律和政治规矩，关注涉嫌违反“六大纪律”问题，加强重大工程项目各参建单位监督执纪协作配合，严肃查处项目建设中的腐败和作风问题，加强廉洁风险防控。通过纪检监督联动，共同开展廉洁风险防控活动，筑牢廉洁堤坝，为重大工程项目现场营造清正廉洁、干事担当环境。

二是聚焦工程建设依法合规。关注工程建设海域使用权审批、土地使用权审批等手续是否完备，避免因手续不齐全造成单位面临行政处罚。加强工程建设、核安全环保、采购等方面遵规守法情况监督检查，如通过监督联动，组织总包方工程公司纪委联合开展某管配件关键工序分包问题和产品质量自查，针对发现的违规分包问题，及时组织对相关管件更换，暂停合格供应商资质，列入供应商灰名单处理。通过监督检查，及时进行纠正提醒，促进工程依法合规建设。

三是聚焦安全环保责任落实。立足“监督的再监督”，督促相关部门加强安全监督，推动安全生产责任制、安全隐患排查治理、安全风险评估管控、危险化学品管理使用等方面职责落实，防范化解重大安全风险。针对分包建设单位起重机械设备事故，福清核电纪委通过监督联动办公室及时向总包方工程公司纪委通报相关情况，督促参建单位认真排查安全风险、治理安全隐患。针对建设工程中，某参建单位项目部某时期内现场安全管理下滑现象，福清核电纪委及时通过监督联动平台，将情况反馈该参建单位总部纪委，安全管理责任压力得到有效传导，该参建单位及时采取有力措施，迅速扭转了不良趋势。

四是聚焦工程建设质量风险。督促有关部门严查工程设计、建造、调试中可能存在的资质、数据、记录等方面弄虚作假行为，抓好施工质量事前控制、事中控制和事后控制的三个阶段，抓好分包施工安装质量、重大变更监督。积极关注国家核安全局通报的关于核电厂施工建设造假、质量事件，联动相关参建单位纪委，统筹、协同开展同类问题延伸性排查。

五是聚焦参建人员履职担当。立足纪检职责定位，对需要纪检介入的安全生产事件事故、质量事件，严格依规依纪依法开展调查，深挖事件、事故背后反映的项目参建人员担当尽责问题，通过监督，促进广大干部、员工将工作职责落实落细，确保管理体系良好运转。督促监督职能部门坚持原则，敢于监督，恪尽职守。

六是聚焦监督发现问题整改。关注工程项目涉及纪律检查、各类专项检查、审计、巡察等监督工作中发现问题、事件事故整改等情况，保证所有涉及重大工程项目监督中发现的问题，条条有整改，件件有着落，举一反三，所有偏差都予以纠正。组织现场主要参建单位纪检监督部门、安质部门，联合督促工程现场安全事件（事故）相关责任部门、参建单位认真落实整改措施，举一反三，促进职能部门认真履行安全监管职责，增强对核安全、生产安全风险隐患的分析识别能力，切实保障安全生产、工程建设。

四、纪检监督联动实践成效

（一）提升了管理实效，助推“华龙一号”全球首堆建设创造最佳业绩

通过对示范工程开展常态化监督，实现了纪检监督工作与中心业务工作有效融

合，充分发挥了纪检监督机构“探头”“前哨”“CT 机”作用，为工程项目高质量建成提供有力保障。“华龙一号”全球首堆福清核电 5 号机组于 2021 年 1 月 30 日正式投入商业运行，实现 68.7 个月建成，优于国际已建三代核电首堆工程建设 90 个月最优工期，创造了全球三代核电首堆建设的最佳业绩。

（二）堵塞了管理漏洞，压实了业务管理部门核安全监管责任

预防弄虚作假管理体系有效运行，质量问题报告机制得到优化，信息来源更加通畅。福清核电成立预防弄虚作假管理专项质保监督组，对基地项目部、项监部开展专项检查，针对监督检查中发现的质保大纲和程序、采购控制、检查和试验控制、记录控制等方面存在的问题，及时提出纠正行动要求与观察意见，并督促整改落实。

（三）加强了事前、事中监督，实现监督关口前移，促进降本增效

对采购、工程变更等重点领域实现监督关口前移，变“秋后算账”为“事前介入”，真正做到抓早抓小。构建了事前预警、事中跟踪、事后检查的工作格局，及时纠正了重点领域的风险和隐患，并督促各参建单位项目部认真开展自查，举一反三。通过外委项目立项审计、项目结算监督检查、库存资源统筹利用等方式，累计节约成本 1050 万元。通过关口前移，从源头及过程中加强了监督，把问题解决在萌芽状态，助推“华龙一号”示范工程进一步提升了经济性。

（四）筑牢了廉洁堤坝，攻克重大工程项目廉洁风险防控针对性不强难题

紧盯工程领域重点岗位、关键环节的权力运行，重点从资金权、采购权、审批权、关键信息权等六个方面梳理廉洁风险点，逐条制定防控措施，实现主动预防和超前防范；针对廉洁风险防控过程中发现的问题和群众反映强烈的问题，及时约谈提醒；积极组织开展福清核电基地廉洁共建，通过召开专题警示教育大会、专题讲座、供应商大会、组织参观警示教育基地、观看警示教育片等形式多样的廉洁教育活动，营造了福清核电基地浓厚的廉洁从业氛围。重大工程内部协同、外部联动“大监督”工作机制的实施，为“华龙一号”示范工程建设筑牢了廉洁安全的坚固防线。

（五）增强了监督合力，服务保障重大核电工程项目安全、高效建成投产

在福清核电与各参建单位总部纪委共同努力下，“华龙一号”纪检监督联动机制作用凸显，推动解决了工程项目建设过程中多个难点问题，如针对某工程子项两年来推进不力、进度严重滞后的问题，经监督联动工作通报后，相关单位纪委介入，责成相关领导专人负责，如期突破问题瓶颈；针对某单位项目部安全管理多次出现红线违章、整改效果不佳的问题，通过监督联动，该单位总部纪委及时介入，督促领导班子

在现场召开安全管理提升专题会、制定整改措施并严格落实，迅速扭转了现场安全管理形势，有力保障了“华龙一号”全球首堆安全、高效投产运行。

五、纪检监督联动工作经验启示

（一）纪检监督联动坚持以党内监督为统领，有利于提高国有企业重大工程监督体系建设的系统性，服务企业治理水平提升

重大工程业主单位牵头开展纪检监督联动工作，要坚持党内监督为统领，充分发挥党内监督的牵引作用，带动业务职能监督。通过聚焦党员干部纪律作风、聚焦依法合规建设、聚焦安全环保责任落实、聚焦工程建设质量风险、聚焦人员履职担当、聚焦问题整改等，构建重大工程党内监督为统领，多维一体监督体系，增强监督合力、提高监督效能，为重大工程营造良好建设环境，促进重大工程业主及参建单位企业治理水平。

（二）纪检监督联动与党建联建同部署、同启动，有利于更好服务重大工程项目建设，更好发挥监督保障执行，促进完善发展作用

在党建联建模式下，建立起纪检监督联动，是在重大工程现场构建党统一指挥、全面覆盖、权威高效的监督体系方面的有益探索。实践证明，监督联动解决了现场参建单位现场项目部监督力量分散，不能形成合力，远离总部而缺乏资源、信息传递不及时等问题，为保障“华龙一号”示范工程建设发挥了积极作用。后续，其他重大工程项目可在此基础上进一步完善提高，实现纪检监督联动与党建联建同部署、同启动，使得监督联动更好地协助配合党建联建，发挥更多作用，为重大工程建设安全、参建干部履职安全提供有力的思想、组织、作风和纪律保障。

（三）业主单位在构建完善的内部协同“大监督”机制基础上，建立与参建单位之间的监督联动，构建内部协同、外部联动的监督格局，有利于取得更好的监督质效

业主单位纪委统筹纪检、审计、法务等专职监督力量，联合企业内监督职能管理部门（如核安全、安全质量、工程管理等），在企业内部构建起“大监督”工作格局，畅通内部关于重大工程问题、线索收集渠道，增大内部监督力量，增强了监督专业性、问题指向性。对涉及需要参建单位关注解决、共同推动问题，通过监督联动平台，可以更及时有效地得到解决。构建内部协同“大监督”机制，外部联动纪检监督联动机制，是更好服务重大工程项目建设的又一良好经验。

（四）坚持监督联动与业务工作深度融合，有利于为重大工程项目建设提供有力保障

加强党内监督不能与工程建设业务监督相割裂，哪里问题突出，监督就跟进到哪里。监督联动要结合工程项目实际，把监督发现问题与推动工作落实紧密结合，用监督的力量推动工作，用工作的落实强化监督。福清核电纪委通过监督联动实践，解决了国有企业党内监督与业务监督融合不够、监督效能打折扣的问题，增强了监督的全面性、及时性、有效性，使监督涵盖重大工程全领域，从业主单位延伸至各参建单位，保障重大工程项目建设发挥了积极作用。

（**作者：**杨景龙、王海林、郁　木）

中核集团内部控制评价工作优化的探索研究

摘　要：中核集团作为国有大型中央企业，下属成员单位形式多样，公司结构、经营范围和内容等较为复杂，各单位内部控制管理水平不一，对如何开展好内部控制评价工作带来了很大挑战。本文通过探索开展内部控制管理水平诊断，系统推进自上而下的内部控制监督评价，旨在建立行之有效的内部控制体系监督评价标准，对内部控制评价工作进行优化。

关键词：监督；评价标准；优化

十九届中央纪委五次全会工作报告指出，要促进各类监督贯通融合，不断增强监督治理效能。有效的内部控制体系能够保证企业在治理结构、机构设置及权责分配、业务流程等方面形成相互制约、相互监督，是企业实现各类监督结合、形成合力的基础。通过开展内部控制评价，不断提升企业内部控制设计与运行的有效性，是提升企业内部控制水平的有效手段。近年来，中核集团通过每年连续不间断地开展内部控制评价工作，初步建立了一套比较完善的内部控制体系，有力保障了中核集团的健康、稳定发展。进入新时代，中核集团面临更加复杂、多变的内外部环境，探索如何进一步发挥内部控制评价优势，深入发现中核集团内部发展存在的问题和风险，提高中核集团应对风险挑战的能力和水平，对推动中核集团高质量发展，具有重要意义。

一、中核集团内部控制评价概述

党的十八大以来，中核集团按照国资委《关于加快构建中央企业内部控制体系有关事项的通知》（国资委发评价〔2012〕68 号）、财政部等五部委《企业内部控制基本规范》及其配套指引等有关文件要求，组织各单位开展内部控制评价工作，制定《内部控制评价办法》《内部控制评价手册》，明确内部控制评价的基本原则、职责分工、评价程序及方法等，在全集团范围内建立了一套比较完善的内部控制评价体系。中核集团每年组织各成员单位开展全集团范围的内部控制自我评价，查找内部控制缺陷，开展缺陷整改；各二级单位采用多种形式对成员单位的内部控制评价工作进行监督检查，督促缺陷整改，促进集团内部控制体系持续优化。中核集团内部控制评价工作虽然取得了一定的成绩，但是距离高质量发展要求仍有一定差距，如存在对成员单位内控管理水平缺少系统性诊断；内部控制评价以各单位自评为主，监督评价力度有待加强；尚未制定一套完备的内控体系监督评价标准等问题。本论文详细论述了针对上述问题开展的一系列探索、优化。

二、中核集团内部控制评价存在的问题

（一）对成员单位内控管理水平缺少系统性诊断

中核集团作为国有大型中央企业，业务众多、涉及面广，业务领域涉及先进核能利用、天然铀、核燃料、核技术应用、工程建设、核环保、装备制造、金融投资等多个方面；且中核集团管理脉络庞大，拥有上千家各级各类企事业单位，各板块、各单位内控管理水平参差不齐，系统性管控显得尤为重要。但中核集团层面对各板块的内控管理能力缺少系统的诊断，主要体现在两个方面：一方面对各单位内控管理水平的差距衡量缺少定量、科学的数据支撑，尚不能对各单位的内控管理水平作分级分档判断；另一方面对相关内控管理水平较薄弱单位的内控管理水平短板，把握不够精准。这对中核集团系统性地制定内控水平提升方案，以及针对性地制定内控体系辅导提升方案形成了制约。

（二）内部控制评价以各单位自评为主，监督评价力度有待加强

自中核集团组织开展内部控制评价工作以来，各单位内部控制评价工作多以内控自我评价为主，缺少有效的外部监督，中核集团也尚未在全集团范围内系统地组织开展全面、有深度的内部控制监督评价。虽然有部分二级单位采用各种形式对下属成员单位的内部控制评价工作进行了监督检查，但是监督检查没有系统性地开展，可能存在遗漏重点业务流程的情况，对一些“小远新”单位的全面覆盖也尚未推进，在监督检查效果、覆盖率等方面有待进一步提升。

（三）尚未制定完备的内控体系监督评价标准

要系统地开展内部控制监督评价工作，离不开完整的内控体系监督评价标准的支撑。而中核集团原内部控制评价标准，是基于 2013 年发布的《内部控制评价手册》中的自评标准，主要用于各单位内部控制自我评价，中核集团自上而下的监督评价标准尚未建立。在监督评价过程中，缺少对各成员单位内部控制水平及效果评价机制，难以实现对成员单位风险、内控、合规基础管理水平及各业务领域内部控制运行效果

的综合认定，以及对成员单位内部控制情况进行客观、定性评价，因而也就无法通过评价结果对成员单位进行分类管理、分类指导，这也制约了监督评价结果的进一步运用。

三、中核集团内部控制评价的优化策略

（一）开展系统性内控管理水平诊断

内部控制管理水平诊断是对于企业整体发展方向合理化和科学化的综合分析，涉及企业的董事会、管理层、企业员工等多方面。为充分诊断各单位内控管理水平，现设计一整套内控管理能力调查表（表 1），向各单位下发，收集各单位基础内控管理数据。调查表从内部控制体系建设、运行、监督、报告、运行效果情况等方面，在每个方面设置评价点，明确评价内容和标准，对各单位内部控制管理水平进行摸底调查。

表 1　内控管理能力调查表（示例）

调查表说明：本次调查共有 X 类 – X 项 – X 个评价点 – X 个指标，总分 100 分。
1. A – E 列，为内控能力管理水平诊断的指标与评分标准，请勿删除或修改。
2. G 列，根据公司现有管理现状，填写诊断得分。
3. H 列，填写针对该评价内容的支撑材料，确保评分客观真实、有依据。

一级指标 A	二级指标 B	评价点 C	标准满分 D	评价内容与标准 E	诊断得分 G	支撑资料 H
1　内控体系建设情况	1.1　组织体系建设	决策机构设立与履职	3	1. 是否通过制度或文件明确了内控管理工作决策机构（如董事会/总经理办公会/专业委员会等）；（1 分） 2. 是否通过制度或文件落实了企业主要领导人员是内控体系监管工作第一责任人的职责；（1 分） 3. 决策机制是否健全，是否按照规定的权限和程序实行集体决策；（1 分）		

在各单位反馈调查表的基础上，设计内控管理水平分级和诊断表，对各单位内控管理水平进行分级，以及相关单位内控管理水平短板的诊断。

一是在各单位内控管理水平分级诊断方面，设计内控管理水平分级表（表 2），对内控管理水平进行分级，如可设置优秀、正常、良好、预警等分级。根据各单位调查问卷得分，一方面可以对照得出各单位的内控管理水平层级；另一方面从各单位得分在各个分段的集中度，可以确定中核集团整体的内控管理水平。在制定内部控制评价工作计划过程中，可对不同层级的单位采取不同的管理策略，对处于预警阶段的单位重点投入精力，加强指导。

表2 内控管理水平分级表

分值区间	内控管理水平评价
[0～60)	预警
[60～80)	正常
[80～90)	良好
[90～100]	优秀

二是在相关单位内控管理水平短板诊断方面，设计内控管理水平诊断表（表3），统计组织体系建设、制度体系建设、流程体系建设、文化体系建设、风险管控工作日常开展等方面指标数据，分析相关单位各个指标的失分情况，以及某个指标方面的严重失分情况。通过设计"失分率"概念（失分率=1-某项指标平均值/某项指标满分），直观衡量各单位平均在该项一级指标中失分程度；综合比较各项指标"失分率"，确定内控管理水平的短板。在此基础上，可制定针对性地制定内控体系辅导提升方案，指导相关单位内控能力提升。

表3 内控管理水平诊断表

统计名称	一级指标/二级指标									
	内控体系建设情况				内控体系运行情况		内控体系监督情况			内控体系报告情况
	组织体系建设	制度体系建设	流程体系建设	文化体系建设	风险管控工作日常开展	内控信息化管控	监督机制建立	监督机制运行	监督结果运用	内控管理报告机制
平均值										
满分										
失分率										

（二）系统推进自上而下的内控监督评价

内控监督评价的开展，要整合内外评价资源，融合各类监管职能，细化评价流程，使用统一的理念、程序和方法，对内部控制的有效性开展评价及整改监督，确保内部控制评价工作有效落地的管理体系。在各单位全面自评的基础上，可按照分层分级的原则，按照三年覆盖一轮所有成员单位规划，制定系统的内控监督评价计划，分阶段、分层次、有计划地推进整个中核集团自上而下的内部控制监督评价工作。

按照分层分级原则，中核集团重点组织和实施对二级单位的内部控制监督评价工作，实现对二级单位的监督评价工作三年全覆盖，必要时也可选取问题突出成员单位进行内控监督评价，帮助成员单位查找内控管理漏洞。各二级单位制定本板块内控监督评价计划，系统开展对所属成员单位的内控监督评价工作，并将内部控制监督评价的要求延伸到所有子企业，一级抓一级，实现三年覆盖本系统所有子企业。

（三）建立行之有效的内控体系监督评价标准

在内部控制监督评价标准制定过程中，综合考虑标准设计时能够体现被评价单位内控水平和所处档位，设置内部控制水平指数和内部控制水平档位两大指标。

一是设置内部控制水平指数。内部控制包含内部环境、风险评估、控制活动、信息与沟通、内部监督等多个要素，难以从某一单方面体现内部控制管理综合水平，在设定指标时可以从企业层面和业务层面入手，也可以从内部控制五要素入手。从企业管理层面和业务层面入手，探索设置“内部控制水平指数”，指标综合体现被评价单位的内控管理水平，内部控制水平指数计算公式设计如下：

内部控制水平指数=∑内控管理水平诊断得分+∑业务领域运行效果得分-∑重大重要内控缺陷、风险事件、合规事件扣分。

内部控制水平指数考虑内部控制管理水平、业务领域运行效果，并将重大重要内控缺陷、风险事件、合规事件的管控情况单独作为考察项，通过上述三项指标，综合体现被评价单位内部控制水平。其中，内部控制管理水平通过制定内部控制管理水平诊断标准（表 4），体现内控建设、运行、监督、报告情况等；业务领域运行效果通过制定业务领域运行水平诊断标准（表 5），体现组织架构、发展战略、人力资源、企业文化、社会责任等业务领域运行效果。

表 4　内部控制管理水平诊断标准（示例）

内部控制管理水平诊断标准					自评填写列		监督评价填写列	
					诊断得分	支撑资料	复核记录	复核得分
一级指标	二级指标	评价点	标准满分	评价内容与标准				
内控体系监督情况	监督机制建立	监督机制建立情况	5	1. 制定了内控、风险管理和合规管理监督制度；（2 分） 2. 明确了监督部门对内控、风险管理和合规管理日常工作的监督职责；（1 分） 3. 建立了年度/专项内部控制评价机制。（2 分）				

表 5　业务领域运行水平诊断标准（示例）

业务领域	评价要点	评价标准	标准满分	重大检查复核		测试结论	诊断得分
				问题描述	是否整改		
组织架构	“三重一大”决策机制设计	1. 应制定“三重一大”管理制度、决策事项清单，明确机构职责、决策范围、决策程序、决策执行、监督检查及责任追究等管理要求	2				

二是设置内部控制水平档位。内部控制水平档位可以根据被评价单位内部控制综合水平满足国资委、证监会等外部监管机构及上级单位风险、内控、合规管理要求的程度进行设置，并综合考虑前期对各单位内部控制评价水平系统性诊断结果，制定内部控制水平档位（表6），设置A档（良好等级）、B档（合格等级）、C档（待改进等级）三个档位的判定标准。

表6　内部控制水平档位

内部控制水平档位	档位判定标准
A档	内部控制水平指数≥标准满分85%
B档	标准满分×70%≤内部控制水平指数＜标准满分×85%
C档	0≤内部控制水平指数＜标准满分70%

处于A档，表明被评价单位内部控制综合水平能较好满足国资委、证监会等外部监管机构及上级单位风险、内控、合规管理要求；处于B档，表示内部控制综合水平能基本满足国资委、证监会等外部监管机构及上级单位风险、内控、合规管理要求，需针对性着力提升；处于C档，说明被评价单位内部控制综合水平对国资委、证监会等外部监管机构及上级单位风险、内控、合规管理要求存在较多不足，需加大力气，全面提升。

四、结语

本文对中核集团的内部控制评价工作优化进行了系统的论述，通过对中核集团内部控制评价工作现状和存在问题入手，针对性地提出了详细的优化策略。目前该优化策略已在中核集团内部控制评价工作中系统实施，取得了较理想的效果，进一步提升了中核集团的内部控制管理水平，为中核集团高质量发展筑牢基础。

（作者：周京皖、孙　森）

廉洁文化建设助力重大工程和重大专项落地研究

——以中国核工业集团有限公司为例

摘　要：近年来，中核集团通过开展廉洁文化建设，加快关键核心技术攻关，积极推进重大工程和重大专项建设，逐渐形成推进高质量廉洁文化建设的工作格局。本文旨在总结经验，分析规律，创新理论，保持定力，发挥廉洁文化建设的重要作用，助力重大工程和重大专项建设，以全面从严治党新作为新成效，推动企业改革发展和党的建设不断取得新进步。

关键词：中核集团；高质量；廉洁文化；重大工程；重大专项

习近平总书记在十九届中央纪委六次全会上指出，领导干部特别是高级干部要带头落实关于加强新时代廉洁文化建设的意见，从思想上固本培元，提高党性觉悟，增强拒腐防变能力。廉洁文化建设是完善作风建设长效机制一项重要抓手，也是推进“三不”一体的重要手段，作为国有企业党风廉政建设和反腐败工作的重要组成部分，是企业文化建设的一项重要内容。近年来，中核集团不断增强“四个意识”，坚定“四个自信”，坚决做到“两个维护”，通过开展廉洁文化建设，加快关键核心技术攻关，积极推进重大工程和重大专项建设，取得了初步成效。其中，廉洁文化交流阵地——中核集团《党风廉政》专刊入选“全国国有企业党的建设工作会议召开五年来国资委党委中央企业党的建设工作展”；廉洁文化建设经验材料被国资委《党风廉政专刊》重点宣传；《以全面从严治党引领和保障国有企业高质量发展》研究被列为国资委党委重点课题并给予支持。

一、背景意义：基于“三项缘由”，坚定廉洁文化建设

（一）推进廉洁文化建设的理论依据

党的十八大以来，习近平总书记高度重视廉洁文化建设。在十八届中央政治局第

五次集体学习时提出，要大力加强反腐倡廉教育和廉洁文化建设，推进反腐倡廉建设，必须坚持依法治国和以德治国相结合。在十九届中央纪委二次全会上指出，广大纪检监察干部要做到忠诚坚定、担当尽责、遵纪守法、清正廉洁，确保党和人民赋予的权力不被滥用、惩恶扬善的利剑永不蒙尘。在十九届中央纪委四次全会上指出，“不想”是根本，要靠加强理想信念教育，靠提高党性觉悟，靠涵养廉洁文化，夯实不忘初心、牢记使命的思想根基。在十九届中央纪委五次全会上指出，各级领导干部要带头遵守党纪国法，自觉反对特权思想、特权现象，带头廉洁治家，从严管好家属子女和身边工作人员。

（二）推进廉洁文化建设的现实背景

从国资央企看，当前，腐败这个党执政的最大风险仍然存在，存量还未清底，增量仍有发生。要强化反腐败的成效，除了要通过监督执纪问责等方式形成震慑，还需要通过开展廉洁文化建设等手段，以文化人。从中核集团看，面对新冠肺炎疫情暴发、中美贸易摩擦等不确定性因素，国内经济建设和国防事业建设压力巨大，中核集团相关项目建设依旧任务艰巨，通过高质量打造廉洁文化，可以进一步为相关工作扫清障碍、为基层卸下包袱、为工程净化环境。从学术研究看，在当前企业文化体系研究中，国内研究者很少涉猎国有企业廉洁文化建设，与重大工程和重大专项建设推进相关的内容更是少之又少，近十年，几乎没有成体系的研究成果，开展这项工作，具有很强的创新性，也具有很好的推广价值。

（三）推进廉洁文化建设的重要作用

国有企业是中国特色社会主义的重要物质基础和政治基础，是我们党执政兴国的重要支柱和依靠力量，是党领导的国家治理体系的重要组成部分。推进廉洁文化建设，既是贯彻落实全国国有企业党的建设工作会议精神的必然要求，也是国有企业在新发展阶段坚持和加强党的领导、推进党的建设的现实需要。对中核集团而言，有利于涵养良好政治生态，提高企业防范、化解风险的意识和能力，提升党建工作与中心工作深度融合的质量和效果，对推动企业治理体系和治理能力现代化具有重要作用。

二、实践做法：抓准“三个关键”，强化廉洁文化建设

（一）抓准“教育引导”这个关键，促思想自觉

一是加强理论教育，筑“信仰之基”。坚决把习近平新时代中国特色社会主义思想和习近平总书记对核工业和中核集团的重要指示批示精神作为一切工作的根本指

针，把贯彻落实总书记重要指示批示和党中央决策部署、履行首责意识、做强做优做大企业作为“两个维护”最直接、最重要、最具体的检验。通过集中宣讲、发放辅导读物、集中学习研讨，把学习党的十九大及其历次全会精神纳入干部培训、党员教育“必修课”；与学习《习近平谈治国理政》《习近平新时代中国特色社会主义思想学习纲要》等结合，切实做到全面系统学、融会贯通学、指导实践学。

二是加强党性教育，补“精神之钙”。通过开展党史学习教育，教育引导广大党员干部职工始终坚守理想信念，高度珍视精神财富，自觉继承革命传统、传承红色基因、补足精神之钙。继续巩固“不忘初心、牢记使命”主题教育成果，统筹用好核工业党性教育资源，全面加强党员教育管理，评选出秦山核电科技馆、福清核电宣教展览中心、中国核城、中国核工业科技馆等中核集团党性教育基地。引导和鼓励重大工程和重大专项建设单位结合所在地区红色资源，开展具有特色的主题党日活动。结合“七一”等重大节日，开展重温入党誓词活动，给党员过好政治生日。

三是加强纪法教育，明“行动之则”。督促相关单位党委扎实开展党委理论中心组学习，并专题学习反腐倡廉教育有关内容；发放《隐形“四风”和腐败典型案例剖析》《形式主义官僚主义现形记》等书籍。鼓励相关单位结合实际，邀请外部专家开展纪法讲坛、解读政策法规。中核集团直属纪委还专门编发履职待遇速查手册、党建知识应知应会手册等。

四是加强警示教育，防“不正之风”。印发近年来查办典型案例汇编，促使各级组织引以为鉴；组织拍摄专题警示教育片，召开警示教育大会，督促相关单位纪委组织开展本单位的警示教育，开展政务处分法、民法典学习宣传教育。组织相关单位员工观看《双面人生》《一念之间》《厉行节约 反对浪费 倡导文明餐桌行动 杜绝“舌尖上”的浪费》等警示片或相关文件，强化案例警示效果。紧盯年节假日等重要节点，通过文件通知、微信提示等方式，借助案例警示教育、通报等形式，持续开展教育提醒。编制印发《增强党性修养 守住纪律底线》全面从严治党警示教育案例集，推进家风建设。分级分类开展警示教育，做深查办案件“后半篇文章”。

五是加强作风教育，续“血脉之力”。持续开展“两弹一星”精神、“四个一切”核工业精神和新时代核工业精神宣传教育，在相关项目建设单位举办“点燃心中的那团火”“党领导下的中国核工业”等巡回宣讲活动。深入开展党的优良传统和作风教育，围绕劳模精神、劳动精神、工匠精神，大力倡导“落实从我做起”，结合中核集团“抓落实年”专项工作，持续深化作风建设，推动践行中核集团核心价值观。

（二）抓准“活动推广”这个关键，促行动自觉

一是围绕“廉”字，开展专项活动。以“学”知廉，组织学习习近平总书记系列重要讲话精神和对核工业重要指示批示精神等，结合改革发展和反腐形势开展廉洁大

讲堂，组织开展反腐倡廉知识线上答题，增强党员干部拒腐防变能力。以“思”促廉，组织相关单位开展廉洁主题读书会、党建联建助推廉洁安全阳光工程座谈会、生产岗位与廉洁风险大讨论，通过交流研讨推动中核集团廉洁理念深入人心。以“讲”明廉，邀请外部专家，组织相关单位领导班子成员、党支部书记、青年员工等讲授廉洁党课，在新入职员工培训中增加廉洁课程，推动广大干部职工不断提升廉洁意识。以“家”寄廉，寄送廉洁家书，签订《家庭助廉承诺书》，加强八小时外的监督，充分发挥家庭“纪委书记”作用，做到春风化雨，润物无声。以“艺”弘廉，通过开展各类竞赛、文艺表演、书画展览等，营造浓厚氛围，弘扬廉洁文化。以“谈”守廉，组织相关单位及时做好对新入职人员、新提拔干部等廉洁谈话，相关单位领导班子成员与分管部门负责人、党员干部、职工代表、青年代表等进行谈心谈话，提醒广大党员领导干部主动作为、勇于担当。

二是聚焦“责”字，开展监督活动。坚持把对习近平总书记重要指示批示精神和党中央重大决策部署贯彻落实情况的监督作为首要职责。加强党委（党组）的全面监督，坚持党委对监督工作的统一领导，通过内部巡察，突出问题导向，强化政治巡视。加强纪委的专责监督，加强疫情防控监督、开展巡视整改监督、强化核 JG 领域监督，深化采购领域监督，做实做细日常监督，实事求是运用监督执纪“四种形态”。加强党的工作部门职能监督和相关部门业务监督，积极推进选人用人工作监督，持续激励干部担当作为。充分发挥监督在基层治理中的作用，让职工群众都参与到监督中来，不断增强监督治理效能。

三是瞄准“效”字，开展宣传活动。以展示党创建和领导核工业发展的辉煌成就为重点，发挥融媒体矩阵作用，传播重大工程和重大专项建设者昂扬向上的奋斗姿态，形成声势、深入人心、提升士气、树立形象。抓住关键节点，做好“华龙一号”等重大工程和科研成果的主题宣传，开展先进典型人物选树，积极推进正面宣传。通过悬挂横幅、张贴宣传海报、在 LED 展示屏滚动播放廉洁内容、在官微设置廉洁文化专栏、推送廉洁教育文章等方式，做好常规宣传。形成“正面引领、负面警醒”的宣传模式。

（三）抓准“机制保障”这个关键，促文化自觉

一是完善组织建设。不断发挥党的基层组织对党员进行教育、管理、监督和服务的作用，积极推进支部标准化、规范化建设。以支部共建为纽带，通过阵地联建、队伍联抓、工作联动、业绩联创等途径，对标学习，固强补弱，推动项目建设单位支部工作提质增效。开展“党员示范岗”“党员先锋队”等创建活动，积极引导项目业主、设计院及参建单位开展技术创新，着力攻克“卡脖子”核心技术；建立项目建设现场党员“红绿灯、点赞卡、满意度”评价机制，对进驻施工现场党员履职情况及工作成

效进行评价，发挥正向牵引作用，引导党员“关键时刻站得出来”。

二是完善队伍建设。强化组织领导，明确相关单位党组织对党风廉政建设负主体责任，纪委负监督责任，日常工作由纪检部门牵头负责；党组织书记是该单位党风廉政建设第一责任人，领导班子其他成员依据职责分工，严格履行“一岗双责”，对职责范围内的党风廉政建设负主要领导责任。强化力量配置，在全系统成立党风廉政建设联络员队伍，推动形成上下联动、同频共振的组织效果。强化专项研究，依托核工业政研会，广泛吸纳各成员单位骨干专家加入廉洁文化的研究中来，组织开展课题研究和专题培训，探索廉洁文化建设规律，总结经验指导工作实践。

三是完善制度建设。推动形成流程精简、高效执行的制度文化，制定党风廉政建设责任制规定等制度，印发党组全面从严治党责任清单，形成任务台账，季度跟踪落实情况，层层压实全面从严治党责任。坚持落实好组织生活制度、主题党日制度、党务公开制度、报告工作制度，通过开展“三会一课”、组织生活会和民主评议党员等，积极推进廉洁文化建设。

三、工作成效：聚焦“三类创新”，深度融入中心工作

（一）聚焦机制运转创新，解决融入中心工作难度大的问题

一是建立监督联动工作模式。积极推进单位内部监督力量协同，充分发挥各监督主体专业优势，形成计划共定、信息共享、任务共施、问题共诊工作机制，切实提高监督成效。建立企业外部监督联动机制，如在“华龙一号”工程建设现场，由业主单位牵头，联合总包方工程公司、监理公司等主要参建单位，成立委员会开展监督联动工作，有效统筹各单位纪检监督资源和力量，增强监督合力。强化责任落实机制。如中核二四漳州项目部探索建立“半月问责”机制，发现违规违纪问题，主责部门必须在半月内发起问责并反馈结果；主责部门不作为或慢作为的，由公司纪检机构在半月内对其管理部门进行问责，纪检机构未按时问责的，由公司党委一并问责；以问责倒逼制度落地，以问责进一步推动管控作用发挥，推动各单位按规照章高效运行。

二是打造廉洁风险防控体系。建立健全教育预防制度、行为规范制度、监督制约制度、考核评价制度，以廉政风险防控机制建设为重点，着力提高制度的可操作性。指导相关成员单位制定发布《廉洁核电建设实施方案（试行）》；制定规范党员干部的“正面清单”，约束党员干部的“负面清单”；围绕决策权、人事权、财务权、采购权等，突出重要岗位、重点环节、重要人员等关键，加大风险排查，强化内控管理；规范领导干部和管理人员的用权行为；畅通信访举报途径等群众反映问题渠道，建立员工接待日制度，充分调动员工参与企业民主管理的积极性。

三是形成特色廉洁文化实践。将廉洁文化建设作为新中核文化的重要组成部分，提炼形成“追求高尚情操，严守纪律底线”的廉洁理念，通过大力宣贯，形成广泛共识。结合企业实际培育特色廉洁文化，如中国核建围绕重点项目组织成员单位开展特色廉洁文化创建活动，秦山核电聚焦于安全稳定运行建设形成“清廉秦山”廉洁文化，福清核电、漳州核电与项目参建单位围绕“清廉工程”建设“华龙一号”特色廉洁文化。

（二）聚焦载体平台创新，解决融入中心工作成效微的问题

一是搭建数据管理平台。在项目一线单位开展党建信息化建设，把支部建在网上，把党员连在线上，上线党建云平台，形成党员管理数据库，实现学习过程全备案，做实任务动态全跟踪，具备数据资料全下载。

二是建强宣传传播平台。注重网络媒介平台的利用，通过微信小程序、视频号、抖音号、快手等方式，组织开展廉洁微视频、廉洁情景剧、廉洁微党课、廉洁过节视频提醒等活动。注重专有平台开发，中核集团层面创办《党风廉政》专刊，为各成员单位提供廉洁文化交流阵地；各相关单位开通微信公众号，打造“指尖上的廉洁平台”，扩大传播影响力。注重日常小平台的作用发挥，结合一线工作实际，充分利用员工上下班班车电视，滚动播放廉洁教育及警示教育宣传片，有效开展廉洁教育。

三是拓展信息沟通平台。部分单位创建纪检信箱二维码，在现场集装箱等区域进行广泛张贴，进一步畅通监督渠道，保障员工的监督权，主动做到“事事有落实，件件有回复”。开展“基层听音”活动，通过召开座谈会、走访、设立意见箱等形式，广泛听取了基层员工的意见和建议，有效整治员工身边的“微腐败”。开展“党员联系班组”活动，广大党员同志深入施工现场一线了解情况，从解决细小问题入手，主动帮助班组员工，员工归属感进一步增强，队伍更加稳定。

（三）聚焦方式方法创新，解决融入中心工作质量低的问题

一是注重正向激励。印发《关于落实党建引领保障重点专项工程建设有关举措的通知》，在重点项目部推广党建联建大纲，进一步加强党员突击队、工人先锋队、青年突击队、安全生产示范岗、党员进班组等建设，支持建设各类工匠工作室、青年创新工作室，试行“年陈文化”，加强物质和精神奖励，发挥党建引领和保障作用，推动党建深度融入中心工作，激发重点专项工程广大建设者的使命感、荣誉感和幸福感。

二是注重专项整治。把靠企吃企专项整治与全面从严治党主体责任履行相结合，立足分管领域监督、基层调研“四必讲”、与基层单位主要领导提醒谈话、内控监督、廉洁文化建设等内容，统筹推进整治工作，进一步做实问题清单、任务清单、责任清单，“动真碰硬”，坚决防止“整而不治”。

三是注重情景模拟。开设情境讲堂，通过条件模拟、场景还原等方式，细致剖析相关议题，还原情境现场，在互动交流中，增进对廉政的认识，让教育更具传播力、影响力。如中核二三等部分单位开展模拟演练活动，选取典型问题案例，编写剧本，让员工客串角色进行模拟演练，以情景剧的形式进行廉洁教育，让员工能够真切地观看整个事件发生的前因、后果，从而树立起全员遵纪守法、按章办事的思想和行动自觉。

四、思考启示：运用“六种思维”，打造廉洁工程品牌

（一）以辩证思维涵养廉洁文化

坚持以联系和发展的眼光看问题，立足新发展阶段，贯彻落实新发展理念，构建新发展格局，督促建立健全关键核心技术攻关新型举国体制，在突破“卡脖子”问题中既坚持集体攻关、自主创新，又坚持兼收并蓄，广纳贤才，激发个体创新活力，加快推进科技自立自强。坚持抓主要矛盾和矛盾的主要方面，深入贯彻落实习近平总书记重要指示批示精神，把推进国有企业高质量发展作为首要政治任务，推动主要负责人做到重大会议亲自组织、重大问题亲自协调、重大事项亲自部署、重大任务亲自督办；抓好“关键少数”，建立针对重点部门、关键岗位、主要负责人的约谈提醒常态化工作机制，督促领导干部履行好“一岗双责”。坚持惩处与教育并重，约束与激励并行，严守底线与容错机制并重，以全面从严治党引领和保障高质量发展。

（二）以系统思维涵养廉洁文化

坚持系统观念，以党史学习教育为契机，组织企业文化理念体系宣贯活动，坚持开展谈心谈话活动，开展各类线上线下活动，弘扬伟大精神，不断激发广大员工干事创业的主动性和自豪感。把激励干部担当作为情况纳入选人用人专项检查，及时了解和宣扬干部担当作为典型，形成正向激励导向。积极打造融媒体工作室，聚焦安全生产、经营管理、工程建设等，强化舆论宣传，营造责任担当、安全发展、创新发展、协同推进的良好氛围。

（三）以战略思维涵养廉洁文化

将学习贯彻习近平新时代中国特色社会主义思想作为党委（党组）会第一议题和中心组学习首要议题，建立健全贯彻落实习近平总书记重要指示批示精神，党中央重大决策部署执行、督办工作机制。压紧压实党组织管党治党政治责任和书记第一责任人责任，逐级建立健全上级党委听取下级党委书记述责述廉机制和上级“一把手”听

取下级“一把手”工作汇报常态化机制。将贯彻落实党中央决策部署及国家重点任务进展情况作为巡视监督的重要内容，为重大专项、重大工程建设提供有力保障。

（四）以法治思维涵养廉洁文化

坚持将正风肃纪反腐与深化改革、完善制度、促进治理贯通起来，加强对权力运行的制约和监督，推动形成完备的制度体系和有效的监督体系。积极构建“大监督”工作格局，建立健全以党内监督统筹协调其他各类监督力量的监督体系，健全监督联动工作模式，畅通与地方信息交流沟通。不断完善并运用好国资国企监管系统。加大“三重一大”等监督力度，对违规决策造成重特大损失的严肃追究，维护制度刚性。

（五）以底线思维涵养廉洁文化

充分发挥大数据分析、趋势分析作用，积极探索防范廉洁风险的有效办法和途径，实现由“问题线索型”向“问题导向型”、“关注人”向“关注事”、“整顿规范”向“创新发展”的三个转变。坚持有腐必反、有案必查，盯住政策支持力度大、投资密集、资源集中的领域和环节，重点查处政治问题和经济问题交织的腐败案件，坚决查处工程建设、招标采购、混合所有制改革、金融业务风险等方面的腐败问题。加大建设领域案件查办力度，及时通报曝光，发挥震慑作用。做深做实做细巡视问题整改，综合运用好巡视巡察成果，以严的标准、实的作风、铁的纪律统筹推进整改落实工作。

（六）以精准思维涵养廉洁文化

加大对履职不力、失职失责、推诿扯皮的问责力度，建立干部廉洁档案，以精准监督激励干部实干担当。紧抓党员干部、重点部门、关键岗位人员等不同群体可能发生的腐败风险，打造因人施教、因岗施教的廉洁文化教育模式。逐级抓好“对领导班子成员进行集体约谈”“对人、财、物等重点岗位人员进行分类约谈”两项约谈，让被约谈人思想受到触动，从而达到“红脸出汗”的目的。分类定制培训“套餐”，对领导班子、新提拔领导干部、普通职工、新毕业大学生等不同群体，结合他们的教育需求和实际情况，为其提供“订单式”教育和培训；对党员领导干部，重点开展树立正确的权力观、地位观、利益观和政绩观教育，促使他们正确对待和行使手中的权力。

（**作者：**朱毅强、张　超、胡　昕）

后记

《强根固魂　勇毅前行——中核集团全面从严治党工作理论与实践成果》是中核集团全面从严治党工作成果的一次集中展示，七个部分共36篇论文，基本涵盖了全面从严治党的重要内容，体现了理论与实践相结合的工作导向，是各级党组织和广大党员干部职工实践探索的智慧结晶。

本书编纂工作由中核集团党组直接领导，由中核集团党组党风廉政办公室具体承担。成立了由中核集团党组副书记李清堂同志担任主编的编委会，成立了由中核集团党组党风廉政办公室主任李雄飞同志为主任的编辑部。张昌明、孙习康、罗长森、周刘来等同志对本书内容进行了具体指导并提出了宝贵意见。

本书在编纂过程中，得到了中组部人才局、国资委党委党风廉政办公室和国资委新闻中心等上级单位的大力支持；在论文征集和修改方面，得到了中核集团纪检监察组、总部各相关部门和各相关成员单位的大力配合和助力。中国原子能出版社为本书的编辑出版付出了辛勤劳动。在此，一并表示诚挚的谢意。

本书不当之处，敬请广大读者批评指正。

《强根固魂　勇毅前行》编委会

2022年2月18日